国防科技大学院士传记丛书

BIOGRAPHIES OF NUDT ACADEMICIANS

周兴铭传

Zhou Xingming's Biography

高跃群 郝瑞佳 著

国防科技大学出版社

· 长沙 ·

图书在版编目（CIP）数据

周兴铭传/高跃群，郝瑞佳著．—长沙：国防科技大学出版社，2018.1
（国防科技大学院士传记丛书）
ISBN 978－7－5673－0485－7

Ⅰ．①周…　Ⅱ．①高…②郝…　Ⅲ．①周兴铭—传记　Ⅳ．①K826.16

中国版本图书馆 CIP 数据核字（2017）第 253556 号

周兴铭传

ZHOU XINGMING ZHUAN

国防科技大学出版社出版发行
电话：（0731）84572640　邮政编码：410073
责任编辑：周　蓉　仲　辉　　责任校对：魏云江
新华书店总店北京发行所经销
长沙市精宏印务有限公司印装
*
开本：710×1000　1/16　印张：19.5　插页：8　字数：257 千
2018 年 1 月第 1 版第 1 次印刷　印数：1－3000 册
ISBN 978－7－5673－0485－7
定价：78.00 元

国防科技大学院士传记丛书

中国科学院院士周兴铭教授

1956年

1962年

1993年

2007年

1963年，901晶体管计算机完成时效考验任务后，周兴铭（二排左1）等研制人员在海军工程系大楼前合影纪念

周兴铭在“银河-Ⅰ”巨型计算机前留影

1987年6月3日，陈福接、周兴铭（后排左2）带领主要工程技术人员在石油部物探局就“银河－Ⅱ”巨型计算机征求意见后合影

1990年9月，周兴铭在“银河－Ⅱ”巨型计算机系统调试动员大会上做动员报告

周兴铭（右3）与科研人员开展讨论

周兴铭与科研人员对“银河－Ⅱ”巨型计算机进行测试

1993年5月，周兴铭（左1）、陈福接（左2）、唐江（左3）在中央军委授予国防科大计算机研究所“科技攻关先锋”荣誉称号命名大会上领奖

1993年5月，国防科大计算机研究所被中央军委授予“科技攻关先锋”荣誉称号命名大会后合影。左起：周兴铭、陈福接、隗福临、聂力、金士尧、唐江

1995年6月，周兴铭在“银河－Ⅱ”巨型计算机前留影

1995年12月27日，“银河－Ⅱ”获国家科技进步一等奖颁奖后合影。左起：谈正信、李思昆、杨晓东、陈福接、聂力、李晓梅、周兴铭、彭心炯、苏长青、黄克勋

周兴铭在“银河－Ⅲ”超并行巨型机技术方案评审会上做报告

1995年，周兴铭（左1）参加国防科工委“211工程”项目预审

周兴铭指导学生

2001年9月，周兴铭访问Fraunhofer-FIRS研究所

2003年9月，周兴铭作为大会主席主持“高级并行处理技术”国际会议

2007年4月，周兴铭（前排左6）作为专家参加国家重点学科考核评估后合影

2007年8月1日，周兴铭（中）作为英模单位代表，参加庆祝中国人民解放军建军80周年暨全军英雄模范代表大会（左于起龙、右庄钊文）

2015年3月，周兴铭在北京参加全国两会时接受央广军事记者采访

周兴铭全家福（2002年）

周兴铭与夫人李遐合影

周兴铭全家福（2007年）

前　言

PREFACE

院士是学术界的最高荣誉称号，对人类文明进步和科学技术发展作出了巨大贡献，享有极高社会声誉。院士制度是科学和工程技术不断发展、科技体制化的产物，在国家的科技发展与创新中扮演重要角色，直接影响着一个国家科技体制的运行，反映了国家科学体制化程度，在一定程度上预示着一个国家的科技竞争力。

中国科学院、中国工程院是我国科学技术界和工程技术界最高学术机构，是国家科学技术思想库。长期以来，我国院士制度在推动科技界出思想、出谋略、出成果、出人才方面发挥了重大作用。中国科学院院士、中国工程院院士是我国科学技术界、工程技术界的杰出代表，是国家的财富、人民的骄傲、民族的光荣。广大院士胸怀报国为民的理想追求，发扬不懈创新的科学精神，秉持淡泊名利的品德风范，聚焦国家战略需求，勇攀科学技术高峰，创造了举世瞩目的成就，为提高我国自主创新能力、增强我国综合国力，为推动科技进步、经济发展、人民生活水平提高、国防和军队建设作出了重大贡献。

国防科技大学从“哈军工”一路走来，始终牢记党和人民的重托，不辱使命，着眼国家和军队重大战略需求，大力推进学科体系建设发展，形成了以工为主、理工结合，理、工、军、管、文协调发展的学科门类，构建了覆盖国防科技主要领域的综合学科体系，多门学科排名在国内外居于前列。大力推进人才培养，形成了本科教育、研究生教育和继续教育并重，学历教育和各类培训协调发展的高层次、多类型人才培养体系，为国家和军队培养输送了一批又一批高素质人才，许多人成为治党治国治军的杰出人才，勇攀高峰的科技帅才。大力推进国防科技自主创新，形成了以武器装备科研为主线，武器装备型号研制、国防关键技术攻关、基础研究相衔接，自然科学、军事科学、社会科学相结合的科研格局，在信息、航天、精密制造、新材料等领域处于国际领先水平，在一些攸关国家安全发展战略方向和国防科技尖端领域，创造了许多“第一”，填补了一个又一个空白，刷新了一项又一项记录，取得了以“银河”“天河”系列高性能计算机、“北斗”卫星导航系统关键设备、激光技术、磁悬浮技术等为代表的一大批自主创新成果。学校已成为高素质新型军事人才培养和国防科技自主创新高地。

名师荟萃方能钟灵毓秀、桃李芬芳，宗匠陶钧方能春华秋实、穰穰满家，群才缉熙方能砥砺前行、成就一流。学校在办学治校历程中，坚持以崇高使命、伟大事业、创新实践，凝聚人才、培育人才、成就人才，造就了一批世界水平的科学家、科技领军人才和具有国际竞争力的科技创新团队、高水平教学团队。截至2017年12月，在学校工作过的专家教授和毕业学员，有60人成为两院院士，其中16人在学校工作。他们热爱祖国、服务人民、忠诚于党，弘毅明德、竭忠尽智，表现出崇高的道德情操；他们锐意进取、勇于探索，敢为人先、矢志攻关，表现出坚韧的意志品格；他们严谨笃学、孜孜不倦，学为人师、行为世范，表现出高尚的师德风范。他们走过的征程充满豪情，铸就的辉煌彪炳史册，蕴含的精神催人奋进，始终激励、推动着学校在建设世界一流高等教育院校的伟大征程上，披荆斩棘、乘风破浪、奋勇前行，不断创造无愧于时代的新业绩，不断铸就强军兴国的新辉煌。

紧跟世界军事科技发展潮流，适应打赢信息化局部战争要求，抓好通用专业人才和联合作战保障人才培养，加强核心关键技术攻关，为实现中国梦强军梦提供强有力的人才和科技支持，学校肩负的使命更加重大而光荣，面临的机遇和挑战前所未有。当今世界，新一轮科技革命蓄势待发，物质结构、宇宙演化、生命起源、意识本质等一些重大科学问题的原创性突破正在开辟新前沿新方向，一些重大颠覆性技术创新正在创造新产业新业态，信息技术、生物技术、制造技术、新材料技术、新能源技术广泛渗透到几乎所有领域，大数据、云计算、移动互联网等新一代信息技术同机器人和智能制造技术相互融合步伐加快，使社会生产和消费从工业化向自动化、智能化转变，社会生产力和劳动生产率将再次大飞跃。随着全球新一轮科技革命、产业革命加速演进，世界新军事革命迅猛发展，国力竞争和军事竞争格局正在发生历史性变化，智能无人作战系统大量走上战场，催生全新的装备体系和颠覆性作战样式，推动信息化军事革命步入智能作战的高级阶段。伟大的时代、伟大的事业，呼唤更多优秀人才，呼唤加快科技创新。实现“两个一百年”奋斗目标，实现中华民族伟大复兴的中国梦强军梦，需要更多的世界级科技大师、领军人才、尖子人才，更加发挥好领军作用，勇担重任，勇攀高峰，当好排头兵。我们必须以舍我其谁的使命担当、时不我待的紧迫感、只争朝夕的劲头，加快凝聚优秀人才、培育顶尖人才、造就高端人才，坚定创新自信志向，紧贴国家和军队重大战略需求，面向部队现代化建设，瞄准打赢未来战争，在独创独有上下功夫，勇于挑战最前沿的科学问题，掌握战略主动、抢占制高点，力争在重要领域实现跨越发展，为实现我国科技由跟跑并跑向并跑领跑转变，建设世界科技强国，建设世界一流军队，多作贡献、作大贡献、再立新功。

为大力弘扬院士心系祖国、自觉奉献的爱国精神，求真务实、勇于创新的科学精神，不畏艰险、勇攀高峰的探索精神，团结协作、淡泊名利的团队精神，生动反映院士的理想情操、师德风范、人格魅力，全面宣传院士的育人成就、学术造诣、科研贡献，国防科学技术大学决定编撰院士传记丛书，为学校的每位院士著书立传。2011 年，成立了“国防科学技术大学院士传记丛书”编审委员会，编委会由校长、政委任主任，副校长、副政委任副主任，机关各部门负责人、院士所在学院院长、政委任委员，负责组织领导院士传记丛书编撰工作。2017 年 7 月，学校调整组建为国防科技大学，院士传记丛书编审委员会作了相应调整，院士所在学院院长、政委和校机关教务处、科研学术处、政治工作处负责人任委员。

院士传记丛书的每部传记，由前言、导语、插图、主传、附录、后记等部件组成，采用纪传体体例，以翔实准确的史料，多侧面、多角度系统记述院士的奋斗历程、光辉业绩和感人事迹，力求做到真实、客观、全面、生动。必将为传承“哈军工”传统，弘扬“银河精神”，践行校训和培育良好校风，发展强军强校创新文化，深入研究科技领军人才成长规律，推进人才强校战略，加快拔尖创新人才建设，实现建设世界一流高等教育院校奋斗目标，提供有益借鉴启示和强大精神动力。

国 防 科 技 大 学

院士传记丛书编审委员会

目　录

CONTENTS

导　语　/ 1

第一章　出身上海小职员家庭 / 7

1. 祖籍“文献名邦”余姚 …… 8
2. 父母再穷都要供子女上学 …… 11
3. 弟弟妹妹的好兄长 …… 15
4. 与李遐组成幸福家庭 …… 17

第二章　战乱年代度过艰辛童年 / 25

1. 生逢国难当头日寇入侵 …… 26
2. 辗转上海、余姚五所小学 …… 29
3. 因病错过小学毕业考试 …… 36

第三章　优异成绩完成中学学业 / 39

1. 插班徐汇中学读初中 …… 40
2. 免试直升高中学习 …… 43
3. 接受挑选报考“哈军工” …… 48

第四章　如愿以偿入读“哈军工” / 53

1. 第一次出远门来到哈尔滨 …… 54
2. 顺利通过预科进入本科学习 …… 60
3. 想当造船工程师选择海军工程系 …… 66
4. 三年两个暑假到海军部队实习 …… 72
5. 对计算机产生浓厚兴趣 …… 75
6. 参加生产劳动和社教运动 …… 81

第五章　出类拔萃提前毕业留校 / 85

1. 计算机学习班接受专业培训 …… 86
2. 成为 901 晶体管计算机研制骨干 …… 92
3. 参与 030 潜艇数字指挥仪计算机研制 …… 100
4. “五七”干校接受劳动教育 …… 103

第六章　担当重任投身计算机研制 / 109

1. 承担 151 计算机运控系统研制 …………………… 110
2. 研制“银河－Ⅰ”计算机主机系统 …………………… 124
3. 负责“银河－仿Ⅰ”计算机研制 …………………… 142
4. 担任“银河－Ⅱ”计算机总设计师 …………………… 151
5. 开展“银河－Ⅲ”前期预研和方案论证 …………………… 182
6. 当选中国科学院院士 …………………… 186

第七章　殚精竭虑培育科技英才 / 193

1. 主持研究生院日常工作 …………………… 194
2. 开创微电子学的新领域 …………………… 199
3. 言传身教指导研究生 …………………… 205
4. 军事高科技培训班授课 …………………… 211
5. 培育计算机创新团队 …………………… 214
6. 兼任同济大学软件学院院长 …………………… 217
7. 关注工程型人才培养 …………………… 221

第八章　老骥伏枥奉献国防科技事业 / 227

1. 领衔高端计算技术基础研究 …………………… 228
2. 倾情国防科技和军用计算机发展 …………………… 233

3. 做好中国科学院学部工作…………………………………… 236
4. 永葆科技创新思想活力………………………………………… 238
5. 思考高性能计算机发展………………………………………… 243
6. 履行全国人大代表职责………………………………………… 247
7. 坚守价值追求矢志不移………………………………………… 252

附录一　周兴铭年表 / 256
附录二　周兴铭主要论著目录 / 282
附录三　主要参考文献 / 293
附录四　鸣谢的主要单位和个人 / 296
后　记　/ 299

导 语

巨型计算机代表着一个时代计算机科学技术的最高水平，是一个国家科技竞争力和综合国力的重要标志。自1946年世界上第一台电子计算机问世以来，高性能计算技术领域的竞争从未停歇，巨型计算机不断向高速运算挺进，每秒亿次、十亿次、千亿次……运算速度纪录不断刷新。为了在世界巨型计算技术领域抢占一席之地，满足国家经济建设、国防建设和科学研究战略需求，在20世纪80年代“银河－Ⅰ”巨型计算机成功研制之后，紧接着在90年代初“银河－Ⅱ”并行巨型计算机横空出世，使我国成为世界上第三个掌握每秒10亿次巨型计算机研制技术的国家。周兴铭就是“银河－Ⅱ”工程研制的总设计师。

周兴铭，中国科学院院士，计算机组织与系统结构著名专家，国防科技大学计算机学院教授，博士研究生导师，长期从事计算机组织与系统结构的研究和教学工作，是我国自主研制计算机系统和巨型计算机系统的重要开拓者之一。

周兴铭出生于20世纪30年代，童年在战乱中度过，辗转上海、浙江余姚两地的5所学校才读完小学。动荡的社会、危艰的时局，在周兴铭幼小的心灵里留下了深刻的烙印，使他在青少年时期就立下志向，要发奋学习，让灾难深重的国家早日改变贫穷落后的面貌，让国家安定富强、百姓安居乐业。

小学毕业前夕，周兴铭不幸患上伤寒，不得不暂时告别心爱的校园。这场大病使他在鬼门关前走了一遭，也因此耽误了升初中的入学考试。鉴于他平时学习成绩优异，上海青华中小学同意他不经考试直接进入初中学习。初二时，周兴铭凭借过硬的实力，插班考入上海著名的徐汇中学。

新中国成立后，周兴铭开始接受革命启蒙教育，受到中国共产党和新社会的哺育。新旧社会的鲜明对比，使他坚定了热爱党、热爱新社会的信念，他先后加入少先队和青年团，树立了为国家和人民服务的坚定志向。

中学毕业时，周兴铭因品学兼优接受组织遴选，以优异成绩考取中国人民解放军军事工程学院（简称“哈军工”）。一年的预科学习结束后，顺利进入本科阶段的学习。因为从小有想当造船工程师的梦想，在分系时他选择了海军工程系，被分配到指挥仪专业学习。

大学期间，周兴铭接触和学习了我军第一台电子管计算机程序的编写，对计算机产生兴趣，也由此发现自己善于逻辑思维的长处。由于学习成绩突出，在 1960 年大学三年级时被“拔青苗”提前毕业留校，从事计算机教学和研制工作。提前毕业后，参加慈云桂组织的计算机学习班学习，这成为周兴铭投身中国计算机事业的开端，也为日后的发展打下了良好的基础。

1970 年，“哈军工”主体南迁长沙，改名为长沙工学院。周兴铭在长沙工学院计算机研究所跟随慈云桂从事计算机研制工作。慈云桂治学风格严谨和不拘一格，对周兴铭产生了深刻的影响。

几十年来，周兴铭一直奋战在计算机系统研究领域，从晶体管计算机到集成电路计算机，包括军用专用计算机、大型通用计算机、巨型计算机、全数字仿真计算机、巨型并行计算机，见证和参与了自20世纪60年代以来我国计算机技术发展的全过程，参与研制和负责研制成功6台代表当时国内最高水平的计算机。

1961年至1963年，周兴铭作为主要研制骨干，参与研制901晶体管计算机，该机装备我军鱼雷快艇后，经受住海上高温高湿高盐恶劣环境的考验，提高了我军海军的作战能力。该成果1978年获全国科学大会奖。

1966年至1968年，周兴铭作为项目负责人之一，参与研制030潜艇数字指挥仪计算机，完成了总体方案设计和集成电路设计两项重任。计算机研制成功后，被用作潜艇射击指挥仪。该成果1978年获湖南省科学大会奖。

1969年至1977年，周兴铭作为运控分系统的研制负责人，参与研制151百万次计算机，设计了全套的指令系统操作表与实现控制逻辑，实现了“跳0”“跳1”快速除法方案，主持解决了电路睡眠效应、TTL传输干扰等多项关键技术问题。该机研制成功后，装备“远望一号”远洋测量船，用作中心处理计算机，为我国的航天测控和国防事业作出了重要贡献。该成果单机系统于1978年获全国科学大会奖，双机系统于1982年获军队科技进步一等奖。

1978年至1983年，周兴铭参与研制我国第一台巨型计算机“银河-I”，担任主机系统研制负责人，带领团队攻克系统设计、逻辑设计、工程设计与实现等方面一系列技术难关，设计出双向量阵列流水部件、除法倒数流水线以及调试诊断程序等，为“银河-I”研制成功作出关键性的贡献。“银河-I”的研制成功，使我国进入国际上少数能研制亿次巨型计算机的国家行列。该成果于 1984 年获中央军委颁发的国防科技成果特等奖，周兴铭获个人一等奖。

1983 年至 1985 年，周兴铭参与研制我国第一台全数字仿真计算机（代号 YH－F1），出任工程组长，后来成为项目负责人，带领科研人员提出了总体方案，解决了主控接口、调试诊断、可靠性等一系列关键技术难题，开创了我国仿真技术的新局面。该成果于 1987 年获国防科工委科技成果一等奖，1988 年获国家科技进步一等奖，周兴铭为第一完成人。先后生产的 10 台"银河"仿真计算机，在国防科研和国家经济建设中发挥了巨大作用。

1986 年至 1992 年，周兴铭被任命为"银河－Ⅱ"每秒 10 亿次巨型计算机研制总设计师，带领科研团队提出四处理机的系统总体方案，在总体设计、逻辑设计、输入/输出子系统、全系统 RAS 技术方案以及应用开发等方面，作出了开创性贡献。该成果于 1995 年获国家科技进步一等奖，周兴铭为第一完成人。

周兴铭作为早期负责人，组织开展"银河－Ⅲ"大规模并行巨型计算机的课题预研，提出了技术方案与研制方案。为了"银河"事业的长远发展，周兴铭甘为人梯，毫不犹豫地把年轻人推向前台，为他们大胆创新保驾护航，为确保"银河"团队后继有人作出了贡献。

长期以来，周兴铭致力于科技创新，研究成果取得了巨大的社会效益、经济效益和军事效益，为国防科技事业发展和培养计算机创新人才作出了突出贡献。他先后兼任国防科委、国防科工委和总装备部科技委军用计算机专业组成员，国防科工委、总装备部科技委兼职委员，中国计算机学会理事，中国计算机学会计算机体系结构专业委员会主任、委员，国家信息化专家咨询委员会委员，中国科学院技术科学部常委、信息技术科学部常委和副主任，中国科学院学部咨询评议工作委员会成员、学部主席团成员，湖南省学位委员会委员，湖南省科协副主席，国防科学技术大学学位委员会委员、学术委员会委员、科技委员会委员，兼任同济大学软件学院院长。累计发表学术论文、技术报告100余篇，培养博士研究生、硕士研究生100余名。先后荣立一等功1次、二等功1次、三等功2次。

1978年以来，周兴铭先后获得全国科学大会奖2项，湖南省科学大会荣誉奖1项，国家科技进步一等奖2项（第一完成人），中央军委国防科技成果特等奖个人一等奖1项，军队科技进步一等奖2项、二等奖1项，国防科工委科技进步一等奖2项、三等奖5项，国家教学成果二等奖1项、国防科工委教学成果二等奖1项。

1990年，国家人事部和解放军总政治部授予周兴铭“国家有突出贡献中青年专家”称号，国家教委和国家科委联合授予他“全国高等学校科技工作先进个人”称号。1991年起享受国务院政府特殊津贴，1993年获1992年度国防科工委重大科研试验特等奖金，1993年当选为中国科学院学部委员（1994年起改称为院士），1995年获何梁何利基金“科学与技术进步奖”，1996年获湖南省科协首届“湖南科技之星”称号，2009年当选“新中国成立后为国防和军队建设作出重大贡献、具有重大影响的先进人物”，2011年获国家示范性软件学院建设“杰出贡献奖”，2016年获中国计算机学会（CCF）颁发的“CCF终身成就奖”。

周兴铭温文尔雅、平和稳健，恂恂然有儒者之风，在计算机领域取得诸多研究成果，这与他的思维方式和研究方法密不可分，而这些又受到他所处环境的影响，包括家庭环境、教育背景，所处的研究小环境、国家政策大环境，科学研究的组织形式、目标导向、对研究团队的管理，以及作为学科学术带头人对团队科学创新的影响等。他的奋斗历程大致可分为三个阶段：第一阶段是从小学到中学再到大学的求学生涯，历经坎坷，充满艰辛；第二阶段是毕业后从事计算机研制工作，兢兢业业，成果丰硕；第三阶段是从计算机研制工程一线退下来以后，老骥伏枥，奉献无涯。

少年勤学，青年担纲，年过古稀心不已，另辟蹊径勤开拓。曾经的翩翩少年，如今已是耄耋老人，周兴铭以事业为己任，笑揽风云动，睥睨大国轻，彰显求真务实、勇于创新的科学精神，勇攀高峰、追求卓越的探索精神，团结协作、集智攻关的团队精神，心系祖国、服务军队的奉献精神，保持科技创新的思想活力，在为中国超级计算技术的发展和国防科技事业奔波、奋斗中，实现着璀璨的人生价值。

第一章 Chapter 1

出身上海小职员家庭

家庭是一个人最初的知识和生活常识习得的场所，更是炼就其行为举止、礼仪规范、道德境界的熔炉。周兴铭出生在战乱年代的普通职员家庭，童年生活充满艰辛。平凡的父母有着开明的思想，对子女的爱静默而深厚，再穷也坚持让子女接受教育。家庭环境的潜移默化，父母的言传身教，使周兴铭形成了意志顽强、坚忍不拔的品格，性情上沉稳宁静、踏实低调、谦和儒雅，心灵深处尤重亲情伦理。

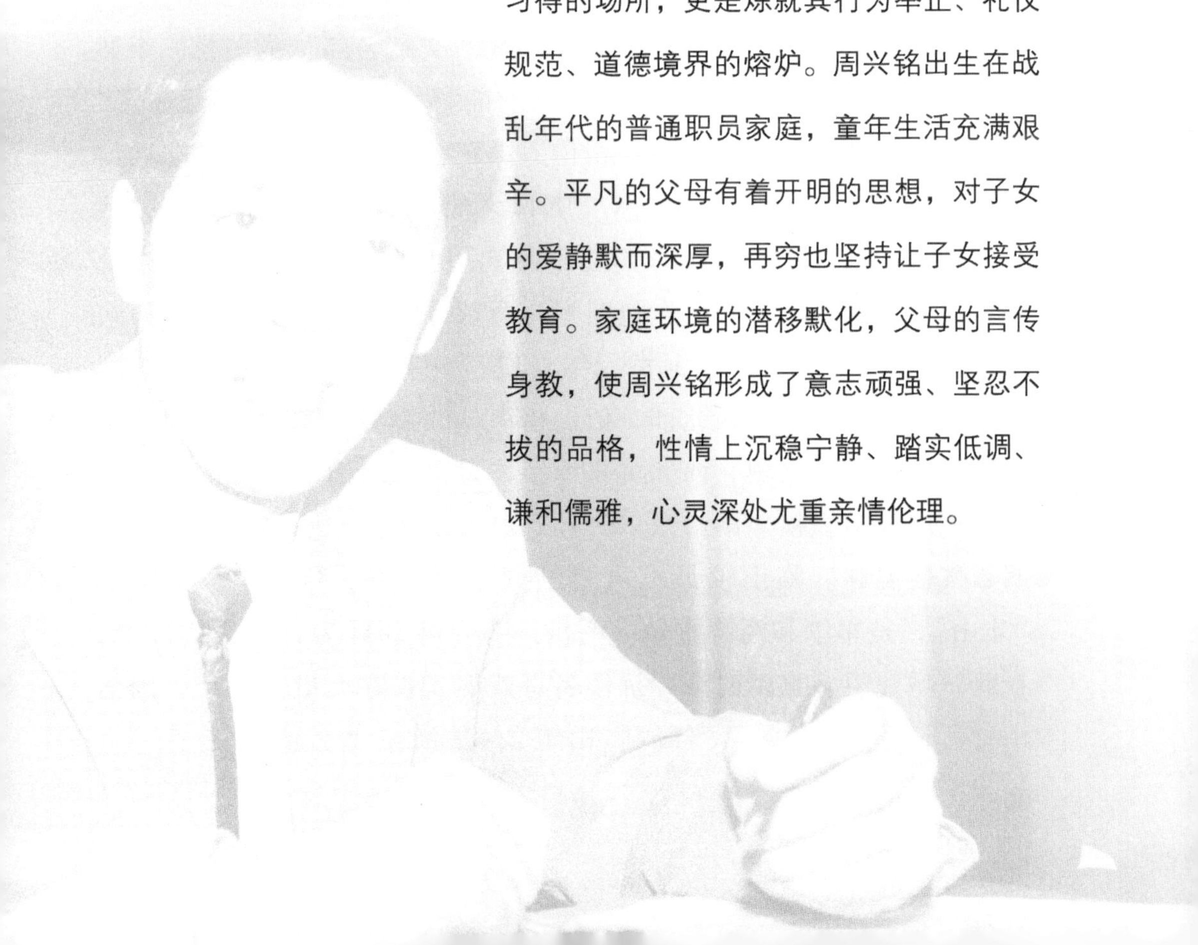

1. 祖籍“文献名邦”余姚

周兴铭，1938 年 12 月 4 日出生于上海，祖籍浙江余姚临山镇。尽管在上海出生，没有在余姚长期生活过，年轻时对老家也没有什么太深的印象，但周兴铭一直自视为余姚人。籍贯对于传统的中国人来说，的确是一种特殊的情怀，同对祖先的崇拜一起深深地融合在血脉之中。

余姚历史悠久，文化底蕴深厚，有“文献名邦”的美誉。余姚的文字记载自舜、禹时代开始，先后有“舜耕历山”“禹藏秘图”之说，至今在余姚还有历山和相传大禹藏治水宝图的秘图山。余姚是舜的后代居住的地方，号称“虞舜大地”，春秋时期属越国，战国中期成为楚国辖地，秦时置县，为“望县”，仅次于当时的京郊县。唐武德四年置姚州，东包明州，西辖上虞。宋时复名“望县”，被称为“东南最名邑”。元贞元年（1295 年）改名为余姚州。

临山镇位于余姚西北部，依山傍海，北濒杭州湾，南临四明山余脉，东与泗门接壤，西邻黄家埠镇，呈南山北海中平原的地貌特征，境内河道纵横、湖泊众多，具有典型的江南水乡风貌，四季分明，气候温和。临山镇最早可追溯到东汉时期，唐、宋、元时称“庙山”，是军事和经济重镇。明洪武二十年朝廷为抵御倭寇侵扰，在此筑城建卫。嘉靖时期，抗倭名将戚继光曾在此屯兵杀敌，因面山背海，环卫皆山，故名“临山卫”，是浙东著名的“三卫”之一，“临山”之称一直沿袭至今。晚清民国初年，临山镇注重商贸发展，镇内街道纵横，经济繁荣，被誉为“江南小扬州”。

周兴铭的祖辈就在余姚临山这块古老的土地上一代代繁衍生息，过着日出而作、日落而息的生活。

余姚临山镇城门

余姚民间历来有“圈吉周，遍地走”之说，形容周氏人数之多。周兴铭清楚地记得自己小时候有一年清明节曾到过周家祠堂祭祖，祠堂所在地的地名就叫“四角周”，意思是这个地方四周都是姓周的人家。据《元和姓纂》记载，周氏为上古帝喾之子后稷的苗裔，姬姓，至太王姬亶父邑于岐周。余姚周氏大致分周从远派和周瑞派两大支，北宋著名理学家、宋明理学创始人周敦颐是周从远曾孙。

周兴铭的爷爷周楚珍，勤劳节俭、耿直厚道而不乏机敏，在临山镇上开了个小店，年轻时曾到上海当过一段时间的职员，赚了一点钱，回到老家后，用全部的积蓄在镇上临街处盖了一栋两层、坐北朝南的房子。

房子楼上楼下各有两间房屋，一楼边上的厢房作为厨房，前面小院子有客厅。那时还没有电，主要用煤油灯照明。没有自来水，日常饮用水靠收集雨水和到附近的一口井打水。

当地人有利用雨水的习惯，对“天落水”倍加珍惜，认为相对于河水、井水，雨水是优质水。房屋顶上有引水管汇聚雨水，下雨时，雨水通过一根直管聚积到院子里摆放的大水缸里。周家祖屋的院子就有一个用来接雨水的大水缸。上小学的时候，周兴铭曾随母亲回临山镇生活过一段时间，住的就是祖上传下来的这栋房子。

周兴铭的奶奶陈周氏，是个传统的农家妇女，勤劳善良，勤俭持家，帮助丈夫承担起家庭的烦琐事项，把日子调理得有声有色。周楚珍和陈周氏育有3个子女，周兴铭的父亲周午生排行老三，老大是伯父周蓉生，老二是姑妈周元珠。周楚珍的辛苦经营，令一家人在临山镇过上了衣食无忧的生活。当时周家的家境在当地还算得上比较殷实。

周兴铭的外公陶善梓家，是临山镇当地的一个大户人家，家境比较富裕，养育了5个子女：陶月英（女）、陶连英（女）、陶全英（女）、陶永福（子）、陶忠福（子）。陶连英就是周兴铭的母亲。

周兴铭在上海出生长大，出生时爷爷已过世多年，奶奶晚年跟随周兴铭一家在上海生活。在周兴铭的印象中，奶奶信仰佛教，不怎么说话，每天在家里念经、诵佛。周兴铭很少回临山老家，对外公、外婆家的情况，以及伯父周蓉生、姑妈周元珠，都没有什么更多的了解。只知道周蓉生有一个儿子和一个女儿，周元珠的女儿一直生活在乡下，生活比较困难。后来，周兴铭母亲就把在余姚老家的房子给姑妈的女儿居住。

2. 父母再穷都要供子女上学

周兴铭的父亲周午生，1916 年出生，因为出生那天恰巧是端午节，所以取名“午生”。周午生上小学的时候，已经是辛亥革命以后多年了，既可以到私塾就读，也有新式的学堂可供选择。周午生在临山镇国民学校读小学，接受的是新文化教育。周午生天资聪慧，能写会算，还练就一手漂亮的毛笔字。

周兴铭的母亲陶连英，1917 年出生，自幼温和、本分，几乎从来不发脾气。陶连英出生时母亲就过世了，由后妈带大。当地社会风气重男轻女，后妈让她吃了很多苦，就是不让她上学。直到后妈去世，父亲再次娶妻，这种情况才有所改变。新来的后妈对她比较好，生活上特别关心照顾，还送她去学校读书。这时陶连英已经十四五岁了，一个大女孩跟着一群七八岁的小孩子，在临山镇国民学校读了 4 年书，小学没能毕业，但是能够读书看报，也可以很清楚地算账记账。

周楚珍和陶善梓是朋友，大家生活在一个镇上，相互知根知底、比较熟悉，在子女到了谈婚论嫁的年龄时，他们就决定两家联姻。谈起父母，周兴铭满怀深情，他说：“父亲那个时候家里有点钱，但是不多。实际上，母亲的家境比较好，当时是下嫁给父亲。”

1936 年，周午生和陶连英喜结连理。虽然婚姻完全是由双方父母包办的，但两人感情非常好。当时，陶连英家中有一个远房亲戚在上海开了一家钱庄，生意做得很好，需要有人帮助打理账务。加上当时国民党到处抓“壮丁”，也是为了避开兵役，夫妻二人决定离开临山镇，到上海投奔这个亲戚，想在那里讨生活。

周午生做人本分、正直，平时说话不多，但算账算得很好。亲戚十分喜欢他，也非常信任他，就让他在钱庄帮忙算账、记账，实际上是当学徒，帮助做一些会计工作。

亲戚还借给他们一间房子居住。房子位于茂名南路一个老式的弄堂，一进大门就是公共厨房，边上有几个小房间，周午生和陶连英就住在其中的一间。

周午生每天早上去钱庄帮忙，晚上很晚才能回来。陶连英则留在家里操持家务，她聪明贤惠，非常能干，是勤俭持家的一把好手。后来，有了孩子以后，她料理起一家人的衣食起居，在家里纳鞋底、缝补袜子，孩子们穿的衣服、鞋子都是她自己做，她用丈夫微薄的收入支撑着一家的日常开支，家庭生活虽然清贫却也和睦温馨。

周午生和陶连英虽然文化水平不高，但深知读书对孩子前途的重要性，因而十分重视对子女的培养。在周兴铭很小的时候，周午生就提出了两条家规：第一条，孩子虚岁 6 岁时必须上学读书；第二条，家里再穷也要供孩子上大学，若有可能还要送出去留学。周兴铭自幼与父母在上海生活，受父母的影响，他学习的意识非常强，从小就知道要好好学习，将来上大学。

陶连英淳朴善良，富有同情心，不仅自己很爱帮助别人，而且引导孩子多行善事。她教育子女做人要正直，讲诚信，绝对不能弄虚作假，要与人为善。即使在家庭生活极度困难的时候，她仍然不改善良的本性，始终做到与人和睦相处，给孩子尽可能多的关爱，默默地把中华民族的传统美德传递给孩子们。周兴铭回忆母亲时说："她为人善良、对人真诚，亲戚朋友有困难，她都会热情相助，甚至在大街上看到乞丐也要接济一下，帮助了很多人，人缘非常好。"周兴铭谦逊地说，他自己没有学到母亲做人做事的程度，但也做到了对人友好，己所不欲，勿施于人。母亲的慈爱之心给了周兴铭深远的影响。

陶连英对孩子们从不娇生惯养，要求他们从小就要帮助家里干活，做一些力所能及的事情。每天买菜回来，只要孩子们在家，都要他们一起帮着拾掇。特别是在假期，更是要求他们帮助家里多做些家务。孩子们每天早上起床后要扫地、擦桌子，周兴铭还负责每顿饭后洗碗。

在母亲的影响下，周兴铭从小有个习惯就是自己管好自己，什么时间帮助做家务活，什么时间学习，什么时间去玩，什么时间干什么，他都能合理地安排。周兴铭后来在科学事业上一丝不苟、井井有条、严谨细致的作风，大多源于母亲对他的影响，是母亲使他养成了勤奋、认真、负责的良好品性。

1949 年初，周午生已经在上海胜利贸易公司工作了。上海解放前夕，公司老板把主要的业务转移到了香港，上海解放后周午生也跟着老板去香港工作了一年。周午生在香港工作期间，老板建议他把全家搬到香港。周午生考虑到自己没有什么钱，一家人到了香港也难以生活，于是拒绝了老板的好意。老板把上海的业务委托他处理，周午生经过几番周折后返回上海，帮助老板打理剩下的外贸业务。受当时国际形势的影响，公司在上海的外贸业务很快就萎缩了。怎么办？在亲友的鼓动下，周午生建议老板在上海开一个医用注射针管制造厂，生产玻璃针筒。老板同意出资，周午生作为代理，聘请师傅，买房、买设备，很快就把厂子搞起来了。厂名叫利生针管厂，算是手工作坊，由周午生担任经理。工厂开业后不久，国内开展“三反”“五反”运动，周午生受到审查。后来，进行公私合营，周午生又成了资本家代表受到批判。

当时，全家靠父亲的工资生活。父亲去香港期间，家里没有了经济来源。尽管孩子们的学费很少，但还是一度出现了交不起的情况。费尽周折借钱、还债，是家中最纠结的焦点。年少的周兴铭目睹此状，只能更加发奋学习，以好成绩回报母亲。家庭生活陷入困难的时候，陶连英就打小工赚钱养家。隔着周兴铭家两三间房子的沿街路边有一个南货店，主要是卖炒花生、瓜子、蚕豆这一类的炒货。上海人喜欢吃蚕豆，剥去皮，在油锅里炸一下，叫豆瓣；有的是刻花的，叫兰花豆。南货店的生意很好，需要人手帮助剥蚕豆。母亲就去接这个活，每天把泡在水里的蚕豆拿回家，周兴铭就带着弟弟妹妹一起帮助母亲剥蚕豆。每每回忆起母亲为生活艰难暗自抹泪的情景，周兴铭都会难以自抑地哽咽。

苦难生活的磨砺让周兴铭养成了勤俭节约的习惯，他也认为这是自己成长环境中很重要的一点。受家庭的习惯和风气影响，周兴铭从不乱花钱，在后来负责重大工程和主持科研项目时，对每一分科研经费也都做到了精打细算，能省则省，绝不多用国家和军队的一分钱。

一个人和他的家庭有密不可分的联系，这种联系必然影响其一生。父母将“勤俭，治家之本；和顺，齐家之本；谨慎，保家之本；诗书，起家之本；忠孝，传家之本”的传统家风，以言传身教、潜移默化的方式，浸润到周兴铭的骨血之中，对他的思想形成、性格塑造、为人处世产生了很大的影响。周兴铭后来所彰显的对国家对民族的爱，对国防科技教育事业的虔诚执着，以及谦和儒雅的品质、踏实低调不张扬的行事作风，无不打上家庭影响的烙印。

3. 弟弟妹妹的好兄长

周兴铭是家中的长子，他还有大弟周兴宝，大妹周幼宝，小妹周幼清。“染于苍则苍，染于黄则黄。”父母营造的家庭生活氛围，对他们产生了熏陶影响、沾溉浸濡，弟弟、妹妹向哥哥看齐，个个从小发奋读书，孝敬父母，即使家庭生计困难、囊中空空的时候，也埋头苦读。

大弟周兴宝，1941 年出生，自幼聪明，6 岁时被送到正修小学读书。周兴铭考取徐汇中学后，周兴宝也把报考徐汇中学作为自己的奋斗目标，通过刻苦努力，终于心想事成。周兴宝在徐汇中学读书时，由周兴铭当介绍人，加入了中国共产主义青年团。

周兴宝在中学时期表现出对外语特别感兴趣。他于 1958 年考入北京外国语学院英语专业学习，本科毕业后考上了硕士研究生继续深造。1965 年，研究生毕业分配到外交部翻译室工作，曾给时任国务院副总理兼外交部部长陈毅当过英文翻译。1973 年，转入中国国际问题研究所从事研究工作，历任世界经济研究室副主任、主任、副研究员，美洲研究室负责人，副所长，研究员。其间，曾在美国得克萨斯大学亚洲研究中心客座研究一年。1988—1992 年，在中国驻英大使馆任一秘、研究室副主任。1998—2001年，任中国驻加拿大多伦多总领事。2001年周兴宝退休，在外交部下属的一个研究所任职，担任亚太安全合作理事会中国委员会副会长兼秘书长，从事世界经济、国际关系、亚太地区问题研究。享受国务院政府特殊津贴。

大妹周幼宝，1943年出生。母亲在连续生了两个男孩后，认为光养儿子不养女儿不行，一定要养一个女儿。女儿出生后，母亲的心愿满足了，非常高兴。当时，全家都认为这是最后一个孩子，不再要孩子了，父亲就给女儿取名“幼宝”，意思是最小的宝贝。

周幼宝与两个哥哥一样，天资聪颖，从小学习成绩就很好，于1960年考取北京医学院制药专业，主要学习化学制药。1964年大学本科毕业被分配到苏州医学院工作。相比较两个哥哥而言，周幼宝离上海是最近的，工作后还能时常回去看望父母。

小妹周幼清，1952年出生。在周幼清出生时，父亲周午生的利生针管厂刚刚办起来。因为工人全是学徒，一时间没有产品，所有的支出全靠家里的积蓄和借债。父亲不仅花光了家里的积蓄，还欠下大量债务。这时，全家已经没有经济收入，小妹出生时家里非常清苦，父亲就给她取名“幼清”。后来，周兴铭认为要“又红又专”，就建议她改名为“周红”。周幼清学习成绩好，活动能力强，在读小学的时候担任了学校少先队大队长。

周兴铭的父亲因病去世后，周幼清在上海与母亲相依为命，母女感情很深。后来，周幼清被分配到浦东的一个船舶厂工作。船舶厂主要是给海军提供维修军舰服务。厂里安排她开大货车，她先是跟着师傅学习，很快就学会了开大货车，后来慢慢地成了老师傅。周幼清性格十分好强，不甘心放弃学习，就进了厂里的夜大上学，由于学习成绩非常好，毕业后留在夜大教务办工作。1985年不幸意外过世。

人是铁，家是炉，周兴铭和弟弟、妹妹，经过了家庭这个“炼钢炉”的历练，奠定了为人处世的根基。父母的教导叮咛，长兄的示范引领，使弟妹们在风雨沧桑中有了心灵的慰藉，健康成长，成为有用之才。

4. 与李遐组成幸福家庭

李遐，1941 年 9 月出生，祖籍山西太谷县，自幼在上海生活长大。李遐的外公安寿增是山西的一位名医。抗日战争时期，为了躲避日本军队的烧杀抢掠，安寿增带着一家老小从山西逃往四川。后来，又从四川一路辗转到了上海定居。

李遐的母亲安爱英，个性要强，尽管是女孩子，也要上大学，在山西大学土木建筑专业学习时，是当时班上唯一的女生。新中国成立前后，安爱英在上海市农业局的前身华东军政委员会水利部，从事水利方面的工作。

李遐的父亲李梦瑛，毕业于北京大学，在上海一家银行工作。在李遐 12 岁时，李梦瑛不幸英年早逝。安爱英一个人带着 5 个孩子和 1 位老人一起生活。安爱英工资不高，要养活一大家人，家庭生活十分困难。虽然日子过得艰难，但她努力不让孩子们辍学。由于国家政策的扶助，5 个孩子的学费都有所减免。

1956 年，李遐初中毕业，这时两个姐姐已经上了大学，家里已供不起她继续读书了，母亲让她报考中专。因为中专学校不收学费，读书可以省些钱，而且中专毕业又可以早点参加工作，能够在一定程度上缓解家里的经济困难。中专学校入学考试竞争十分激烈，10 多个人里面才能录取 1 个。李遐喜欢与电有关的事物，于是就填报了上海电机制造学校和国立高机学校。录取的时候，两所学校的录取通知书同时到了，李遐再三权衡，受“共产主义是苏维埃加电气化”的影响，最终选择了上海电机制造学校。

上海电机制造学校的学制比一般的中专学校多 1 年，学校在闵行，离市区很远，当时交通很不方便，乘公交车要换乘好几次。李遐回忆说：“一般的公交车要 5 分钱，郊区的车要 2 毛钱。”学生都住校，读书期间，李遐尽管很想家，但是为了省钱，平时很少回去。偶尔回到家里，总想多待一些时间，晚上就在家里不肯走，第二天早上四五点钟爬起来，匆匆忙忙坐车赶回学校上早自习。这段经历也是一种锻炼，对她后来能够承受住各方面磨难有很大的帮助。

1960 年 7 月，李遐从上海电机制造学校毕业。当时，毕业生实行全国分配工作，自己填报分配志愿，有北京、上海、广州、哈尔滨等地的单位可以选择。李遐当时的想法是，要么去南边到广州电器科学研究所，要么向北走到哈尔滨电机厂。哈尔滨有全国的三大动力厂，一个是电机厂，一个是锅炉厂，还有一个汽轮机厂，是苏联援建新中国的第一个五年计划重点工程，很吸引人。哈尔滨还有“小上海”之称，被誉为“东方的莫斯科”，城市也很漂亮。“小院什么的都有木栅栏，栅栏刷成绿色，墙是奶黄色，很好看”，这让李遐很向往。在李遐看来，自己学的是电机制造，专业也很对口，特别是哈尔滨电机厂提出可以帮她联系上夜大继续深造，这一点对李遐有很大的吸引力，她毫不犹豫地填报了哈尔滨电机厂。当然，母亲也很舍不得，但她自己坚持去了哈尔滨。

就这样，李遐被分配到哈尔滨电机厂电机设计科担任技术员，跟着老师傅、老专家从事大型水轮发电机设计，先后做过多个国家重点项目的水轮发电机设计，如云峰国际水电站、刘家峡水电站等项目。

李遐性格坚强，喜欢挑战，一边工作一边在电机厂夜大学习。每天晚上 6 点钟开始上课，一直到 9 点多钟结束，李遐从来都是风雨无阻。后来，厂里的夜大合并到哈尔滨电工学院，办学更加正规。哈尔滨电工学院夜大，主要是为三大动力厂中愿意学习、想进一步深造的年轻人提供学习机会。所学的课程与全日制大学一样，只是利用晚上的时间上课。当时，有一部很轰动的电影《早春二月》，由谢铁骊执导，孙道林、谢芳、上官云珠主演，很受青年男女的喜爱。尽管李遐非常想去看，但是她不愿缺课，最终也没有看成。通过几年坚持不懈的努力，李遐硬是扎扎实实学完了所有课程，取得了大学文凭。

刚参加工作时，李遐全身心地投入工作和夜大学习，自己不想找对象，也没有时间谈恋爱。夜大毕业后，随着年龄的增大，应该找对象了，很多人都给她介绍对象。李遐心里暗暗地定下了三条标准：第一，人品要好，这个是主要的，要诚实，对人比较和善；第二，业务要强，自己业务比较强，希望找个能力也比较强的人；第三，最好是上海人，这样生活习惯也能一样。

1968 年春，周兴铭和李遐在介绍人裘式纲的家里第一次见面。裘式纲与周兴铭在军事工程学院同一教研室工作，裘式纲的爱人陈雅媛与李遐同在电机厂工作。当陈雅媛把周兴铭介绍给李遐时，李遐认为“哈军工”出来的，人品上绝对没问题，朴实、可靠，她毫不犹豫地同意与周兴铭见面谈一谈。

周兴铭和李遐一见钟情，两人都被对方的气质、风度所倾倒，相互很中意对方。可是，李遐还是想给周兴铭一个考验。当时流行一种“船坞排档”的智力游戏，类似“三国华容道”的游戏。就是一个方块里面有长方形、正方形等各种形状，充当不同的船，最里面有一个小的黑色正方形标识为船，方块里有一点小空档，可以挪来挪去。游戏考的是怎样通过合理的编导，让里面的船能够顺利地进出。这主要是考验一个人的智慧，有的人挪半天都挪不出来。

老实的周兴铭没有看出李遐的小“伎俩”。当李遐说，这很难，自己做不出来，让他帮着试一试时，周兴铭立即就答应了。周兴铭很快就做出来了，还写成文字材料，提出了三种不同的方法。这一下，让李遐惊讶了，实际上李遐已经知道两种方法，让她没有想到的是周兴铭竟然还想出了第三种方法。

人的智慧通过一件小事就能反映出来，李遐顿时对周兴铭刮目相看。她看准了周兴铭，知道他很有才华，人很聪明，逻辑思维能力很强。就这样，两个人慢慢地了解，相处了半年，就确定了恋爱关系。

1969 年 11 月李遐通过了政审，12 月 11 日两人登记结婚。周兴铭冒着严寒，借了辆长把板车，挂在自行车上，骑着自行车把李遐的东西拉到了自己在“哈军工”的宿舍。两人给教研室的同事发了烟、糖，就准备回上海了。临出发前，周兴铭对李遐说，我们一上火车就算是正式结婚，再也不能反悔了。两人先是坐火车到了南京，在南京玩了两天。然后，从南京坐火车到了无锡，在无锡逗留了两天。最后一站是苏州，两人又把苏州逛了个遍。就这样，一路转车一路旅游回到了上海。回到上海家里，他们只是把结婚的事情告诉了家人，也没有举行仪式。这趟探亲之旅就成了周兴铭和李遐别有记忆的旅行结婚。

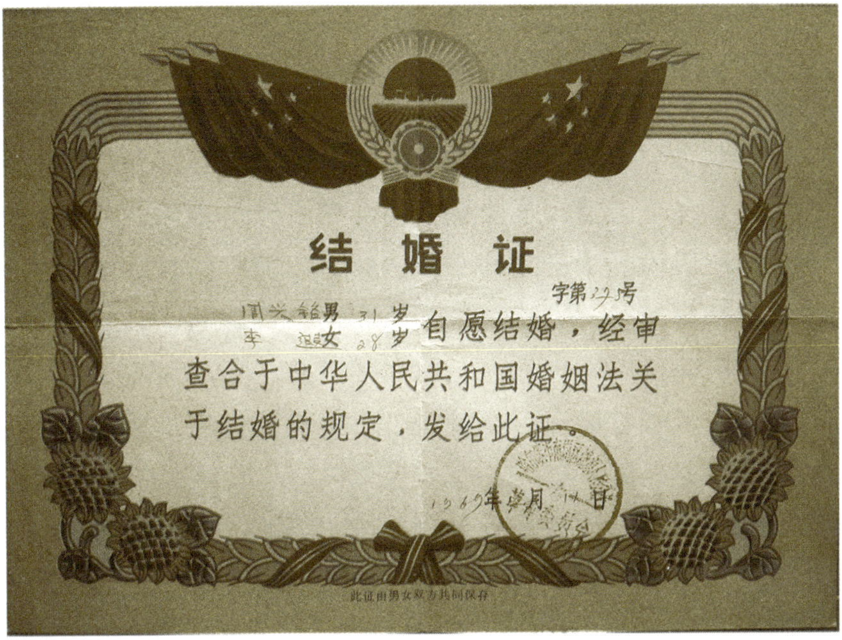
结婚证

字第[illegible]号

周兴铭男 31 岁
李 遐女 28 岁 自愿结婚，经审查合于中华人民共和国婚姻法关于结婚的规定，发给此证。

[illegible]年[illegible]月[illegible]日

此证由男女双方共同保存

周兴铭和李遐的结婚证

从上海返回哈尔滨后，周兴铭又买了一些烟和糖，把教研室的各位老师请过来。晚上，在那间 10 平方米的宿舍里，大家一起吃吃糖，唠唠嗑，闹一闹，说一些祝福的话，没有主婚人，也没有婚礼。

他们结婚的新家十分简单：两个单人床拼成一张大床，床边摆放一个学院发的内务柜，一个学院给每位助教配发的小铁书架，书架放上木板摆着书，书桌是学生用的 8 人大课桌，两面各有 4 个抽屉，底下有 4 个小柜。这些就是周兴铭结婚时的全部家当，摆满了整个房间，走路也相当困难，简简单单算是成家了。

周兴铭、李遐不再是孤单一人，而是彼此无微不至地关心着对方。从当年各自离开上海到哈尔滨，两人都是形单影只地生活，久违了家庭生活的温暖，如今终于有了一个属于自己的家，尽管既不宽敞也不豪华，却让两人感到非常的舒适与温馨。“爱人在身旁，处处是天堂”，不需要锦衣华服，不需要珍馐美馔，只要能与自己所爱的人生活在一起，幸福感就会时时滋润着心田。1970 年，“哈军工”南迁长沙，李遐也随之调入长沙工学院计算机研究所工作。

周兴铭是一个感情深沉、有责任心的男人。他希望在今后的日子里，自己能成为妻子身边的一棵大树，以枝叶呵护着她，不让她受到酷暑严寒的侵袭，不让她遭到风霜雨雪的惊扰，让她在庇护下享受生活的甜美与安宁。然而，周兴铭又是一个不甘平庸、以事业为重的男人。尽管对妻子一往情深，心中充满无限的爱，他却常常为了工作不得不冷落了她，甚至让她做出许多牺牲。

周兴铭和李遐生育两个女儿，大女儿周晔，1970 年 9 月出生，二女儿周昉，1972 年 3 月出生。两个女儿都是在上海出生，周晔出生后一个月被李遐带到长沙，周昉在上海满一周岁后才到长沙。

周兴铭工作繁忙，经常出差，顾不了家，家里的一切都靠李遐打理。李遐独立生活能力很强，心灵手巧，又善于勤俭持家，两个女儿小时候的衣服都是她自己做。

周晔和周昉小时候，正值李遐改行学计算机，要上班就没时间带孩子，姐妹俩更多的时间是被妈妈锁在家里。一扇门锁不住孩子的天性，每天只要李遐一上班离开家，一场热闹的“大戏”就开幕了。她俩把走廊边上的窗帘拉开，楼上楼下的其他孩子都跑过来，隔着窗户的栅栏，两人把爸爸妈妈为她们买的小画书全部拿出来，你一本，他一本，一群孩子围在走廊的窗户边叽叽喳喳闹个不停。每当父母快要下班时，大家就会把书还回来。两人迅速把书放回原处，拉上帘子，一切又归于平静。等李遐回到家里时，好像一切都没有发生，李遐对此也一无所知。

周晔和周昉都是在长沙国防科技大学附属小学读书。中学时，

周晔、周昉在长沙湘江一桥前合影

周昉考取了长沙周南中学，中午不回家，午饭在学校食堂吃，一年时间学会了吃辣椒，后来回到上海在第八女中上学，仍保持嗜辣的习惯。

周兴铭对两个孩子的教育以启发为主，对于她们的学习基本上是放手的，主要是靠她们自己。周兴铭认为，自己当年就是这样过来的，爱人李遐也是这样过来的。家庭教育子女的理念就是，让孩子自主学习，家长努力创造条件，因材施教。对子女的事情，周兴铭从不横加干涉，总是尊重她们的意愿，适时地给予鼓励，给予辅助。从小到大，两个女儿从父亲那里得到的只有关心，只有爱护，而没有责骂，没有惩罚。

周兴铭注重根据孩子的自身兴趣和特点进行培养，他与李遐商量，等孩子长大后，不一定强求她们学习计算机。可能是因为这个原因，周晔和周昉都没有走进计算机领域。读大学时，两人都选择了学习建筑管理专业。大学毕业后，各自在事业上都取得了很好的成绩。

在周晔和周昉的眼中，父亲不是一个善于表达情感的人，这一点与中国大多数父亲一样。周兴铭的情感、对家人的爱，只有通过他的眼神静静体会，通过他的一举一动默默感受。父爱如山、舐犊情深，在细品慢酌中可以体味到那浓郁深远、清香悠长的滋味。

第二章 *Chapter 2*

战乱年代度过艰辛童年

周兴铭出生时正值民族危亡、国难当头，中国大地水深火热、民不聊生，老百姓陷入极端贫困的生存境地，在上海的周兴铭家也不能幸免。在颠沛流离中，周兴铭辗转上海和余姚两地求学，换了 5 所小学。童年的磨难，留给他一生难以抹平的记忆。周兴铭立志发奋学习，让国家安定富强，让百姓安居乐业。

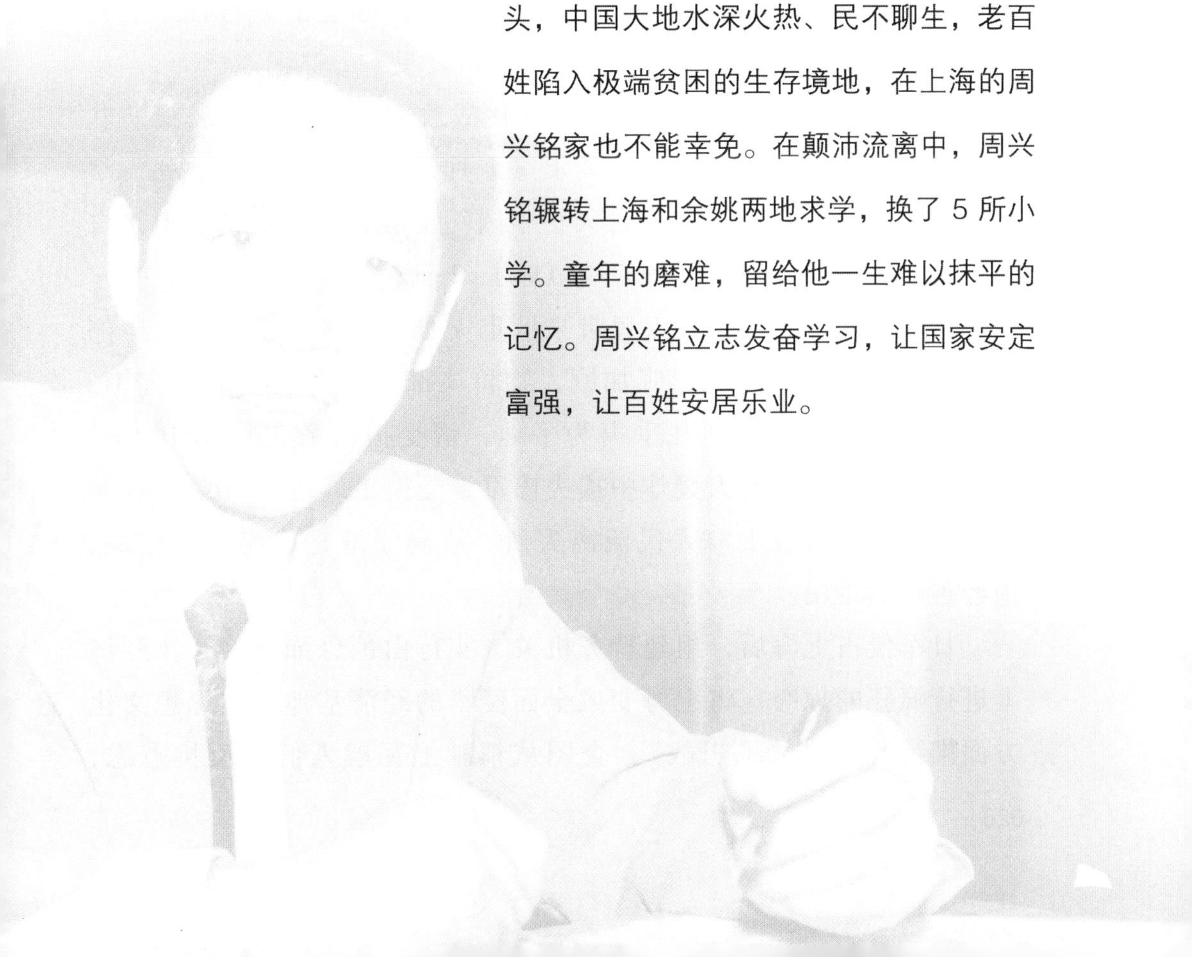

1. 生逢国难当头日寇入侵

1937 年 7 月 7 日，日本帝国主义制造了卢沟桥事变，发动了全面侵华战争。上海是中国的工商业和金融中心，也是英、美、法等国在华利益集中的地区。为了直接打击中国政府，并对西方各国施加压力，日本政府把战场转向上海。8 月 13 日，日军向中国军队发起进攻，制造了“八一三事变”，上海军民奋起抗击，与日军展开了殊死对决。

“八一三”淞沪抗战，是中国近代战争史上规模最大、最悲壮惨烈的战役之一，战事一直持续了三个月，中国军人舍生忘死，浴血奋战，虽然使日军“三个月灭亡中国”的狂言沦为笑柄，但是自身也付出了高昂的代价。1937 年 11 月 12 日，上海沦陷。

日本侵略战争给中国人民带来沉重灾难，经济不景气，工厂停工减员甚至倒闭，通货膨胀加剧，物价飞涨。上海的闸北、宝山、南市、浦东、松江等地几乎夷为平地，遭受损失的工厂达 100%，上海租界也在日军的大轰炸中损失惨重，受损工厂达到 70%。日军的侵略使得数百万上海人民流离失所、妻离子散，成为漂无定踪、饱经苦难的难民。

日军侵占上海后，组建特务机关，实行白色恐怖统治，在经济上进行疯狂的掠夺，将上海变成全面侵华的经济基地，在思想文化方面推行所谓的“思想战”，企图从精神上瓦解人们的反抗意志，模糊人们对侵略者的认识。为了加强对上海的控制，规定了很多当地民众不能做的事，条款相当详细，管控十分严格。

1938年12月4日，周兴铭在上海借来的老房子里出生了。一个男婴的降临，驱散了周午生和陶连英夫妻二人压在心头的阴霾，也给这个苦难的小家庭带来欢乐和新的希望。添丁生子本是人生的一大喜事，可是当时上海许多怀抱婴儿的母亲往往是愁容满面。因为日军大肆掠夺，经济环境恶劣，大量刚刚来到世间的婴儿，就被饥饿、疾病夺去了生命，离开了这个对他们来说过于残酷的世界。

要想维持生活，就必须找到事做，一旦失业，全家就会马上陷入绝境。在生存的压力面前，周午生也不能免俗。他工作的钱庄名字里有个“铭”字，他很希望钱庄能够兴旺起来，全家的生计能够有着落，于是给新出生的儿子取名“兴铭”。多年后，周兴铭回忆自己的取名时说：“我的取名与家庭族谱没有关系，只是与父亲的生计有关系。”

日军以上海为据点，疯狂搜刮中国的资源运回日本，达到“以战养战”的目的，掏空了上海所有的民生资源。上海市场上物价飞涨，相继出现了米荒、菜荒、原料荒、煤炭荒、电力荒，抢米风潮接连发生。日军掠夺了许多中国人的工厂、企业，又增设了许多为侵华战争服务的公司、商行、机构。推行“强制性干预”和“管制”的经济体制，加强经济掠夺，每个行业成立一个特殊行会，一方面垄断经营，同时又对市场进行行政干预。实行粮食购买配给，禁止中国人私自买卖，把好的大米都充当军粮，把稻壳、砂粒等乱七八糟的东西搅和在一起混合成红糙米，按照每户人口数量定指标出售。当时，米店公开出售的只有配给米和不在限价之列的面粉和杂粮。这种含有砂粒的红糙米，人吃了不容易消化，很多人因此患病去世，很多痛失亲人的家庭从此陷入天人永绝的哀恸中。

强寇入侵，马乱兵荒，国之不存，民将焉附？周兴铭一出生就与家人陷入了水深火热、极端困难的境地。老房子里老鼠很多，有一次周兴铭吃完奶，嘴上的奶香味引来老鼠狠咬一口，在他嘴唇上留下一生的印记。

在上海沦陷时期，日军动不动就搞封锁，限制普通百姓的出入，许多人成天都在封锁中，哪儿也去不了，生活苦不堪言。租界与华界之间的大街小巷都用铁丝网密密匝匝地封锁起来。日军还在其占领的南市、闸北、虹口、浦东等处设立关卡，对出入的行人实行严格检查。苏州河各桥口处，更是岗哨林立，戒备森严。行人通过关卡时，必须向日军哨兵脱帽弯腰鞠躬敬礼，稍有延迟，即遭日军的刺刀相向，轻则毒打，重则直接枪毙，恐怖紧张的气氛令人窒息。

后来，随着弟弟周兴宝、妹妹周幼宝相继出生，周兴铭一家人的生活越发艰难。父亲周午生作为一家之主，每天早出晚归，努力工作养家糊口。母亲陶连英看到孩子那么小，特别是周兴铭的身体很弱，就冒险尝试着到周边的农村去换一点好的大米给孩子吃。每次来回都要通过日军设置的岗哨，被反复盘查，甚至搜身，她看到许多中国人被日军抓起来，还有一些人甚至被活活打死。可是，为了让自己的孩子能够活下去，她还是冒着生命危险多次往返日军的关卡。每当她走出铁丝网合围的检查哨卡时，都会如释重负，长长地松一口气。

童年是一个人心中最珍贵的记忆，人们记忆中的童年往往是一生中最美好的。它的美好就在于那段短暂的时光承载了我们生命中最初始、最纯真的感受。然而，周兴铭的童年正值社会动荡时期，百姓处于水深火热之中，沦陷区的苦难经历深深地烙在了他幼小的心灵里。

2. 辗转上海、余姚五所小学

1943年9月，周兴铭不满5周岁，就被父亲送进上海民智小学读书，接受启蒙教育，开始了自己的求学生涯。上海民智小学是一所私立学校，教学质量等各方面都很好，特别是离家很近，在茂名南路拐角处。1956年1月，学校改为公办，改名为上海市静安区威海路第三小学。

一个完全不同的世界在周兴铭眼前慢慢打开。来到人头攒动的学校，听到老师和同学们郑重其事地喊自己的名字，年幼的周兴铭感到很兴奋，对新的环境充满了好奇，很快就适应了校园生活。当时，周兴铭在班上年龄最小，个头最矮，但却是班上公认的优秀学生。因为他不仅学习努力，而且善于思考，遇到不懂的问题，总喜欢寻根问底。一分耕耘，一分收获，周兴铭每次考试都是名列前茅。

日军统治下的上海，学校无法维持正常的教学秩序，时而上课、时而停课，老师也好、学生也罢，没人能静下心来工作和学习。特别是太平洋战争爆发后，日本与英、美成为交战国，日军在上海全面接管租界，实行高压政策，周兴铭全家的生活变得更加困难起来。每当忆及此事，周兴铭对当时生活的艰难深感苦不堪言。

勉强坚持了一年后，实在难以为继。1944年11月，这时周兴铭才读了两个月的小学二年级。父亲与母亲商议，决定由母亲带着

威海路第三小学

周兴铭、周兴宝、周幼宝三个孩子，暂时回浙江老家余姚临山镇避难。父亲没有回去，继续留在上海赚钱养家，后来进入源兴纱号做账房先生。

母亲收拾好行装，准备好路上吃的食物，就带着三个年幼的孩子出发了。在战乱的环境下，交通十分困难，没有正规的航船，他们先是从上海乘小渔船渡海到宁波，再转乘小船到余姚临山。从上海返回家乡的路程，充满了危险、艰难、劳累、无奈，毫无乐趣可言，但对第一次离开上海的周兴铭来说，旅途充满了新奇的感觉。一路上不时有枪炮声传来，恐惧和着冰冷的海水，使大家都感到很害怕，也很紧张。母亲把三个孩子紧紧地搂在怀里，轻声地安慰。

这次逃难之行，是周兴铭出生后第一次回自己的老家。

回到老家后，生活虽然困难，但学习还要继续。在临山镇安顿下来后，周兴铭被母亲送进临山镇小学，继续读小学二年级。

临山镇小学位于临山镇城东门内，是镇上唯一的一所学校，前身为凤山义塾，创建于同治十年（1871 年）。学校历史悠久，具有启智育人的优良传统。1989 年教育体制改革，学校随之改名为临山镇中心小学。这所农村小学条件相当简陋，学生也不多，都是镇上的小孩。

临山镇中心小学

这时，周兴铭还不到 7 周岁，在同年级学生中，年龄算是比较小的。上海沦陷区生活的经历，求学的艰辛，让周兴铭比同龄孩子更懂事，更有责任心，更能深刻体会到学习的重要意义。周兴铭认认真真地学习每一门课程。1945 年 2 月，周兴铭进入小学二年级下学期的课程学习。

1945 年 8 月 15 日，日本宣布无条件投降。中国人民经过艰苦卓绝的长期抗战，终于迎来了胜利的时刻。

时局暂时有所好转，周兴铭的父亲在上海和丰银行找到一份工作。母亲带着三个孩子一路辗转回到了上海。此时，周兴铭在临山镇小学二年级的课程还没有读完。周兴铭这次回老家生活不到一年，除去来回路途上的时间，也就是 10 个月，这是他在老家生活最长的一段经历。

回到上海后，全家五口人住在原来那间小房里十分拥挤，周午生就把老房子二楼的客厅租了下来。客厅稍大一点，但还是住不下。全家人勉勉强强挤着住了一段时间后，周午生狠下心来在上海南市万裕街租了一套房。

南市是上海最古老的区，也是当时的贫民区，房租相对比较便宜。根据周兴铭回忆，那里有条主要的马路叫董家渡路，边上的小马路叫万裕街，交叉角就是董家渡天主教堂。天主教堂在周边办了正修小学、正修中学和正修女子小学三所学校。正修小学前的马路对面是正修中学，另一边对面是正修女子小学。

1946 年 2 月，周兴铭被送进正修小学读小学二年级，正修小学与中学是连起来办学的，师资力量比较强，教学质量也比较高。在这里，周兴铭从小学二年级下学期一直读到小学四年级上学期。

1947 年秋，周午生在上海一家棉业公司找到做会计的工作，工资收入也比以前提高了，家里的经济条件开始有所好转。考虑到租房子的费用比较高，周午生在权衡租房与买房的支出后，下定决心，在董家渡 102 号买了一间竹房屋。

房子十分简陋，四面的墙是抹上石灰泥的竹篱笆，房顶由几根木柱子架起来，铺上瓦，用木头搭间阁楼，将房子分成了楼上楼下。楼下前面一间，后面一间，最后面有间小厨房，前后相通没有过道。有了属于自己的房子，全家人从此就比较稳定地在上海居住了下来，在这里生活了二三十年。

周午生买房子不仅用光了所有的积蓄，还欠下了债务，家里的生活一下子又陷入困难境地。1948 年 2 月，周兴铭转学到南昌小学，从四年级下学期读起。与正修小学相比，南昌小学教学质量差一些，而且上学路途也远一些。这次舍近求远，转学到南昌小学，是因为南昌小学是公立学校，读书费用相对比较便宜。周兴铭父母十分注重孩子的学习，如果不是迫不得已，绝不会作出如此选择。由此可见，周兴铭全家当时生活困难之大。

几经辗转，周午生又在一家贸易公司找到一份会计工作。他业务做得好，人又老实本分，很受公司老板的信任，家里的经济条件又开始好转起来。周兴铭只在南昌小学上了一个学期，1948 年 9 月，在五年级上学期开学时，又转学回到了正修小学。

1949 年 5 月 27 日，上海市宣告解放。上海市人民政府宣告成立。但是，舟山群岛还被国民党占领，每天都有飞机从舟山群岛起飞对上海进行轰炸。

董家渡是一个码头，属于交通要地，因此成为轰炸的重点目标，经常挨炸。周兴铭家新买的房子就在董家渡码头附近，处在被轰炸的区域内。刚开始的时候，母亲给家里的八仙桌蒙上被子，一听到拉警报，就赶紧让孩子们钻到桌子底下躲避。慢慢地，大家就习以为常了，再有飞机飞过来轰炸，很多人甚至跑出去看热闹。周兴铭也曾跟随大人跑出去，看着炸弹从飞机上投下来，然后听到“嘭”的一声在附近爆炸。

周午生所在贸易公司的老板，在上海解放后计划全家搬到香港去居住。周午生在公司兢兢业业，工作干得非常出色，老板看到他住的地方经常被轰炸，太危险了，就在走之前将自己的一套房子腾了一间房，给周午生临时居住。房子位于上海市复兴中路，是法国人建的洋楼，后面还带有一个小花园，在当时是很高级的房子。周兴铭一家于是就在二楼的一个房间住了下来，虽说只是一个房间，但对于周兴铭一家人来说已经很大了。

1950 年 2 月，周兴铭因为这次搬家又转学到上海青华中小学读六年级。上海青华中小学是小学和中学连在一起的学校，教学质量只能算一般，但是远离轰炸区域，而且离周兴铭的住处比较近，每天上学只要穿过淮海路，再走大约 20 分钟就到了。

上海青华中小学红星楼

20 世纪 50 年代，为了加快军队现代化建设，特别是朝鲜战争中，我军和美军作战，急需一大批掌握先进武器装备的人。人民军队开始从大学、中学招收一批学生参军当干部，送他们先学习科学文化技术。周兴铭在青华中小学读书期间，就看到几个年龄大的学生被招到部队，很羡慕他们。当时，周兴铭在全班同学中是年龄最小的，由于年龄原因不能当兵，但是在他的潜意识里埋下了参军入伍的思想种子。

父母对周兴铭的学习没有特别的限制和规定，也基本上不过问他在学校的学习情况。父亲每天早出晚归，回到家时已经很累了，根本没有精力管孩子。母亲也只是叮咛几句，要求他们好好学习，实际上学习全都是靠自己。几十年后回忆起上小学的情景，周兴铭说："我上小学的时候，家里的学习环境很宽松，也没有什么学习压力。有时候我躲在被子里看小说，父母也不管。"周兴铭天资聪颖，不仅学习勤奋，而且善于思考，特别注意在课堂上认真听讲，天长日久便自然养成好的学习习惯，父母对他的学习从来没有不放心的感觉。

周兴铭的童年是在动乱中度过的，从城市到农村再回到城市，先后换了5所小学，成为他对小学读书最深刻的记忆。童年的苦难经历，从一定意义上说，是对人意志的磨砺，也是催人奋进的人生动力。面对国难当头、民族被欺凌的局面，目睹国民党政府发动内战带来的惨痛后果，周兴铭认识到：只有国家安定，才能有安稳的读书环境，老百姓才能安居乐业。周兴铭痛恨日本人的侵略，痛恨国民党发动的内战，迫切地希望国家能够安定富强起来，下决心要好好学习，让灾难深重的国家早日改变贫穷落后的面貌。

3. 因病错过小学毕业考试

周兴铭从小就身体虚弱，父母非常紧张，十分害怕养不活他。从出生一直到初中毕业，周兴铭经常生病。用周兴铭母亲的话说，“发烧有时可以烧一到两个节气”。

那时普通人家看病基本上都是找中医。中医与西医不同，不用做各种复杂的检查，有经验的老医生往往是用手把了把脉，询问一下病情，开几服中药，回去煎熬服用就可以了。老中医看病属于私人的性质，收费很高。可以说，周兴铭小时候因为生病耗费了家中一大笔开支。

曾经有几次，周兴铭的病情十分严重，甚至到了生命不保的程度，母亲背着他到处找老中医，花高价请他们救治。有一次周兴铭颈部淋巴结发炎，伤口溃烂，久治不愈，后来也是请一名老中医开几服中药给治好的。

母亲有时也会带周兴铭去药店买中药，站在柜台外面的周兴铭，专注地看着柜台里的伙计灵活地拉开一格格古色古香的贴着标签的小抽屉，从不同的抽屉中取出药物，熟练地称重、混合后再交到顾客的手中。这些看似平常的动作却蕴含着追求严谨、务求本真的思维，也让从小就具有较强逻辑思维的周兴铭感受到事物之间的关联，做任何事情都不能把简单的问题复杂化，更不能无根据地随意发挥。

1950 年 6 月，周兴铭小学毕业的前夕，突然腹泻、头痛，一连多日高烧不退，皮肤上出现了玫瑰色的疹斑。这次病情来势汹汹，一直担心周兴铭身体的母亲十分害怕，赶紧找医生给他诊治，医生断定他感染了伤寒。在小学毕业升初中的关键时期，不幸患上伤寒，这样的消息对周兴铭来说真如晴天霹雳一般，他不得不暂时告别心爱的校园。

伤寒是感染伤寒杆菌的水或食物进入消化道而引起的，伤寒杆菌随血液进入肝、脾、胆囊、肾和骨骼后大量繁殖，产生大量毒素，使患者发高烧，严重的会造成肠道出血或穿孔，导致死亡，是当年相当严重的传染病之一。新中国成立之初，我国医疗卫生工作面临的是疾病丛生、缺医少药的困难局面，各种急慢性传染病、寄生虫病严重威胁着人民群众的生命和健康。一旦得了伤寒，就十分危险，等于说是死神在不远处召唤了。

母亲到处打听治疗伤寒的有效办法，当听说金霉素有很好的治疗作用时，就想方设法到处购买，倾其所有，花高价买到了几粒。金霉素对多种病原菌有较强的抑制作用，对治疗周兴铭的伤寒果然起了特效，伤寒病居然痊愈了。周兴铭的身体本来就很瘦弱，大病初愈时人变得更加消瘦了。

命运往往捉弄人，这场大病耽误了不少时间。等到周兴铭的身体完全康复时，他已经错过了小学毕业考试，但由于周兴铭在青华中小学是学习尖子，成绩非常好，学校同意他不经考试直接进入初中学习。

周兴铭心中一直想着能够进入一所更好的中学读书，因为这场大病，他错过了通过考试进行选择的机会。1950 年 9 月，周兴铭不得不略带着遗憾和不甘心，开始了在青华中小学的初一学习生活。

经历了童年时代的磨难，周兴铭变得更加懂事和坚强。当他进入初中学习后，他的心性、人格开始逐步形成。

第三章 *Chapter 3*

优异成绩完成中学学业

新中国成立后，处处呈现欣欣向荣的景象。进入中学学习的周兴铭，沐浴着新社会的阳光雨露，开始接受革命启蒙教育，先后加入少先队和青年团，奠定了热爱中国共产党、热爱新中国、热爱新社会的思想基础。高中毕业前夕，周兴铭接受组织遴选，以优异成绩考取“哈军工”，成为一名光荣的军校学员、解放军战士，开启了人生新的旅程。

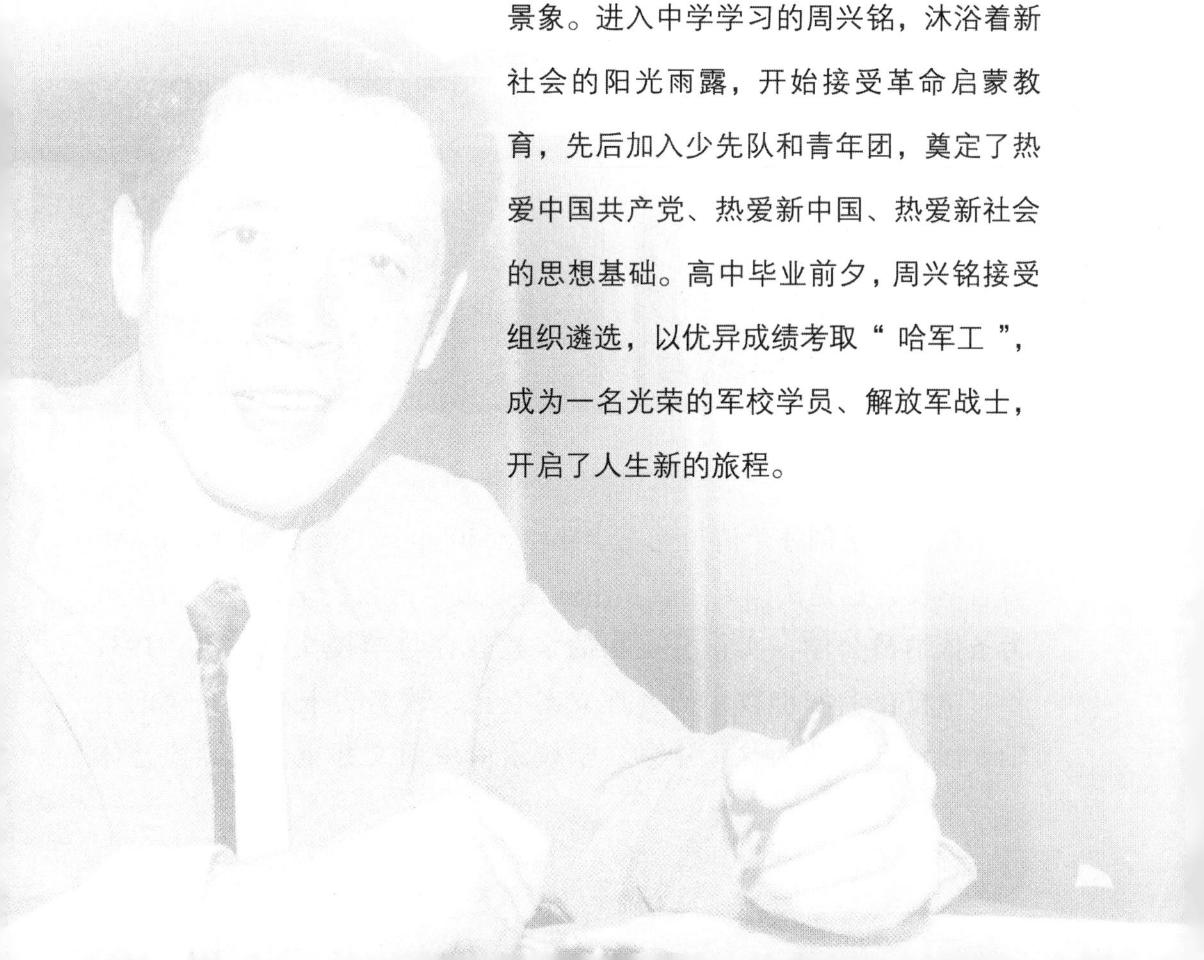

1. 插班徐汇中学读初中

1951 年 7 月，周兴铭在青华中小学读完初中一年级课程。按照惯例，上海一些中学在每学期课程结束后，都会再适量招收一些插班生入学。当时，上海市徐汇中学、南洋模范中学两所学校相距不远，而且都比较有名气，在周兴铭家附近的中学里都是顶尖的。周兴铭父母决定让他报考徐汇中学。

徐汇中学校门和重德楼

徐汇中学创办于清道光三十年（1850 年），是近代上海的一所著名学校，也是法国天主教在中国创办最早的教会学校，最初校名为圣依纳爵公学，实行分层次的宗教教育与学校文化教育。1931 年，学校在上海市教育局办理立案登记，改名为上海私立徐汇中学。1953 年，改为徐汇中学。学校崇尚中西文并重，倡导德智体俱进，受徐光启引进《几何原本》传播先进科学思想的启发，最先开设数理化教学，设置音乐、体育、美术等课程，开启了我国近代中西教育交汇的先河，被誉为沪上“西学东渐第一校”“西洋办学第一校”。徐汇中学具有雄厚的师资和完善的教学实验设备，特别是数学、物理、化学老师都具有较高水平，教学质量比较过硬。

徐汇中学招收插班学生极为严格，绝不讲人情关系、通融照顾，真正做到在考试面前人人平等、在分数面前人人平等，就是对本校教职员工的子女，也没有优待和照顾。由于招生门槛高、录取名额少，每年的竞争都十分激烈，能够考取徐汇中学的插班生非常不容易。但是，考试对于一向学习成绩优异的周兴铭来说似乎不是特别的难事。

1951 年 8 月，周兴铭凭借优异的考试成绩被徐汇中学录取，实现了自己想进一所更好的中学读书的目标。9 月，周兴铭插班进入徐汇中学初中二年级。

徐汇中学离复兴中路的周兴铭家很近，只要坐三四站公共汽车就到了。第一个学期，父母考虑到家里只有一间房，周兴铭在家里住宿不太方便，就让他住校，吃集体伙食，接受一下锻炼。

周兴铭朝气蓬勃，充满青春活力，进入徐汇中学后，他感到一切都是那么新奇。学校正门设在华山路口，门柱两边分别有中法文校名。但法文的中译名还是“圣依纳爵公学”，并有“1850”以示建校年份的字样。沿石子马路往内走约百余米处还有二道门，南边有一个南校门，出门可直达大教堂前广场。美丽的校园，宽敞的教室，周兴铭被深深地吸引住了，满怀无限的希望、美好的理想和求知的渴望，很快就进入良好的学习状态。

上海解放后，上海市人民政府接管了徐汇中学，对学校进行社会主义改造。市政府派人担任校长、教导主任，还在徐汇中学建立了党支部、团支部和少先队。周兴铭和同学们一起，开始接受党的教育，一点一点地提高了觉悟。周兴铭坦诚地指出："虽然初一时入了少先队，但接受党的教育实际上是从 1952 年开始的，当时要求入团，积极参加一些集体活动，在徐汇中学多次听了三年来伟大成就的报告，使我对祖国有了新的认识，开始要求进步。"

1952 年 1 月 18 日，徐汇中学初中部二年级乙组团支部第 5 小组，对周兴铭作出品德考查鉴定：学习认真，为人和气，直爽，生活有组织，有纪律；不迟到，不早退，不旷课，按时完成课外作业，经常参加学生会和班级活动。多年后周兴铭的入党申请书上也写道："初三时，听报告也更多，自己也有提高，但道理到底还是不懂。初三上学期，随其他同学一起听团课，听课后也参加团的组织生活。政治上又学到些道理，共产主义社会更引起我对党的拥护，也懂得党的伟大，党不是为个人，而是为全体人民……因此，拥护党的信念就树立了。"

中学阶段，除了学生本人的天赋资质和学习态度外，老师的教学水平及授课技巧对学生的学习效果有很大影响。徐汇中学任课老师的水平、层次高，大部分老师是大学毕业，拥有多年的教学经验，阅历广泛，专业精湛，讲课生动，在向学生传授知识的同时，注意教给学生正确的学习方法。

俗话说，名师出高徒。在各位老师的精心引导下，周兴铭如饥似渴，不放松每一门课程的学习，数理化成绩在班上出类拔萃，但文科稍微差一点。每次考试，100 分的试卷，数理化成绩绝对在 90 分以上，文科一般在 80 ~ 90 分，有时也能考到 90 分以上。从周兴铭档案中保存的初三下学期学习成绩登记表可以看到：语文 81 分，几何 95 分，物理 93 分，世界古代史 91 分，世界地理 89 分。

中学阶段是一个人获取基础知识、提高人文修养、为以后做准备的关键时期。插班考入徐汇中学是周兴铭人生的一个重要转折，周兴铭在徐汇中学体会到了学习的无穷乐趣，他勤奋学习、刻苦钻研，知识水平和能力逐渐提高。

2. 免试直升高中学习

周兴铭初中毕业时，舟山群岛已经解放。解放军牢牢地掌握了上海及其周边地区的制空权，国民党空军不敢轻举妄动，上海不再遭受国民党飞机的轰炸。

生活比较安定后，周兴铭全家又搬回了南市董家渡自己家的房子居住。这次搬家对周兴铭来说不得不面临着一个艰难的选择：是在徐汇中学继续读高中，还是选择一所离家近一点的中学读书？因为从董家渡到徐汇中学要穿过整个上海市区，上学路途很远。周兴铭陷入了两难境地，父母尊重他的选择，让他自己拿主意。

徐汇中学特别青睐成绩优异的周兴铭，给了他“免试直升高中”的特殊待遇，希望他能够留下来继续读高中。周兴铭对徐汇中学有着深厚的感情，特别喜欢这里的老师和同学。经过慎重考虑，也鉴于小学阶段深受多次转学之苦的原因，周兴铭决定高中不再换学校，继续在徐汇中学就读。

1953 年 9 月，周兴铭进入徐汇中学高一学习。刚开始，周兴铭每天坐公共汽车上下学。路上单程大约 45 分钟，中途要换一次车。当时车票也不贵，几块钱买张月票，就可以随便坐。但是，周兴铭喜欢骑自行车，父母就在旧货市场给他买了一辆二手自行车。这样，周兴铭每天早上就骑着自行车去上学，路上大约 35 分钟的时间。午饭是从家里带过去，盛在一个铝皮饭盒里，用网兜挂在车把上，中午在学校的炉灶上热一下拿回教室里吃。下午放学后，再骑自行车回家。这样天天跋涉，一直到高中毕业。

进入高中后，周兴铭的心智开始趋于成熟。在社会变革中，他逐渐认识到，从旧中国到新中国，从国民党执政到共产党领导，中国发生了翻天覆地的变化。他很高兴有这样的转变发生，也深深地被社会上的热烈氛围所感染。周兴铭发自内心地认为，共产党太伟大了，领导人民推翻了“三座大山”，中国人民受日本人欺负、受帝国主义欺负的日子结束了，要当家做主，开始过上好日子了。后来，随着阅历和经历的丰富，周兴铭开始明白当年的朴素情感与共产党的宗旨本质上是一致的。

周兴铭对新民主主义青年团（1957 年改称中国共产主义青年团）是中国共产党的助手和后备军有了初步认识，又看到上海解放后在党的领导下到处欣欣向荣的景象，于是向团组织提交了入团申请书。当时，学生中能够入团的只是少数人，周兴铭的同班同学中有曹鸣、吴关轩、王宁德、陈文驹、王思浩、马星奇等人是团员，曹鸣担任组织委员。经过考察后，团支部指定吴关轩为周兴铭的入团介绍人，1953 年 12 月 9 日，周兴铭光荣加入了青年团。

入团后，周兴铭担任团支部宣传委员，负责学生委员会的黑板报宣传工作，在团组织受到了更多的教育。周兴铭年龄小，个头也小，在班上不是领头人。班主任老师在回忆周兴铭时说：“他当年在学校是不声不响的，但学习成绩是很好的。”班干部和班里的团员骨干，年龄都比周兴铭大，也比较成熟，他们在校园里演讲，开会讨论交流心得，周兴铭深受这些同学的感染、鼓励。周兴铭和马星奇从初二到高三都在同班，高三时马星奇担任团支部书记，周兴铭有问题常找他谈谈，他对周兴铭的帮助很大。后来，周兴铭又担任了学生委员会学艺部副部长、团支部组织干事，得到了更多的锻炼。加上经常聆听学校组织的各种报告，特别是社会发展史的学习，以及整个革命事业蓬勃发展的教育，使他在思想上有了更大进步。

周兴铭从小家就住在天主教堂附近，读书的学校也是教会学校，但是他始终不信仰天主教。新中国成立前，中国天主教一直受罗马教会控制，不断用宗教理论麻痹中国的信徒。新中国成立初期，天主教甚至经常召集信徒集会，煽动反共、反革命，与新政府对抗。1952—1953 年，上海市根据形势进行了“肃反”运动，打击了教会的反动势力，清理了一批思想反动的人员。徐汇中学里面有相当一部分学生信仰天主教，学校团支部就给团员分配任务，要求他们做好信教同学的转化工作。

当时，团支部分配给周兴铭的任务是做班上一名信教同学的思想转化工作，这项工作的各项规定和要求很严格，要定期向团支部汇报自己开展工作的情况。周兴铭出色地完成了任务，自己也深受启发，以至于多年后他在入党志愿书上写道：“这些工作中，受到不少教育，使我认识到帝国主义的恶劣面目，认识到党的正确、伟大，认识到党为人民大众而工作，因此十分信任党。”

这一时期，全国范围内进行反行贿、反偷税漏税、反盗骗国家财产、反偷工减料、反盗窃国家经济情报的“五反”运动。因为父亲所在贸易公司的老板已迁往香港，所以父亲被当作资方代表受到影响。全家因此负债累累，生活极度困难。对此，周兴铭坚持认为党的政策是对的，资产阶级的“五毒”确实可恶，妨碍了共产主义事业。“五毒”不好，资本家应该反，这一切不能怪政府，父亲虽然没有问题，也只好受到同样待遇。

徐汇中学高质量的师资、高水平的教学，永远地留在了周兴铭的记忆里。教授历史、地理的老师，周兴铭已记不清他的姓名，只记得他曾经是国民党的少将，知识渊博，上课时旁征博引，对于课本涉及的世界地理、历史内容，讲到哪里就拿出当地的照片给学生看，声情并茂的讲课方式成功地激发了大家的学习兴趣。

关于每个老师的绝活，周兴铭仍能一一道来，语气中透露出感佩和幸福。教数学的杨老师，讲平面几何从来不带书不带纸，上课就带一个铁皮的烟盒，里面装着彩色粉笔，课堂上随口讲，随手画，不用尺，也不用圆规，直线画得很直，圆画得很圆，讲得非常透彻，使人茅塞顿开。让人感到听课是一种享受，所有的学生都非常喜欢他的课。周兴铭每次考几何不用复习都能得优秀。教化学的潘老师，令周兴铭感到世界的变化无穷，教政治的周老师……他们每个人都很敬业，讲起课来不但认真投入、条理清晰，而且个个嗓音洪亮，使学生都能收到良好的致知解惑效果，这些都给周兴铭留下了深刻的印象。

高中课程与初中相比，难度有了质的变化，由于周兴铭初中的基础很好，进入高中后学习也能轻松自如，在班上总成绩排名常常靠前。当时呈现出的一个特点就是数理化非常优秀，文科略微不足。

高一上学期考试，语文 81 分，代数 93 分，几何 94 分，物理 91 分，化学 92 分，达尔文主义基础 86 分，世界近代史 81 分，中国经济地理78分，社会科学知识87分，外国语89分，体育88分。

高一下学期考试，语文86分，代数97分，几何97分，物理96分，化学94分，达尔文主义基础90分，世界近代史88分，中国经济地理79分，社会科学知识84分，外国语93分，体育79分。

高二时，周兴铭因为学习成绩优异，被评选为班级优秀生。

看书学习不是校园生活的全部，要想让青少年的旺盛精力得到彻底的释放，体育是不可或缺的有效途径。徐汇中学以前是教会学校，留下的一个传统就是球类活动丰富多彩。踢球也是学生们最喜欢的活动。他们把自己的球队取名为“泛马队”“赤脚队”等，表示谦虚、踢不好之意。其实比赛起来都是拼命的，都要为自己的班级和年级争光。学校里经常有足球、篮球比赛，有时是班级之间的比赛，有时是球队与球队之间的比赛，有时是各年级之间的比赛，所以，课后学校的操场上十分热闹。

那时徐汇中学篮球队，水平非常高，经常参加校内外的比赛。每年上海市中学篮球联赛，徐汇中学经常拿第一、第二名。教练曾是后来成为国家篮球队著名教练的钱澄海。

受到校园内体育风尚的熏陶，周兴铭开始踢足球和打篮球。每天午饭后，他就急忙跑到球场玩一会儿，下午放学后更是要到球场上痛快地踢一场球，天不黑是不回家的。周兴铭对校队的神投手非常崇拜，也为球队感到自豪。

周兴铭年龄比较小，班上同学有的比他大两三岁，有的大四岁，甚至更大。在徐汇中学的5年，他的个子变化不大，但是，每天的体育锻炼和骑一个半小时的自行车，极大地锻炼了他的耐力，使他瘦弱的身体逐渐强壮起来。对于自己在徐汇中学的经历，周兴铭始终念念不忘：“进入徐汇中学高中以后，我的体质大大增强，从此不再生病，是徐汇中学给了我健康的体魄。”

徐汇中学学习阶段是周兴铭人生最重要的阶段之一。有一批高水平的老师把他引入了知识的殿堂，坚持多年的体育运动和每天骑自行车，使他的体质得到很大改善。徐汇中学的5年，也是周兴铭价值观人生观初步形成的时期，他加入了青年团，树立了革命人生观，热爱和拥护中国共产党。中学阶段树立的思想信念，遭遇风雨也依然坚定不移，成为他一生有所成就的最大动力。

3. 接受挑选报考“哈军工”

新中国成立之初，建立一所综合性高等军事工程技术院校，是当时历史条件下建设强大国防和推进军队现代化采取的重大战略举措。为了适应机械化战争的紧迫需要，打赢反侵略战争，加快军队现代化建设，培养驾驭先进武器装备的技术军官，1952年3月，中共中央、中央军委决定创建军事工程学院。

1952年6月，在朝鲜代理中国人民志愿军司令员职务的陈赓，受命从朝鲜战场回国筹建军事工程学院，担任院长兼政治委员。1953年9月1日，中国人民解放军军事工程学院（简称“哈军工”）在哈尔滨隆重举行成立暨第一期开学典礼，标志着新中国第一所综合性高等军事工程技术院校的诞生。毛泽东主席在给学院颁发的《训词》中强调：“今天我们迫切需要的，就是要有大批能够掌握和驾驭技术的人，并使我们的技术能够得到不断的改善和进步。军事工程学院的创办，其目的就是为了解决这个迫切而光荣的任务。”

经国务院、中央军委批准，军事工程学院从第3期学员起招收地方应届高中毕业生，到第4期的时候，实际上是以招收地方高中生为主了。“哈军工”十分重视招生工作，以学院首长为主要领导组成一个强大的招生班子，提前奔赴全国各招生地区，深入各重点中学了解毕业生情况，物色适合到“哈军工”学习的优秀学生。

1955年12月，在征得高教部同意后，“哈军工”派出招生工作组分赴几个主要考生来源的省、市，对那里一些重点中学的高中生进行调查摸底，遴选并动员优秀毕业生报考。

遴选学生主要是通过政治审查、查阅档案和与学生谈话的方式，对学生进行全面了解。在政治审查方面，主要是审阅学生的全部档案，需要有证明材料和结论材料，除了着重弄清学生本人历史、家庭和社会关系等情况外，还注意学生的现实思想表现，表现不好或在群众中威信低的，都不能被选中。文化成绩方面，主要是结合高中各学期的成绩进行审查，特别是以最近几个学期的成绩为重点。一般而言，如果学习成绩一直很好，或者前几个学期的成绩不够好，但最近几个学期成绩呈上升趋势，也可以作为动员报考的对象，最后根据高考的成绩来确定是否录取。

“哈军工”招生工作组来到上海徐汇中学后，召开座谈会进行招生宣传动员，宣讲“哈军工”教学任务在国防现代化、社会主义建设中的重要意义，使学生对“哈军工”的学习内容和培养目的有了初步了解。招生工作组通过查看档案资料，了解学生的学习成绩，进行了初步挑选。他们从众多学生中一下子就盯上了品学兼优的周兴铭，最早找他谈话，问他愿不愿意到“哈军工”上大学。

20 世纪 50 年代正是新中国成立后革命浪潮滚滚发展的时期，伴随着革命的潮流，周兴铭通过徐汇中学的历史课、政治课教育，通过参加少先队、青年团组织的活动，深深了解到旧中国贫穷落后、受外国人欺负之深，深深懂得了新中国建立之不易，决心要奋发图强，为中国的富强，为中国人民过上好日子而奋斗，做一个对祖国、对人民有为的人。可以说，这种信念在中学阶段就牢固树立了。

周兴铭满脑子里都是对新中国的热爱，他很愿意去“哈军工”学习为祖国和人民服务的本领，当时就毫不犹豫地答应了。

经过精挑细选，“哈军工”招生工作组在徐汇中学共遴选出 4 名学生。根据周兴铭的观察，那时被选的学生不全是成绩最好的，当然学习成绩一定要好，同时要通过严格的政治审查，但对学生的家庭出身没有过多要求。

“哈军工”招生工作组特别关注周兴铭。在周兴铭 1955 年 12 月 21 日填写的徐汇中学学生登记表封面左上角，有“哈军工”招生人员当年的标注：成绩好，团员，优秀生。在当时的特定环境下，既要学习成绩好，又要通过严格政治审查，的确不是一件容易的事情。

周兴铭回到家中，把“哈军工”招生工作组找自己谈话，自己已经答应报考军校的事情告诉了父母。父亲不表态；母亲舍不得儿子，坚决不同意，认为哈尔滨太远、太冷，那里是零下几十度，很可怕，上大学在上海就很好，跑哈尔滨去干什么，而且是要去当兵。

周兴铭决心已定，坚决要去“哈军工”上大学。从他入学后所写的“哈军工”学员自传中，可以看出当时的坚定意志。

“来军工的目的，是对解放军的热爱，解放后受到许多教育，谈到党就联系解放军，听到和看到许多解放军战士的动人事迹、许多解放军的故事，觉得解放军政治觉悟高，什么事都走在前面。解放军勇敢、乐观、牺牲个人利益……这些都使我爱解放军，想当解放军。第一次义务兵役制受到教育就想参加，但当时年龄不够。现在能当解放军那太好了。”

1956 年 4 月 16 日，“哈军工”招生工作组把周兴铭等人送到上海第二军医大学附属医院进行体检。很快体检结果就出来了，周兴铭的身体合格。这样，经过遴选、政审、谈话、体检后，最后只剩下高考了。“哈军工”招生工作组特别要求周兴铭在填报志愿时，第一志愿一定要填报“军事工程学院”。

7 月，高考结束后，考试成绩还没有公布就要填报志愿。周兴铭在第一志愿一、二、三栏全部填上“军事工程学院”。7 月 23 日，周兴铭填写军事工程学院预备生审查登记表，在个人志愿一栏郑重地写下：“我万分向往赴军工。”

徐汇中学副校长、党支部书记姚民定为周兴铭出具了鉴定结论：周兴铭是青年团员，政治历史清楚，初中毕业时因品德与学习成绩良好，而被直升高中学习，高二时评为班级优秀生，学习努力，学习成绩良好，数理化各科成绩均在 90 分以上，体育锻炼也认真，身体健康条件合格。

8 月初，高考成绩公布。“哈军工”从徐汇中学挑选的 4 人中，周兴铭、戎志盛、王宁德的考试成绩超过了“哈军工”的录取分数线，被录取；另外一人考试成绩没上“哈军工”的录取分数线，他虽然没被录取，但是“哈军工”招生工作组积极协调，把他推荐到大连海军学校学习。

中学时期根深蒂固的爱国情怀，使周兴铭毫不犹豫地迎接祖国和人民的挑选。他以坚定的信念、优异的成绩叩开了“哈军工”的大门。他选择“哈军工”作为自己人生的新起点，实属必然。

第四章 *Chapter 4*

如愿以偿入读“哈军工”

从黄浦江畔来到白山黑水，周兴铭实现了携笔从戎的梦想。在“哈军工”激情燃烧的军校岁月里，他怀着当造船工程师的愿望选择了海军工程系，系统学习了机械、电气与自动控制、电子三个学科方向的科学知识，受到严格正规的军事训练和政治教育，逐步成长为一名品学兼优的合格军人。

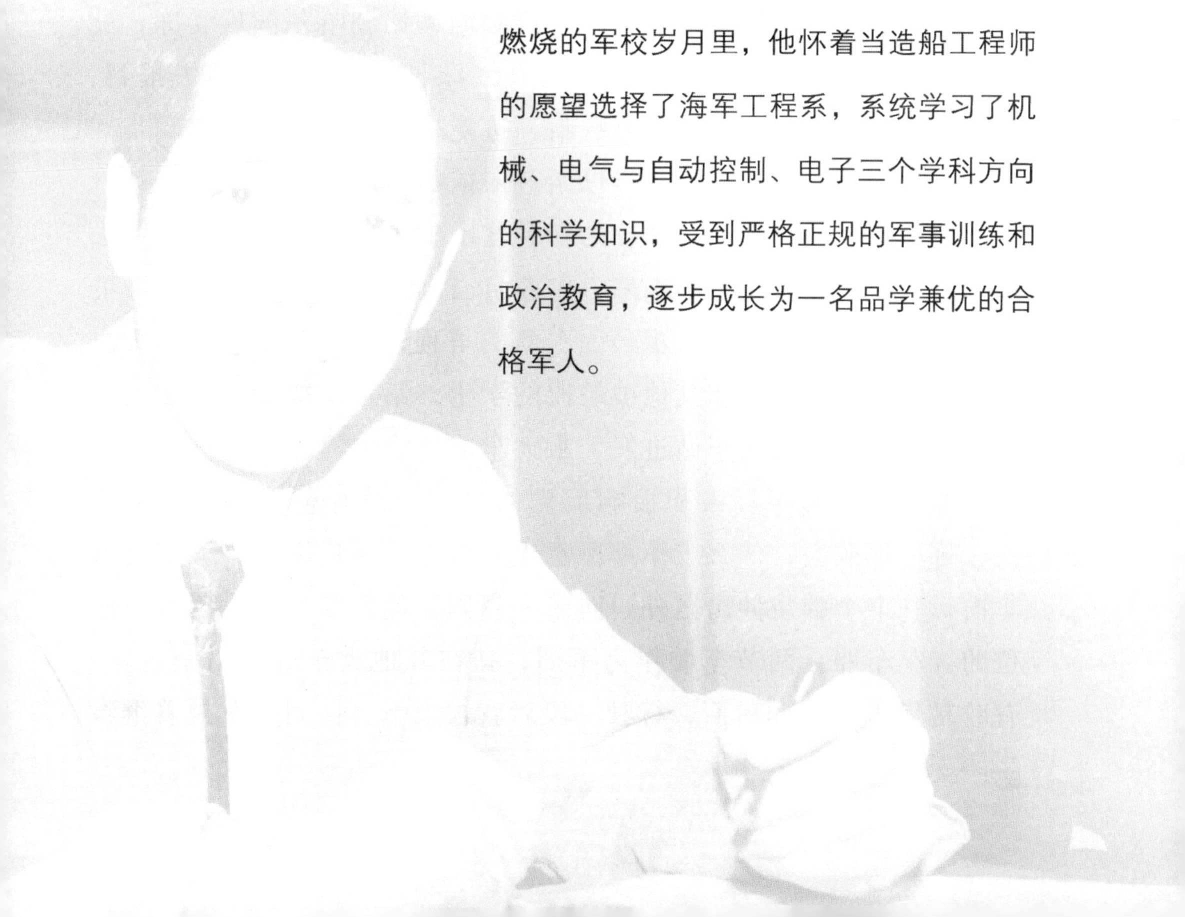

1. 第一次出远门来到哈尔滨

1956 年 8 月，周兴铭接到“哈军工”入学通知书，成为“哈军工”第 5 期学员。通知书要求周兴铭报到的地点是位于上海老火车北站附近的一所学校。“哈军工”当年在上海一共录取的 250 余人都是在那里集中。

母亲既喜又忧，喜的是儿子考上了大学，忧的是儿子要离开自己到又冷又远的地方去了。父母很担心周兴铭到哈尔滨后受冻，就给他买了一些冬天穿的厚一点的内衣。母亲陪着周兴铭前去报到，一路上很是舍不得，千叮咛万嘱咐，边走边掉眼泪，周兴铭倒是兴高采烈。办理完报到手续后，母亲就依依不舍地回去了。

当天晚上，周兴铭在学校的宿舍住了下来，躺在床上翻来覆去睡不着。他憧憬着美好的未来，想着自己马上就要成为一名光荣的解放军战士，人生道路将步入一个新的里程，兴奋不已。第二天早晨 6 点多钟，周兴铭和其他被录取的学生，第一次排着队走在上海的大街上，一起向火车站进发，乘火车前往哈尔滨。

那时的上海年轻人积极响应党的号召，没有舍不得离开上海的，哪里都敢去，什么工作都愿意干。火车缓缓启动时，大家打开车窗，一个个脑袋伸出窗外，向亲人告别。他们乘坐的是两节有座位的客车车厢。两节车厢作为军列，挂在其他火车（有时是客车，有时是货车）车厢后面，行驶一段后就被放下，换列火车拉着继续走，一段一段地驶向哈尔滨。

周兴铭以前没有出过远门，最远的就是随母亲从上海回到老家余姚临山。现在一下子要到离家2000多公里远的哈尔滨，一路上很是兴奋，火车每经过一处，他都要好好地看一看。他看着窗外转瞬即逝的景色，听着火车行驶时“咣当”“咣当”的声音，别有一番滋味。

当时，南京长江大桥还没有建起来，火车沿着沪宁铁路到达南京后，要在南京摆渡过江北上。在这里，周兴铭第一次见识了轮船摆渡火车。南京火车轮渡1933年10月22日正式建成通车，是亚洲第一条铁路轮渡，曾被评选为1927—1937年间的中国“十大工程”之一。火车轮渡工作原理并不是十分复杂：渡轮上铺了铁轨，通过栈桥和岸上的铁路线连接。栈桥随着水位高低升降，渡轮靠岸后与栈桥上的轨道对接，机车再顶着列车驶上渡轮。渡轮上是并排的3股道，可以容纳21节货车车厢，或12节客车车厢。摆渡操作极为耗时，从列车上船、过江，再到列车上岸，一次作业需要两个多小时。

周兴铭一路上看到的风景，印象最深刻的就是山。因为上海周边没有什么山，余姚老家也只有一座小山。火车快到南京时，周兴铭透过车窗，第一次看到了沿途的很多高山，放眼望去尽是绿色。到了济南，看到更加壮观的泰山山脉，这让他很是惊奇。在出山海关时，他还看到了雄伟的山海关。

经过三天两夜的颠簸，第三天晚上9点多钟，火车到达了终点站哈尔滨。周兴铭跟着大家，排着整齐的队伍，在灯光的照耀下向出站口走去。突然一群身穿军装的年轻人向他们跑来，高举着“军事工程学院新学员接待站”的红旗，拉着“军事工程学院欢迎新学员”的横幅，热情地向他们问候，争先恐后地帮着拿行李。大家说笑着登上在火车站站前广场等候的汽车，沿着一条不太宽的街道来到“哈军工”。

军事工程学院官兵在火车站迎接新学员（1956 年）

周兴铭很愿意参军，学习军事技术，为保家卫国，为军队现代化建设服务。他一路上非常高兴，尽管劳累，但仍然保持旺盛的精力。由于到达学校时已经是夜晚了，无法看清校园的面貌，周兴铭和所有新学员听从接待人员的安排，先到宿舍安顿下来，然后集合到食堂吃晚饭。在火车上没能好好地吃顿饭，到“哈军工”的当晚，他们第一次吃的是高粱米饭。

学院接待学员的工作做得很细致，新生一到，有关领导就出面迎接，向新学员介绍学院领导。这时周兴铭才知道，“哈军工”是在苏联专家帮助下建立起来的中国军事工程技术最高学府。大名鼎鼎的陈赓大将是“哈军工”的院长兼政治委员，“哈军工”的教授大多是国内最权威的工程技术精英，还有以奥列霍夫中将为首席顾问的苏联顾问团。副院长刘居英、副政治委员刘有光少将主持“哈军工”的日常工作。

刘居英是一位经历过学生运动考验，在抗日战争和解放战争中成长起来的我军高级领导干部。1935 年 9 月，考入北京大学化学系寻求科学救国的真理，“一二·九”学生运动时扛着大旗冲在游行队伍最前面。1937 年 9 月，受党组织派遣赴山东根据地工作。抗日战争胜利后，被罗荣桓选为 20 名先遣干部之一，由肖华带领抵达东北开辟根据地。1946 年 8 月，东北局调他到哈尔滨管理铁路运输。新中国成立后，先后出任中央军委铁道部沈阳铁路局局长、东北铁路总局第一副局长、中长铁路管理局中方局长。1951 年 12 月 23 日，临危受命赴朝参战，出任志愿军前方铁道运输司令员兼政治委员，另兼任铁道军事管理局局长，全面负责志愿军地面运输工作。1954 年 2 月 27 日，由周恩来推荐，毛泽东主席任命刘居英为“哈军工”副院长，协助陈赓开展工作。1952 年确定级别为正军级，1955 年被授予少将军衔。

刘有光，1935 年参加了“一二·九”学生运动。1937 年 4 月，受北方局委派到山西参加中共山西省公开工作委员会的工作，历任太原民训团干事、政治指导员。全面抗日战争爆发后，先后担任山西青年抗敌决死队第一总队连政治指导员、营政治教导员，政治部组织科科长、主任，政治委员，第一总队政治部副主任。太岳军区成立后，任第一军分区政治部主任、太岳纵队第 11 旅政治委员，参加了百团大战和太岳抗日根据地反扫荡战役。解放战争时期，先后任晋冀鲁豫野战军第四纵队 11 旅政治委员和 13 军政治委员，曾担任第四纵队政治部主任、洛阳市委书记、南昌市工委书记，参加了上党、同蒲、淮海、渡江、南昌、两广等战役，身经百战，战功卓著。抗美援朝战争爆发后，随志愿军第三兵团出国作战，任兵团政治部主任。1952 年确定级别为正军级，1955 年被授予少将军衔。

1956 年 8 月 25 日，“哈军工”政治部主任张衍为周兴铭这批新学员做《国际形势问题》的报告。27 日，预科主任张文峰给他们做《预科教育任务》的报告。这也是周兴铭第一次接触“哈军工”的老干部。革命老前辈的经历非常丰富，个个都是身经百战，让不满 18 岁的周兴铭顿生钦佩之情，非常崇拜他们，也感到非常亲切。回忆当年，周兴铭对他们始终充满感情：“各级领导要求很严格，但是对学员很好。他们讲话也很有水平，满腔热情地欢迎、关心学生，对我们言传身教，接触这些人后我很兴奋，可以说，这些人都是我的领路人。”

新学员报到后，“哈军工”先后组织了两次欢迎晚会，刘有光到会讲话，勉励大家努力成为德才兼备的军事工程师。周兴铭与大家一道参观了哈尔滨市亚麻纺织厂、黑龙江省博物馆，与第 4 期学员交流了学习心得体会。9 月 1 日，周兴铭与全体新学员一起参加了开学典礼。

“哈军工”的学员待遇相当好，宿舍楼的一层有学员餐厅和医务室，每间标准宿舍住 8 个人，每人都配有书桌、衣柜，崭新的被褥、毛毯，全套冬夏军装、军帽，皮鞋和大头鞋，装满文具的挎包。入学后每月津贴是 7 元，穿的衣服全是发的。穿上新军装，戴上军帽、肩章、领章，系好武装带、腰带，穿上崭新的皮鞋，周兴铭顿时感到光荣、自豪，自己成为一名解放军战士了！

学员的伙食很好，相当于营团职干部的标准，8 人一桌。主食吃的是粗粮，以高粱米和玉米面为主，玉米面做成窝窝头，很少有大米饭，这对于主食是吃米饭的南方学员来说，吃面食有些不太适应。周兴铭一开始在生活饮食上不太习惯，后来才慢慢适应。

严整的军容风纪、严格的队列生活和军人礼节，是革命军人优良素质的表现。“哈军工”要求学员必须着装整齐，帽檐要齐眉，衬领不外露，军衣上的铜扣、皮鞋要每天擦拭，保持光亮，胡须要刮光，在马路上行走三人成列、两人成行，书包要左肩右挎，军人相遇行举手礼。内务卫生保持整齐划一，窗明几净，保持正规的内务秩序。学员的书籍、学习用品、生活用品统一规定摆放位置和要求。洗脸盆放在床下的相同位置，洗脸毛巾挂在自己的床头，所有牙缸手柄朝一个方向放在窗台上，牙刷竖在牙缸内斜向一个方向。被褥叠得大小一致，放在床头的规定位置上。寝室及走廊的卫生，由轮流值日的学员在每天早操时间清扫。星期天上午一般进行环境卫生大扫除。宿舍值班员每天组织内务、卫生检查并公布检查结果。

这些严格甚至严厉的正规化军事管理，让周兴铭印象深刻。他在 1956 年的一份思想汇报中剖析自己：“通过教育，认识到这样做是为了适应战时需要，为了培养组织性、纪律性，这对我们是极为重要的。”

到“哈军工”上学，周兴铭还不满 18 岁，在选举人大代表时，连里其他人都能参加选举，他因年龄小没有选举权。以前，周兴铭在上海家里尽管也做家务活，却从来没有洗过衣服。现在，衣服脏了要自己洗，袜子破了要自己补，周兴铭要独立生活了。

2. 顺利通过预科进入本科学习

1959年以前，“哈军工”学员进入本科学习前必须有一年的预科教育，经过考试合格后，才能进入本科阶段的学习。预科教育是“哈军工”教育计划的一个重要组成部分，主要用于补习高中的数、理、化等课程，学习条令条例，适当进行时事政策教育，开展队列、体育训练，初步进行战术训练，打牢科学文化基础和军人素质基础，以适应大学本科教育的需要。

1956年入学的1500多名学员，绝大多数是统考进来的，只有少数几个人是部队的调干生。新学员的入伍教育由预科组织实施，预科主任张文峰、政治委员屈兴栋、副主任张杰。预科实行连队编制，一个连队5个排，每个排30个人就是一个学员班。每个连的第1排都是根据高考成绩挑选出来的，学习成绩比较好，老师教得要快一点，学得也要难一点。周兴铭被分在预科第3连第1排。连长是一名参加过抗美援朝的上尉军官，排长是一名参加过抗美援朝的老兵。

按照“哈军工”的规定，新学员必须接受严格的军训。周兴铭这期新学员8月份到校，一入学就进行军事训练，场所在郊区专门的野营训练营地。主要进行军事训练和政治教育，从单兵动作立正、稍息开始，天天出操、训练，练习三大步伐，学习三大条令。再就是学习射击。其间，周兴铭一共实弹射击三次，第一次是步枪射击，第二次是冲锋枪射击，第三次是手枪射击，每次实弹射击前都要练习很久。这也让周兴铭认为，射击要天天练，这是很重要的一点。

进入秋天后，北国就已有深深的寒意。1956 年 10 月 2 日，哈尔滨开始飘起了雪花，这可把从小在南方长大的周兴铭吓了一跳。他心里想，现在就开始下雪，到了冬天还不知道会冷成什么样。于是，赶紧写信把哈尔滨的天气情况告诉了父母。当时在上海报到的时候，“哈军工”招生工作组告诉周兴铭只要带个人内衣就行了，其余的都是学院发，不要从家里带什么衣服。周兴铭父母对哈尔滨也不太了解，只知道那个地方很冷，一看周兴铭写信说哈尔滨那么冷，赶紧又买了绒衣绒裤、棉衣棉裤从上海给寄过去。周兴铭后来才知道，在哈尔滨 10 月 2 日下雪是很罕见的，偏偏被他们赶上了。

军事类课程在预科教育中占有较大的比重。军事地形学课程要学会看军事地图，学习用等高线等。战术课程要学习从单兵、班、排、连、营到团的攻、防战术，以及诸兵种知识和合同战术的相关知识。团进攻、团防御要按照苏联的方法来计算，如防御的时候，正面有多宽，火力要怎么配置，多远距离要有一个哨位，等等。

政治教育坚持高标准、严要求。政治教育课都是院、部、系领导授课、做报告。无论是上党课，还是做形势报告、布置工作，各级领导都不拿讲稿，讲得既通俗又实际，大家都爱听。这些教育逐渐把周兴铭这些青年学生转化为军校学员、解放军战士。

10 月 9 日上午，第 5 期学员在野营训练场举行了庄严隆重的入伍仪式。周兴铭和大家一起宣读军人誓词：

“我是中华人民共和国的公民，为参加人民解放军，负起革命军人的光荣职责，特郑重宣誓：一、我要在毛主席的领导下，成为忠勇机智，严守纪律，遵守条令、条例，服从命令的军人；为了保卫祖国，不惜牺牲一切；二、努力学习现代化的军事科学，提高政治、文化水平，熟练手中武器，时刻准备战斗，克服一切困难，坚决消灭敌人；三、拥护人民政府，热爱人民，爱护武器和国家财产，严守国家和军事秘密，永远忠实于祖国和人民；四、我如违背誓言，愿受国法和军纪的严厉制裁。”

学员宣誓结束后，教育长徐立行在大会上致辞，祝贺大家光荣入伍，详细讲解了军人誓词的内容和意义。副政委刘有光阐述了目前国际国内的形势和“哈军工”肩负的特殊使命，以及党和人民对革命军人的希望，勉励新学员不断前进。从宣誓这一天起，这群热情洋溢的青年学生就正式成为我军的革命军人，给强大的人民军队注入了一批新的血液。当天下午，周兴铭与全体学员徒步行军回到学院营区，正式转入预科文化教育。

预科文化教育是把中学的数学、物理、化学、语文、外语全部重新学一遍。学员们基本上都是参加过全国统考，按较高分数录取进来的，虽然他们是所在中学的优秀学生，不少人是学习尖子，但学起来也感到吃力，每次进行的文化课考试，还是有人不及格。

周兴铭在中学学习成绩优异，文化课基础扎实，对于预科课程的学习并不感到有太大的压力，考试能够轻松应对。通过学习预科课程，周兴铭感到有很大的提高。如物理老师把力学分析知识讲得很透，各种情况都让学员自己来分析。周兴铭第一次学习了汉语语法。中学语文课从没有学过汉语语法，现在才知道汉语不能习惯性地想怎么写就怎么写，更不能违反语法。

周兴铭年龄小，不太擅长与同学们打交道，没有担任学员干部，但是学习成绩很好。当时是学习苏联，各门课程采用 5 分制。周兴铭只有条令考了 4 分，其余课程都是 5 分。1957 年 2 月 13 日，他获得预科“提名奖品奖励”。

预科严格的军事生活，浓厚的学习氛围，亲密无间的师生关系，团结互助的同学友谊，以及雄壮嘹亮的歌声，给周兴铭留下了深刻的印象。预科期间经历的流感疫情、反右派斗争和抗洪抢险三件大事也让他终生难忘。

1956年，世界范围内爆发了流感疫情，特别是苏联的疫情十分严重，传染到我国东北地区。到了1956年的冬天，哈尔滨的流感疫情形势严峻，“哈军工”也深受影响。学员在教室上课期间，接二连三有人急发高烧，无法坚持上课，被送往医院救治。很快，“哈军工”校医院病房里就住满了流感病人。医院里住不下了，怎么办？“哈军工”就把学员宿舍楼的顶楼全部腾空，生病的学员搬到上面居住，没有生病的学员住在下层，相当于进行了适当的隔离。再到后来，一多半的学员都被隔离起来了，听课的学生所剩无几，上课也无法继续了。

“哈军工”积极应对流感疫情，采取了一系列有效措施，师生员工没有一人因为这次疫情而病逝。这种严峻形势是周兴铭以前没有见识过的，让他一生记忆深刻。

1957年6月8日，《人民日报》发表《这是为什么？》的社论，中共中央发出《关于组织力量准备反击右派分子进攻的指示》，标志着反右派斗争正式开始。“哈军工”校园里在进行大鸣大放大辩论，每天都有人四处张贴各种大字报。“哈军工”的大辩论，除了要反击攻击党的行为，还要辩论对苏联老大哥的态度。“哈军工”的学员来自四面八方，全国各地的人都有，东北人豪放直爽，想说什么就说什么，给周兴铭留下了深刻的印象。大辩论之后，“哈军工”对所有人作出评价，由于反右派斗争被严重地扩大化，导致有一些情绪偏激但并不是出于敌意的人，甚至只是对本单位领导提出尖锐意见的人，被划成了右派。有一部分人被划为思想上是极右的一类。

8 月 24 日，总参谋部分管院校工作的副总参谋长张宗逊上将视察“哈军工”，听取了学院关于大鸣大放的意见。张宗逊组织教员、学员等不同层面的人员进行座谈，广泛听取意见。周兴铭作为学员代表参加了座谈会，这是他第一次参加座谈会，而且是与一名开国上将座谈交流。反右派斗争是周兴铭在大学期间经历的第一次政治运动。

1957 年夏季，由于连降暴雨，松花江发生了百年不遇的特大洪灾，水位居高不下，高出警戒水位三四米，形势十分危急。“哈军工”官兵紧急动员，在院、部、系各级领导的带领下，全力以赴

“哈军工”学员在加固松花江大堤

投入防洪战斗。在“哈军工”视察指导工作的副总参谋长张宗逊、工程兵司令员陈士榘和学员们一起参加战斗。当时，“哈军工”领受的任务是抢修加固堤坝，所有人员不分白天黑夜，轮流上堤。

大家把湿漉漉的袋子直接扛上肩，装了土的泥袋子湿了以后很重，加上通向大堤的道路泥泞不堪，每走一步都非常吃力，一不小心就会跌得浑身泥巴。这对小时候从来就没有干过重活，自身发育还没有健全的周兴铭来说，是一个重大的考验。他没有什么力气，只是咬着牙挺着上，体现出一不怕苦、二不怕死的精神。每干完一天后回到学院，周兴铭都会感到无比的愉快，虽然身体上劳累，但毕竟为人民做了一件有意义的事。

经过一个月奋战，终于加固了大堤，保卫了哈尔滨市人民的生命财产安全，取得了抗洪斗争的胜利。哈尔滨市政府给“哈军工”1466 人记功，其中一等功 10 人，二等功 190 人，三等功 1266 人，所有参加抗洪抢险的人员都是哈尔滨市 1957 年防汛模范，每人获一枚“防汛模范”奖章。1958 年，哈尔滨市政府在松花江边修建抗洪纪念塔，记录这一历史事件，纪念这次抗洪斗争的伟大胜利。

预科这一年的经历磨炼人、教育人成长。周兴铭用汗水和成绩证明了自己的努力和优秀，在思想政治、军事素质、文化知识上得到了全面的提高。对于为什么要当兵、当兵干什么，他的认识更清晰了。中学时期的“要当兵，要入党，要为国家、军队，为老百姓奋斗终生”的朴素意识得到了升华，周兴铭更加坚定了“作为军人就要为军队服务一辈子”的信念。

3. 想当造船工程师选择海军工程系

“哈军工”在苏联顾问指导下建立了五个系：一系空军工程系，二系炮兵工程系，三系海军工程系，四系装甲兵工程系，五系工兵工程系。

预科结束时升入本科的考试，被学员称作“入系”考试。考试关系到每名学员的去向。读空军工程系可以翱翔于蓝天，读海军工程系可以畅游于大海，读装甲兵工程系可以奔驰于浩瀚的草原，这对于入伍不久的青年学生来说，具有多么大的诱惑力啊。但是，如果有一门考试不及格，就将面临退学或退伍。要取得优异成绩，升入理想的系也不是一件容易的事。

预科领导和学员队领导对“入系”考试非常重视，在考试之前，就层层动员，反复强调，提出每门考试都是一场战斗，只许胜利，不许失败。要求每名学员都考出好成绩，向祖国汇报，让组织挑选。学员对“入系”考试也十分重视，甚至心情有些紧张。尽管那段时间的伙食很好，但大家都没有什么胃口。

周兴铭文化基础扎实，学习成绩优异，对于“入系”考试十分淡定，从容应考，顺利过关。考试结束以后，每个人都要报一个志愿，明确自己想要到哪个系去学习。周兴铭回忆说：“专业不用报，完全由组织决定，不同的专业还有不同的要求，包括政治上的要求。”

人生的道路虽然漫长，但紧要处常常只有几步。的确，在人生的道路上，选择不同，常常会导致不一样的人生风景。对于军事工程学院的五个系，成绩优异的周兴铭又会作出什么样的选择呢？

周兴铭家住在上海董家渡附近，从小在黄浦江边长大，小时候经常坐农民的小舢板或乘五分钱的渡轮到浦东乡下去玩，抓蝌蚪、摸螃蟹等。当时，大小轮船包括军舰都驶入黄浦江，在黄浦江中间抛锚。黄浦江中间有浮桶，小船就吊在浮桶上面，大船就抛锚到江底。周兴铭每天都能看到各种各样的轮船。他喜欢坐小舢板，孩童时就幻想去造轮船，长大后当造船工程师。因此在“哈军工”分系时，他毫不犹豫地填报了海军工程系，希望能当海军，和军舰打交道。

1957 年 9 月，周兴铭被分配到海军工程系指挥仪专业学习。当时的编制是在系下设专科，专科内有若干专业，专科负责学生的领导叫年级主任。指挥仪专业是在三系二科，二科有火炮、指挥仪两个专业班，57321 为火炮班，57322 为机电指挥仪班，每个班都是 30 人。火炮专业主要学习舰炮，是我国第一个舰炮专业。指挥仪，就是指挥火炮和鱼雷发射的一个机电式计算机，完全用电和机械计算，测量目标和目标运动要素以及本舰的运动要素等，比如，炮的旋回角、俯仰角、瞄准目标的位置，这些参数就是指挥仪算出来的。多年以后，周兴铭仍能熟练使用通俗的语言对所学专业作出形象的描绘。

“哈军工”培养的是工程应用型人才，海军工程系的学员毕业后要到舰上去当部门长。指挥仪专业，主要是培养担任武器系统的部门长，专门管理火炮、指挥仪系统。指挥仪专业学的知识很杂，一般机械专业的课程都要学习。因为周兴铭在机电指挥仪专业班，所以学习了很多机械方面的知识，如金工金相、材料力学、理论力

海军工程系教学大楼

学、机械制图；还学习了电的知识，理论电工学得很深；电器方面，学习了各种电器元件和电路的知识。指挥仪是自动控制系统，自动控制里的调节原理、控制技术，还有自动控制的基础元器件，步进马达、伺服系统，等等，这些东西都要学习，专业知识面很宽。这样，周兴铭学习了机械学、电气与自动控制学、电子学等学科领域的专业基础课程，为后来的科研和工程抓总打下了坚实的基础。

指挥仪专业对于如数学、物理、化学、外语等基础课程教学的要求很高。数学课作为基础课中的基础课，教学课时量大，内容抽象，理论严谨，计算技巧性强，是教育计划中后续课程的基础课程，对学员的学习成长影响深远。在当时“哈军工”所有专业当中，指挥仪专业是数学课时数最多的专业之一，在全国高校中都算是比较多的。主要是因为学习苏联，苏联的特点就是数学学得很多，什么东西都要用数学来分析描述。

当时是30个人一个班，上大课是5个班甚至更多，有时有200人在一起上课。对数学要求高的专业，都要一起上大课。教学方式以课堂讲授为主，辅以练习课。

讲授数学课的是青年教师戴遗山，讲课深入浅出，层次分明，语言流畅，讲得非常清晰。他因右手患病萎缩，就用左手在黑板上写板书，也能写得工工整整。他讲的数论课非常精彩、非常严谨，让学员听了就忘不了。周兴铭担任数学课代表，他感慨地认为，高等数学里最精彩的不是微积分，而是数论。

数学教研室要求学员做到定义会说、定理会证、公式会推、习题会做。由于没有国内的数学教材，学院译印了苏联辛钦编的《数学分析》作为教材，厚厚的一摞书，比一般的教材要深得多，学起来也比较难。周兴铭回忆说：“学员上课都是记笔记，如果不记笔记，课堂上的内容回来后想找都找不着。复习考试、平时做练习全靠课堂笔记，记笔记成了大家学习的基本功。”

给周兴铭上光学仪器课的是年轻教师赵伊君。赵伊君毕业于北京大学物理系，选调到“哈军工”后被分配在指挥仪教研室当老师。光学仪器课专业性很强，特别枯燥，但是赵伊君讲课的时候，能够引人入胜，他从具体的讲起，既概括又提高，讲得活灵活现，让人一听就非常有兴趣。当时，光学仪器课并不是一门主课，但是大家很爱听。后来，周兴铭到部队实习时学习测距仪和潜望镜等方面的知识，就运用到了赵伊君在课堂上讲解的内容。

师恩难忘，回忆起在“哈军工”学习的经历，周兴铭深深感到自己的成长进步与所有帮助、指导过自己的老师密不可分。

“哈军工”的教学规定有“六严”：严肃的教学态度、严密的教学组织、严格的教学管理、严谨的教学作风、严整的教学秩序、严明的教学纪律。要求学员上课必须遵守课堂纪律，听课必须精力集中，课堂必须保持肃静；教师开课前必须写出全部讲稿；学员在实验课前必须按实验讲义认真准备，弄懂实验原理和操作方法，否则不准参加实验，实验中违反操作规程或实验结果有严重错误，必须重做，实验报告、平时作业有错误或格式不规范，要按照老师要求改正或重做，再次交给老师评阅；期末考试、考查前，学员必须按规定完成包括实验报告在内的各种作业，否则不准参加考试或考查……周兴铭就是在这样的严格要求中，接受专业知识的学习和环境氛围的熏陶。

周兴铭回忆说："每门课程的作业也很难，比如上弹道课，炮弹在空气里是怎样飞的，这是数学问题，很复杂的流体动力学，要把整个弹道轨迹算出来。当时没有电子数字计算器，只有电动或手摇的计算器，各种数据主要靠手算，一条轨迹要算好几天，算完以后，指导老师还要进行批改，看算得对不对。"

"哈军工"的考试非常严格，根据 1957 年 12 月学院教务部颁发的考试工作暂行规定，可以根据具体情况采用笔试、口试或笔试加口试的方式，理论性强的课程采用口试，计算问题多的课程采用笔试。

学员的一日生活安排得十分紧张，除星期日外，每天早晨吹起床号后必须按规定时间集合，集体跑步或进行队列操练，然后用冷水洗漱，整理内务，分班列队到食堂，按统一口令开始就餐，就餐结束后整队到教室上课或自习，调换教室必须集体列队前往。上午连续上 3 堂课，每堂课分 2 节，每节 50 分钟，中间休息 10 分钟，两堂课之间有 20 分钟的休息，通常要换教室。午餐后，学员必须午睡，下午一般安排自习或实验课，晚上一般是自习课，有时也做实验。学员队队长或年级主任经常在晚上熄灯前进行约30分钟的晚点名。晚点名的内容是结合白天的教学、生活方面实际情况布置工作，进行讲评等。每周有一次由正副班长组织的班务会，检查工作，进行群众性的表扬和批评。星期六下午为党、团日，由党、团支部分别组织活动。学员平时不准外出，节假日外出必须向直接首长或值班员请假，回学院后要及时销假。每个人都不准夜不归营。

学院风气非常好。党、团教育时，反复强调，大家要团结互爱，不能让一个人掉队，如果有人跟不上就要靠大家去帮助他、辅导他。虽然上了一年预科，到了本科学习时，有的人还是感到很费劲，跟不上学习进度。班里组成一帮一互助小组，由学习相对轻松的同学帮助后进同学，一帮一，对对红。当时，班上有一个同学因为中学时的基础知识差，学习起来很费劲，被安排了留级，刚好与周兴铭同班。周兴铭与他结成帮扶对子，两个人一张桌子，每天学习时紧挨着。遇到不会的内容，周兴铭就及时给他讲解，帮助他赶上学习进度。

如果说，父母给予生命的养育之恩，小学、中学给予基础教育之泽，那么，“哈军工”海军工程系则给予周兴铭厚实的数理基础和专业基础，使他在后来的几十年间受益无穷。

4. 三年两个暑假到海军部队实习

“哈军工”是培养现代军事工程师的“熔炉”。本科教育除了基础理论、专业知识要求很高以外，还特别重视学员的实习。根据人才培养目标，理论课程（含考试）与实践性教学环节（包括实验、教学实习、生产实习、部队见习及毕业设计等），在课时数上分别占 80% 和 20% 。

实习是教学计划规定的课程，实践教学构成教学过程的重要环节。每学期，教务部会根据教学要求和生产实习工厂可以容纳的实习人数制订实习计划，详细注明实习班次、人数和起止时间，一般为 4 ~ 6 周，也有 8 ~ 10 周的。教务部、技术部会对实习准备工作进行检查。教学实习由工厂和教研室共同组织实施。每批实习前，教研室根据教学计划要求，配合课程进度制定实习大纲，内容包括方式、工种、时间分配和需要达到的目的要求。指导老师下到工厂和辅导技工一起研究落实措施。学员在实习工厂，所有的工位都要去学习、操作，如车工、刨工、铣工、钳工、翻砂工、木工，都要去了解，工厂的工位全部要求干一遍。

海军工程系建有一个教学舢板队，周兴铭本科学习期间，除了在体育馆里上游泳课，还经常到松花江上练习划舢板。一个舢板上不到 10 个人，一人一个桨，有掌舵的，还有指挥的，舢板要划得很整齐，因为松花江水流很急，如果划不上去就会被冲下去。

周兴铭在海军常识课上学习了信号、旗语、航道，学会了画航海图和看航海图，还学习了海军的战术，为去海军部队实习，了解装备的作用、维护和修理，奠定了良好的基础。

第一个暑假是到北海舰队实习。1958 年 6 月上旬，根据“海军军事教育”课程安排，一年级的学员要进行海上实习。全班同学先是乘火车到大连，然后登上一艘登陆舰，夜航到了青岛实习基地。全班同学分别被分到枪炮部门、通讯部门和电工部门。周兴铭被分到登陆艇上当实习水手。

那时，我国海军装备还比较落后，登陆艇是解放战争时从国民党那缴获过来的。因为登陆艇是平底船，抗风浪能力差，一遇大的风浪，船晃动摇摆特别厉害，几乎所有的学员都晕船。学员们与战士们一起，日日夜夜在摇摇晃晃的舰上吃、住、值更、操课。一遇到登陆艇出海航行，大家就呕吐不止，差不多有一多半的学员都趴下了，什么都吃不下。少数不晕船的学员也吃不下饭、睡不好觉，十分疲倦。

“晕船不是病，全靠革命意志战胜。”带队干部要求他们，晕船不准请假、不能休息。为了工作，为了健康，大家相互鼓励、劝说，强制自己喝米汤，吃水果，啃咸菜，有时咽下去的还没有吐出来的多。对于这段经历，周兴铭回忆说：“不行了，还必须轰起来，不能躺下。我那时什么东西都不能吃，啃馒头，啃一口就想吐。”甲板上不时传来“人民海军向前进”威武雄壮的军歌，激励着大家克服困难，战胜困难。

一天，他们突然接到上级命令，说是有一些北京的大学生要到长山列岛开展军训野营活动，要求登陆艇到天津塘沽港接人，同时开展相关课目训练。登陆艇进出港口、调头、靠码头是海军舰艇里面几个比较难的训练课目。周兴铭就和同学们一起观看登陆艇怎样开进港口，怎样靠码头，怎样调头。北京的大学生们一到登陆艇上就十分兴奋，在那唱歌，到处跑。第二天早晨，天还没亮他们就爬起来看海上日出。周兴铭这些穿着海军制服的实习生振作精神陪着这些大学生，保证他们的安全，实际上他们晕船晕得快坚持不住了。

第二个暑假是到东海舰队实习。1959 年 6 月上旬，周兴铭和同学们来到东海舰队实习。这次实习的指导方针是“实习与当兵锻炼相结合、全面实习与适当照顾专业相结合”，主要还是当兵，熟悉舰艇上的工作环境，熟悉将来工作的战位。当时东海舰队从苏联购买了几艘护卫舰，在我国海军里是既新又好的军舰，舰上配备有先进的指挥仪。指挥仪在整个护卫舰底下最好的位置，整个位置是用陀螺平衡，无论军舰怎么晃动，那个地方都不晃动，始终是军舰平衡的基准。

大学前三年主要是打牢基础，周兴铭这时还没有学习指挥仪相关知识。6 月 11 日至 18 日，周兴铭和同学们完成了岸上进行的参观、课堂讲解以及上舰前的思想动员和组织准备等相关工作。6 月 19 日，这些学员就被分配到相应的舰艇，开展实习工作。

“哈军工”的学员是大学生、知识分子，到舰队非常受欢迎，部队把他们当作宝贝一样来看待。分给周兴铭的实习战位是在舰艇顶上，负责一个光学测距仪。他每天要爬到摇摇晃晃的舰艇顶上测距离。

1959 年 8 月 9 日，近两个月的实习结束了。每个人的肤色在强劲的海风吹拂和日晒下变得黝黑发亮，虽然体重明显下降，但他们增长了见识，学会了本领，锻炼了意志，陶冶了情操。周兴铭触类旁通，开拓思路，通过实习巩固和加深了对书本知识的理解，掌握了业务知识和操作技能，促进了专业水平的提高。

“哈军工”培养人才的确有与众不同的地方。让学生学习科学文化技术的同时，也会让学生养成一种特别的素质。“这种素质用陈赓院长的话来说，就是培养的学生，除了要有高超的本事，还要有一种精神。”周兴铭每当回忆起母校，都充满怀念之情。

通过实习，周兴铭在思想、感情、语言和气质方面发生了微妙的变化。他深刻认识到军队现代化建设的重要性，牢固树立了武器装备跟不上就会付出巨大牺牲、惨痛代价的危机意识。

5. 对计算机产生浓厚兴趣

1946 年 2 月，美国工程师莫里奇研制出世界上第一台电子计算机，计算机热由此席卷全球。当时“哈军工”虽然没有计算机专业，但电子计算机技术的迅猛发展，引起了一些人的关注。“哈军工”研制计算机有两个重要人物，一个是慈云桂，一个是柳克俊。

慈云桂，1939 年考取西南联大航空系，因病借读于湖南大学机械系，后转入电机工程学系，1943 年大学毕业时被保送清华大学无线电通讯研究所读研究生。1955 年任“哈军工”海军工程系教育副主任，后任电子工程系副主任，1966 年任电子计算机系主任。他的进取精神、组织能力、用人之道都是老一辈知识分子中极为突出的。

柳克俊，1956 年于哈尔滨工业大学研究生毕业后，被分配到“哈军工”海军工程系，与汪浩、戴遗山一起被称为“哈军工”青年教员里的三个才子。

20世纪50年代，我国海军装备的鱼雷快艇从苏联进口，使用的是机电式指挥仪，依靠一个机械式的三角杆，靠目测瞄准目标。这种机电式指挥仪，体积大、精度差，在航速极快、颠簸剧烈的鱼雷快艇上很难发挥作用，尤其在雾天、夜间几乎无能为力。

1957年6月24日，刘居英率团赴苏联、波兰、捷克访问，慈云桂、柳克俊随团前往，看到苏联在加紧开展计算机科学技术的研究工作，开阔了视野，增长了知识，也激发了奋起直追的民族自尊心与责任感。他们看到了电子计算机在未来无限广阔的发展空间，以及电子计算机这个新生事物与军队现代化建设的最佳结合点，萌生了用电子计算机做指挥仪的想法。

1957年8月10日，在慈云桂的指导下，柳克俊向海军工程系上报了《关于发展舰用电子计算机，研究试制供快艇用的快速电子指挥仪的报告》，建议发展海军鱼雷快艇专用电子计算机。但是，苏联专家认为中国当时根本不具备研制电子计算机的条件，好心劝说柳克俊，认为他们不可能搞出什么计算机。

这份报告和总体方案呈送给海军工程系主任黄景文、政治委员邓易非，并请求转报上级有关部门。9月初，邓易非在报告上批示：柳克俊同志的报告，写得很好，同意搞，要有中国人的志气，一定要搞好，相信一定能搞好！年底，海军领导机关听取了该机总体方案汇报后，作出了同意研制的决定。

1958年初，“哈军工”响应毛泽东在杭州会议上发出的“从1958年起，在继续完成政治思想革命的同时，着重搞好技术革命”的号召，技术革命和技术革新空前活跃。4月，海军工程系在副主任慈云桂的领导下，从雷达教研室和指挥仪教研室抽调了柳克俊、胡守仁、陈福接、耿惠民、张玛娅、卢经友、李宗阳、盛建国、俞咸宜，成立331电子管数字计算机“9人小组”，柳克俊、胡守仁为负责人。331即三系（海军工程系）三科（水中兵器科）一号任务。

1958年8月，为了适应全国大专院校大办工厂的形势，以331研制组为基础成立了电子计算机工厂，胡克强任厂长，柳克俊任副厂长，胡守仁任指导员。研制组一边开办讲座，由柳克俊讲解计算机基本知识，一边搜集材料，制订细化方案，借用雷达实验室开始研制电子管数字计算机。

当时，电子计算机分两种：一种是电子模拟计算机，一种是电子管数字计算机。研制组以鱼雷快艇的鱼雷射击指挥仪为目标，研制电子管数字计算机。毕竟是第一次搞计算机研制，由于缺乏实际经验，研制工作每前进一步都困难重重。海军工程系政治委员邓易非每天都来到研制现场，给大家加油鼓劲。胡守仁回忆当年的情形时说：“那时大家干劲特别大，拼命干，连走路吃饭都想着计算机的设计与实验，以及在调试中出现的问题。我当时就睡在实验室。”

当时，间歇振荡器的小型脉冲变压器灌封环氧树脂所需的脱模剂，国内不能生产，只能通过外贸渠道从香港购买英国产品。海军工程系器材处张安华参谋专程从广州取回，他怕玻璃瓶碰碎，仔细包装后在飞机上一路用手提着回到了哈尔滨。

1958年9月28日，331计算机科研样机通过了逻辑性联调。当操作员把由吴国平、俞咸宜编写的椭圆积分方程程序输入计算机时，大家紧张地盯着计算机输出端。瞬间，就得出了计算结果，慈云桂仔细与人工计算结果核对后大声宣布：“计算结果，全部正确！”大家顿时欢呼起来。我国历史上第一台军用电子计算机终于在“哈军工”研制成功，而且是由一群年轻人研制成功的。

9月30日，谢有法、刘居英向总参谋部和海军司令部发特急电报报捷：“海军工程系自行设计、自行试制的331型舰用数字电子计算机，经 3 个月苦战，已于 28 日完成。经检验算题，证明成品完全合乎要求。该机如装到我快艇和潜艇上，将会很大地提高战斗力。特电报捷。”

聂荣臻拿起电报签字，嘴里念叨：“计算机、计算机。”

这台被用作指挥仪的电子计算机完成了复杂的动态数值计算，毫无疑问是一个重大的里程碑事件。这是新中国自行研制的第一台军用电子管数字计算机，为我国计算机科学技术的发展作出了开拓性的贡献。曾被苏联老大哥嘲笑为“做计算机梦”的“哈军工”人，在计算机研制上迈出了一大步。

喜报贴在海军工程系大楼一楼大厅里，前来参观访问的领导和同行络绎不绝。他们到实验室观看了计算机的“表演”，都感到很

海军工程系官兵抬出 901 计算机样机（1958 年）

新奇，对计算机的功能称赞不已。研制人员看到自己的成果受到如此肯定，也非常高兴。

1958 年 11 月中旬，331 计算机样机在北京海军司令部俱乐部展出，周恩来、陈毅、罗荣桓前往参观，并给予了高度评价。周恩来走近计算机样机，看了又看，摸了又摸，赞扬“哈军工”年轻的研制者：“干得很有成绩嘛！要继续努力。”331 计算机在北京展出期间，先后有近百位党和国家领导人、部委领导和我军高级将领前往参观，这对计算机知识的宣传普及和计算机教育的推动，功不可没。

这次展出之后，陈赓院长决定在“哈军工”新建第九专业——计算机专业。后来，331 计算机改称为 901 计算机。1959 年 3 月，海军工程系成立电子计算机临时教学组织。同月，由海军部队调来 30 多名学员到校，他们参加实践活动和补习文化课，8 月通过考试，成为 1959 级学员。

“哈军工”的勤工俭学、技术革命和科学研究融合一起，汇成群众性的热潮，有的协助部队进行技术革新，有的动手试制和修复教学仪器设备，有的去农村大炼钢铁。这时，周兴铭还只是一名大学二年级的学员，他和班上的同学看到食堂工人洗碗很困难，就决定研制一个洗碗机。设计、画图，到教研室找老师技术指导，最后研制出了洗碗机。周兴铭也因此与教研室的各位老师进一步熟悉了起来。

周兴铭看到教研室的老师们在研制计算机，就经常跑去看“热闹”，听他们讨论电子计算机的基本知识，逐渐地对计算机产生了兴趣，他找到了自己的兴趣点，乐此不疲。

周兴铭学习了以后，对于什么叫计算机，什么叫冯·诺依曼结构计算机，什么叫指令系统，什么叫程序，计算机是怎么来计算的，等等，这些问题搞清楚了。

指挥仪教研室党支部书记宫德荣，非常关心学员的课题研究和勤工俭学活动，当他看到周兴铭对计算机有兴趣，就教他一些基本原理，让他与教研室的老师们一起学习 901 计算机程序编写，实际上也就是解一道“鱼雷攻击的数学计算问题”，只不过当时完全要用机器语言来写。基本的思路就是，攻击的目标在跑，鱼雷怎样跟踪，最后解出命中目标的三角形。

901 计算机的存储单元共有 1024 个，其中有 16 个是可写的，其他的都是只读的。1024 去掉 16，还剩下 1008 个单元，要编出一个程序，共 1000 余条指令，能够完成对鱼雷发射的指挥。这就要求把鱼雷快艇的速度、航向，目标的速度、航向都要计算出来，然后计算鱼雷的速度和发射方向，指挥发射鱼雷命中目标。就这样一个数学问题，1024 个单元要全部算出来。

901 计算机的研制对于“哈军工”来说非常重要，是能够燎原的星星之火，不仅把计算机学科与专业办起来了，也培养了人才，是一个非常重要的开端。可以说，没有 901 计算机就没有“哈军工”的计算机系。

周兴铭在“哈军工”学习期间，接触和学习了 901 计算机的鱼雷射击程序编写，在科研实践中得到锻炼，开始对计算机产生浓厚兴趣。他在内心深处不止一次为发现自己的逻辑思维长处感到幸运，却不知道一个更加广阔的舞台正在逐渐向他展开。

6. 参加生产劳动和社教运动

“哈军工”注重通过多种途径组织教员和学员参加生产劳动，使他们增加实践知识，提高动手能力，受到劳动锻炼。周兴铭到“哈军工”报到后，就深切地感受到这一点。每天早晨和星期天上午，全体学员都要参加打扫室内外卫生，这也是常规的劳动。每年农忙季节，广大干部和学员要到学院自己办的农场或是农村生产队，参加生产劳动。

参加“哈军工”组织的生产劳动，让周兴铭见识了东北农村劳动的艰苦。多年后，让他印象深刻也认为最累的就是割小麦和割稻子。东北的地块很大，从一块地的这头到那头就有上百米，大家弯着腰用镰刀割，哗哗地割个不停，很快腰就直不起来了。还有收割大豆，大豆秆子上全是刺，大家就戴着棉纱手套去拔，或者抓住豆秆用镰刀去割，有的人手都被扎烂了，全是血。后来，“哈军工”南迁长沙，坚持了下乡劳动这一传统，周兴铭还多次到农村参加“双抢”，帮助农民抢收早稻、抢种晚稻，在劳动中得到锻炼提高，增进了对农民的感情。

到了冬天，要储藏冬菜，这也是学员一项重要的劳动内容。当时东北没有大棚种植蔬菜技术，南方的新鲜蔬菜也很少能运到哈尔滨。大家吃的只有白菜、土豆、萝卜这三样，一年有六七个月没有新鲜蔬菜吃，每年进入冬季后，就要储藏冬菜。学院安排学员到农村生产队去收割大白菜，装在车上运回来，先是把烂叶子弄掉，晾晒几天，等到表面稍微干一些后，再搬到地底下的菜窖里面，一棵棵码起来。菜窖里储藏的冬菜，每隔几天就要倒腾一下，否则就会烂掉。学员轮流值班，把白菜、土豆、萝卜全部翻一遍。吃到第二年5月，有菠菜上市了，大家高兴得大叫，吃菠菜就像吃肉一样高兴。

当学员时，周兴铭经受了劳动的锻炼，毕业参加工作后，也经常参加学院组织的各种劳动。当然，这时的劳动内容和形式也与以前大不相同。1965年下半年，周兴铭在“哈军工”最后一次到农村劳动，就是参加学院组织的下乡搞社会主义教育运动（简称社教运动）。社教运动最初称“四清”（清思想、清政治、清组织、清经济），重点是在农村进行。实际上是因为农村生产队出现一些干部谋私利，对于生产队的钱、物，自己多分一点，多捞一点。财物不清、思想不清、政治不清、组织不清，农民的意见很大。为了解决这个问题，我们党开始派出工作组下去清查，只要是干部都要进行清查。

“哈军工”的师生是作为解放军工作组派下去的，周兴铭随工作组前往黑龙江省巴彦县，先是被分到公社，接着被公社分到一个生产队，担任丰乐分团丰乐工作队副组长。巴彦县位于黑龙江省中部偏南松嫩平原腹地，是哈尔滨市的近郊县，以盛产大米出名。周兴铭原先认为这个地方的人应当很富裕，去了之后才发现，农民生活十分艰苦。

工作队成员分散住在农民家里，初来乍到的新鲜感很快就被现实所冲破。冬天睡的是火炕，臭虫、虱子很多，咬得让人受不了。当时解决的办法就是用敌敌畏打，敌敌畏是农药，对人体有害，在农民家里又不能用。周兴铭就想了一个办法，把自己的长袖内衣内裤洗完后，放在敌敌畏水里泡，晒干后上炕睡觉时穿，臭虫、虱子就不咬了。

他们每天吃饭叫“派饭”，全村挨家挨户，每家吃一天，农民家里有什么就吃什么，然后付钱给农民。东北的农民吃饭基本上就是一个大锅，把白菜、土豆，还有一点粉丝，煮成一锅汤，苞米面用手一团，贴在锅边上面，柴火一烧就烤熟了，这叫贴大饼子。常年就吃大饼子和菜汤，吃一次豆腐都很难，肉更是见不到。当地的农民把工作组看成是毛主席派来的，对他们很热情，总是把自己认为最好的东西拿出来给他们吃。家里条件好一点的，就会给他们弄点豆腐吃，能够吃上一点豆腐，那可是很高的待遇了。

最高的待遇是吃黏豆包。这对当地农民来说，也是太难得、太奢侈的事了，只有在干重活的时候才舍得吃一次，平时很少吃。没有肉也没有菜，就包红豆，红豆放点糖做成馅。周兴铭评价黏豆包有两个特点：第一是好吃，很软，不像苞米面大饼子那样，咽不下去；第二是吃了不容易消化，不会很快就感到饿。生产队经常安排他们去公社开会，公社就给他们吃肉包子、炒鸡蛋，改善一下伙食。每次到公社吃饭，大家都是围着一口很大的菜锅狼吞虎咽。

农村生活枯燥单调，日出而作，日落而息。工作组的到来，给平静的农村带来了生机与活力。他们在烟雾缭绕的生产队队部里给社员开会，帮助村民挑水扫地干农活，教青少年读书识字。

周兴铭以前对农村生活一点都不了解，深入到农村两个月后，他开始真正了解农民，了解东北农村，真实地感受到中国农民还是太苦，中国广大农村还是很穷。在中国搞社会主义，建成共产主义，任务还很艰巨，一种神圣的使命感、责任感油然而生。

周兴铭感受到了农民勤劳朴实的品质，经受了生产劳动和艰苦生活的锻炼，受到很大的教育。他感到自己不飘了。刚到“哈军工”穿上军装时，有点飘飘然，感觉自己了不起。这样的劳动锻炼以后，他觉得责任很大。

1966 年 1 月 2 日，社教运动结束，周兴铭返回学院。组织上给他出具了鉴定，评价认为：周兴铭立场稳，阶级觉悟、社会主义觉悟及社会工作能力有较大的提高；有决心在阶级斗争里锻炼改造自己，有决心搞好党交给的工作，在改造客观世界的过程中改造自己；工作责任心强，注意组内团结，关心帮助同志，提出批评意见和工作建议，能虚心接受别人批评；坚持学习毛主席著作，并用来改造思想，指导工作，工作中遇到的问题能到毛主席著作中去找答案，取得一定效果。

“哈军工”提倡知识分子要劳动，要接受工人、农民的教育，要到部队去当兵。通过劳动锻炼，周兴铭加深了对社会的了解，增进了与战士、工人、农民的感情，思想觉悟逐步提高，学到了许多书本上难以学到的东西。他立志要为富强中国、人民大众过上好日子而努力奋斗。青年时树立的信念终生不改。

第五章 *Chapter 5*

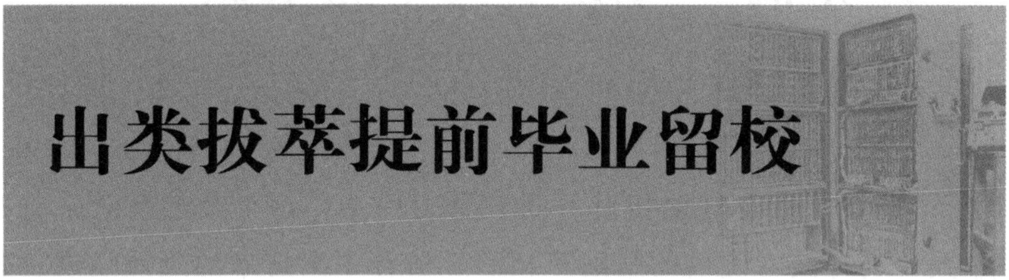

出类拔萃提前毕业留校

如火如荼的社会主义建设和军队现代化建设，急需大批科技人才。周兴铭完成一年预科学习后，本科三年级时被选拔提前毕业留校。正当他的个人天赋初步显露，在计算机研制方面崭露头角之际，政治运动接踵而至。周兴铭虽历经磨难，但始终牢记初心，坦然面对，砥砺前行。

1. 计算机学习班接受专业培训

"哈军工"创建之初设立的五个工程系，每个系都是后来有关军兵种高等技术院校的基础和雏形。随着军事技术的迅速发展，各军兵种所需技术干部的数量日益增加，全军一所军事工程学院已不能满足部队现代化装备建设的需要。到 1958 年，"哈军工"已具有相当的规模，具备了帮助各军兵种建立各自的高等工程技术院校的条件。

1959 年 11 月 19 日，陈赓向中央军委上报《关于调整军事工程学院任务的报告》，提出了"哈工军"分建改建的建议。中央军委常委会议把陈赓的报告作为会议第 6 号文件进行了研究讨论。12 月 29 日，中央军委副秘书长肖华根据陈赓的报告起草了《关于调整军事工程学院任务，分建各军种、兵种工程学院问题的报告》。中央军委原则上同意陈赓的建议，提出分建改建工作的指导方针是"尖端集中、常规分散""双方兼顾、照顾尖端"。12 月 31 日，中央军委第 15 次办公会议决定，将"哈军工"由培养维护、使用方面的部队工程师为主，改为培养研究、设计、制造方面的军事工程师，将部分常规专业分出去交给各军兵种独立办学。

1960 年初，"哈军工"按照中央军委的决策部署，实施分建改建工作，遇到的最大困难是缺乏师资。苏联专家撤离回国，使"哈军工"更加雪上加霜。当时，全国范围内最紧缺的就是人才，各大高校普遍采用“拔青苗”的办法，选拔一些优秀的高年级学生提前毕业参加工作。一切只能自力更生，一切也只能靠自己努力去发展。“哈军工”的第三、四、五、六期学员，已基本学完基础课和专业基础课程。“哈军工”于是请示中央军委批准，从这些学员中选拔432人作为“青苗”，提前毕业补充到教师队伍，让他们“在战斗中成长”。周兴铭因为学习成绩优异被“拔青苗”提前毕业留校，这时他还没有系统学习指挥仪专业知识。“哈军工”这次“拔青苗”，一定程度缓解了师资力量匮乏的问题，也为我国军用计算机事业培养了一批人才。后来，批判“拔青苗”，认为学生的课程还没有上完，就把“青苗”拔出来，伤害了“苗”，使这些“苗”成不了材，要求所有拔出的“青苗”统统重新进行补课，补毕业。1962年8月，周兴铭结合研制901计算机的心得写了一篇毕业论文，才算是补了毕业，拿到毕业证书。后来，在一些对周兴铭进行介绍的新闻报道中，常将他的毕业时间写成1962年8月。实际上，他在两年前就已经提前毕业，参加计算机的研制工作。

早在1958年冬天，陈赓在海军司令部观看901样机展览时就指示“哈军工”，要在海军工程系建立计算机专业，培养相关人才。1960年4月，钱学森书面建议“哈军工”成立工程学系，设立计算机数学和运筹学两个专业，得到了陈赓的赞同。在分建改建工作中，“哈军工”准备开设计算机专业，研制计算机，落实陈赓的部署。慈云桂以海军工程系教育副主任的身份，负责带学生搞课题和勤工俭学，于是就在海军工程系各专业抽调一些三年级的学员进行培训。其中，指挥仪专业4人，火炮班2人，还有鱼雷、通信、无线电、声呐等专业的学员，一共11人。周兴铭是其中之一。选拔出来以后，慈云桂很明确地告诉他们是留在教研室工作，专业方向改成电子计算机，定向从事科研工作。

1960年8月，海军工程系把抽调提前毕业的11人组成一个学习班，由慈云桂和柳克俊直接领导。安排教育计划，一边学习，一边参加教研室研究工作。学习班的班名就叫57323班，“57”的意思是1957年入学的本科生，第一个“3”是三系，“2”是第二科，最后一个“3”是第三专业。57323班是“哈军工”的第一期计算机专业学员班。同时，“哈军工”从地方大学抽调50名二年级学生到海军工程系1958级插班学习，组成电子计算机专业1958级学员班。

慈云桂在开班动员时发表讲话，宣布他们都是见习助教，强调要严格要求、扎实工作，培养严谨的科研作风，遇到问题时要百折不挠、顽强拼搏。“57323班，一开始是慈云桂负责的，给我们做动员、宣布命令、开展讲座，到后来实际上是柳克俊负责了。”在周兴铭看来，是慈云桂把自己引入计算机这个学科领域，从这个意义上讲是自己的老师。

周兴铭在指挥仪班学习时没有担任过学员干部，只是一名课代表，到了57323班后被任命为班长。“开始当小头头了，我自己也不会做这个工作。很奇怪，要学汉语拼音，大家都不会，就让我来教。我普通话也不标准，说的完全是上海普通话。”几十年过后，周兴铭对当年的事情仍记忆犹新。

57323班是白手起家，遇到了许多困难。开班以后，面临的第一个问题是缺少老师。海军工程系就临时找一些老师给他们开课。1960年下半年，主要学习的是计算机基础知识。当时，对于如何研制计算机，大家都不是太了解，认为电子方面的知识要加强，就找这方面的老师来上脉冲技术、电子线路原理等课程。

周兴铭记得上脉冲技术课的老师是孙仲康，后来是电子工程系有名的教授。孙仲康非常注意总结和改进教学方法，在讲课前提示重点，把重点问题的实质、概念、应用方法讲清楚，启发学员思考。讲课时采取由实例到概念再回到实例的方式，讲课语言简明生动、形象风趣。为了加深学员理解，一个内容往往从不同侧面予以阐述，对同一个问题用不同的方法去求解，使学员学到的方法比较灵活。大家普遍反映，听他讲的课“解渴”，难学的知识也不难学了。

他们在学习中遇到的另一个问题是没有教材。在计算机原理方面既没有经验，也没有什么资料可以学习。曾发明二进制补码、二进制加减法的英国人布斯夫妇，写过薄薄的一本计算机方面的书，他们每天就把这本书当作教材，刻苦钻研这本书的相关内容。老师、学员迎着困难上，涉及重大原理和主要问题，就开“诸葛亮会”，群策群力想办法解决。慈云桂、柳克俊经常以讲座的形式给他们讲课，上课时一切了然于胸的样子，在讲台上侃侃而谈，采用启发式的教学方法，让周兴铭十分钦佩。

这样，周兴铭在留校后又接受了电子电路、计算机原理等方面的培训，这一切对他产生了极为深远的影响。

周兴铭在1959年10月1日就已经向党支部递交了入党申请书，当时学员中党员人数不多，指挥仪和火炮两个班设一个党支部，党支部书记由火炮班的学员担任，副书记是指挥仪班的吕书荣。周兴铭被“拔青苗”提前毕业，他作为党员发展对象也接受了近一年的培养考察。在离开指挥仪班之前，党支部决定发展周兴铭入党。介绍人就是吕书荣和指挥仪班的班长白桦。白桦比同班同学年龄稍大一些，入党时间也比较早，思想上比较成熟，十分关心爱护班上的每一位同学，不管谁有什么困难，他都尽心尽力帮助解决，在班上的威信相当高。

1960年8月23日，周兴铭填写了入党志愿书。“从1952年开始受到党的教育，当时要求入团，参加一些团的组织活动，认识到党的正确、伟大，认识到党为人民大众而工作，因此十分信任党……我希望加入中国共产党。”9月2日，党支部指定蒋如龙与周兴铭谈话后认为：周兴铭对党有一定的认识和理解，对党的方针和路线是积极拥护的，并且有为党的事业而牺牲个人一切的决心；根据党支部审查结果和平时对他的了解，可以吸收周兴铭为中共预备党员。9月4日，海军工程系二科党总支部批准周兴铭为中共预备党员，预备期从1960年8月26日算起。

成为中国共产党预备党员时，周兴铭心情是激动的。经过考验，终于被批准入党，表明党对自己的表现是认可的。周兴铭由衷地赞同共产党的宗旨，他暗暗下定决心，一定要更加努力地工作，为国家建设、为军队的事业作出更大的贡献。

57323班成立时，正值国家经济困难时期。1959年市场副食品供应全面紧张，对大白菜、萝卜、葱、蒜、豆制品、副食调味品都不能足量供应。“哈军工”之前的保障很好，现在也不能幸免，缺油少肉没鸡蛋，甚至连青菜都无法满足需要。1960年冬天，食物匮乏的情况更加严重，周兴铭和同学们开始吃不饱饭了，每天开饭时8个人坐成一桌，用脸盆装的饭只有盖着盆底的浅浅一层。每天大家轮流分饭，班长在边上指挥，很快就把饭分到每个人的碗里，也是浅浅的一小碗。饥饿是大多数人的普遍感觉。后来，食堂发明了一种把白菜根发酵的做法，把发酵后的白菜根切成片后蒸熟了给大家吃，美其名曰“人造肉”。因为长期饥饿，很多人营养不良，得了浮肿病。周兴铭的入党介绍人吕书荣，整条腿都浮肿了，用手一按就是一个坑。

在物资短缺的困难情况下，“哈军工”想方设法做好师生员工的生活保障，组织打鱼队到松花江和兴凯湖捕鱼，派出打猎队到北大荒打狍子，弄点肉给大家吃。“哈军工”尊重老教师，对教授们进行特殊照顾，发一些黄豆，还有优惠卡，每个月可以到定点的饭店去吃一到两顿。有一次，一个比周兴铭高两级的上海同学，到教授家里把卡借了出来，带着周兴铭和一些同学到饭店吃了一顿，改善了一下伙食。

周兴铭在 57323 班只上了一个多学期的课，到 1961 年春天，就没有课上了。那就开始干吧，海军工程系专门成立了计算机科研组，57323 班的 11 人全部进入课题组，参加研制 901 晶体管计算机，加上指挥仪教研室的青年教师，由柳克俊领头，直接指挥大家。周兴铭所在的研制小组，组长是比周兴铭高两级的学长裘式纲。

57323 班是周兴铭投身中国计算机事业的开端，不同学科的知识积累，为他日后的科研创新打下了良好基础。从一定意义上说，这里是他后来科研上取得累累硕果的起点，许多成就可以说是源于 57323 班的学习培训。

2. 成为901晶体管计算机研制骨干

1958年，“哈军工”成功研制331电子管数字计算机（后改称901电子管数字计算机），但是计算机体积太大，装在鱼雷快艇上有许多不便，特别是电子管寿命很短，计算机的性能不可靠。从1959年初开始，901项目的小型化任务由柳克俊挂帅。到1960年的时候，国外已经开始用晶体管研制计算机，“哈军工”计算机的研制也开始由电子管向晶体管转变。

20世纪50年代末，我国晶体管研制才刚刚起步，生产的锗晶体管质量不够好，而且不耐高温。1959年，中国科学院半导体研究所和109厂相继研制生产出一批晶体管ZK307，立即被有关单位用来研制计算机。

能不能用国产晶体管研制计算机？大家对此说法不一。国产晶体管能不能经受住夏天的高温考验？有人表示怀疑，有人干脆摇头。要在鱼雷快艇高温高湿高盐的恶劣条件下，研制可靠实用的晶体管计算机更是难上加难。“哈军工”有志气的知识分子不信邪。他们兵分两路：一路由慈云桂亲自督战，研制441B计算机；一路由柳克俊领头，研制901晶体管计算机。周兴铭在第二路。

周兴铭第一次看到的晶体管是装在精制的玻璃盒里，垫着金丝绒的，他感到比黄金首饰还要贵重。“啊！这就是晶体管？”他不禁脱口叫出声来。一群年轻的“哈军工”人，要亲手研制晶体管计算机了。

1961 年 3 月，国防部国防科学技术委员会（简称国防科委）给“哈军工”正式下达第二代鱼雷快艇指挥仪——901 晶体管鱼雷快艇指挥仪计算机研制任务，以解决 901 电子管计算机在鱼雷快艇狭小空间及恶劣环境条件下不能实用的问题。

研制工作由柳克俊领头，901 计算机任务组下设运算、控制、内存、电源、输入、结构等研制小组，各司其职，每一小组内的工作进展计划及应完成的指标，均由柳克俊统一安排。海军工程系所在的 31 号楼三楼东北侧两间近百平方米的大教室和四间小教室是工作场所。901 任务每周的进展情况由柳克俊直接向海军工程系黄景文主任汇报。被“拔青苗”的 57323 班学员们进入课题组参加技术攻关，周兴铭根据柳克俊的安排，担负起系统设计和系统调试的任务。

按照常规的研制过程，从备好元器件到生产出一部 901 晶体管计算机，至少经历实验室模型样机、1∶1 实验样机、生产型样机、生产定型样机四个阶段。1961 年夏，海军工程系决定加快 901 计算机研制进度，从直接研制 1∶1 实验室样机跨入生产定型样机，尽快为部队提供可靠实用的计算机。

“哈军工”实施分建改建时，对各系也进行了调整，一系空军工程系、三系海军工程系保持不变，二系改为原子工程系，四系改为电子工程系，五系改为导弹工程系。从各系抽调了一些干部、教员，对学员也进行了调整。1961 年 8 月，慈云桂带着一些人到四系成立了计算机专业教研室，编号 404 教研室，以研制通用计算机为主。柳克俊留在海军工程系指挥仪教研室，编号 304 教研室，领导 901 课题组，以研制军用数字指挥仪计算机为主。直到 1966 年 4 月 1 日，三系和四系的计算机专业合并在一起，成立电子计算机系

（六系），慈云桂任系主任，张景华任系党委书记，夏常平、俞克曜、胡守仁、董玮任系副主任，下设计算机教研室和计算机研究室。这时，周兴铭由三系转到六系工作。

初出茅庐的周兴铭，深感知识的不足。怎么办？学！拼命往前赶！他每天必做两件事：一是看书，二是读报。当时的周兴铭，几乎把所有的时间都花费在学习上，一有时间就看书。

1961 年 10 月 1 日，经院首长批准，周兴铭定为正排级，11 月 8 日授予技术少尉军衔。周兴铭是被“拔青苗”提前毕业，他被授

授予技术少尉军衔的标准照

予少尉军衔时，同届的大部分同学还没有毕业。1962 年 7 月，周兴铭这一届的同学正常毕业，12 月，周兴铭被任命为助教，职级仍

为正排。1963年6月，军衔由少尉晋升为中尉。

周兴铭当学员时，开始一个月的津贴是7元，后来有10多元，定为正排级后一个月72.6元。从1960年8月提前毕业到1961年10月宣布命令，已经过去了一年多的时间。11月，周兴铭第一次拿到连同补发的工资在内共计800多元钱。他的第一项开支，便是从中拿出300元买了一辆无须凭票的高价自行车。车是合金架子，很轻，26寸的轮毂，车把是弯的，还有钢丝刹车。周兴铭感到很兴奋，圆了少年时一直想拥有一辆新自行车的梦。“哈军工”院子很大，上下班距离很远，从宿舍到食堂再到办公室，路上花的时间太多了。有了自行车，周兴铭每天可以节约更多的时间用来看书。

周兴铭大学期间学的是俄语，但工作中的许多资料用的是英语。怎么办？拼命地学！他对学习保持着一种超乎寻常的紧迫感，利用假期让学英语的弟弟教音标，没日没夜地啃俄文版的英语教科书。“一勤天下无难事”，仅用一年时间，他便可以凭借词典看英文资料了。

周兴铭从小学到大学一直是学习尖子。天资聪颖加上刻苦努力，为他从事计算机研制提供了良好的条件。周兴铭和研制组的同志一起查资料，攻难关，工作量也可以说是超负荷的。按照“哈军工”的纪律规定，每天夜晚10点前所有人员必须离开31号楼。海军工程系首长“特批”，允许研制人员晚上加班到11点。901计算机研制任务很重，不仅晚上要加班，星期日也不能休息。

在小组进行技术攻关时，周兴铭很快就在工作中崭露头角，经常提出独到的见解，事实上成了系统设计和系统调试的主要骨干之一。虽然研制组没有给周兴铭安排一个头衔，没有让他担任组长职务，但是各种问题需要解决时经常交给他来做。周兴铭在运控部件设计中显露了对计算机研制工作的突出才能，特别是在数字电路抗干扰设计、系统逻辑设计、整机调试三个环节上，都作出了贡献。

当时，国家对901计算机研制工作的支持非常大，只要是必需的器材都能得到力所能及的供应。与周兴铭同时留在57323班的有个同学叫冯昭逢，学的是无线电专业，他们一同分在指挥仪教研室，一起从事计算机研制。当时，每支晶体管要300多元，相当于一名研制人员好几个月的工资，但他们做试验领多少都不受限制。冯昭逢在一次试验中不慎烧坏了十多支，价值数千元，相当于他好几年的工资。他很紧张，但领导不仅没有追究他的责任，还安排他先休息一个星期，平息情绪并查找原因，然后再恢复正常工作。

研制组对于如何筛选晶体管，用什么样的高温、低温最合适，没有一个科学的标准。温度偏高，电流偏大，晶体管就会被烧化；温度偏低，电流偏小，又达不到要求。经过数百次试验，他们终于总结出统一的筛选标准。对晶体管筛选之后，又进行高低温试验筛选。做成插件、部件后，再进行层层严格把关。

周兴铭和大家一起，用阻容二极管组合限幅稳流技术，成功解决了锗晶体管高温漏流剧增及在恶劣环境下电路干扰大造成系统不稳定的难题。周兴铭回忆说："在60年代的时候，国产晶体管的腿都是晃的，国内的计算机界都认为国产的晶体管不能做计算机，但是搞901就是要用国产的晶体管去做。想了很多办法筛选，所有晶体管在使用前，首先加电放到高温箱里去烤，烤上几天几夜拿出来再测，没有变化的可以用，有点变化的不能用。我们用土办法来解决问题，最后计算机也做成了，而且用得还很好。"当时用的分离元件，需要在绝缘胶木板上钻孔，并在孔内镶嵌铆钉形成电路板，然后将电阻、电容、电感、晶体管等手工焊在电路板上。装配方法原始、手工工艺要求高，这些工作都是大家动手去做。

在那激情燃烧的岁月里，"哈军工"院、系领导发奋图强、爱国强军的教育激励着他们。周兴铭与同事们时常被感染，觉得自己在做一件非常光荣的事情，为了信念和理想，大家不怕苦、不怕累，不甘人后，不计报酬，勇于奉献，显示了强大的精神力量。

1963 年初，901 晶体管计算机完成实验样机，运算速度每秒 2000 次。国防科委四局指派唐遇鹤、袁林祥两位参谋到学院进行 72 小时稳定性测试。在两个多月时间里，901 晶体管计算机数次开机，连续运行 500 多个小时，计算题目稳定可靠。两位参谋诚挚地要求大家戒骄戒躁，继续努力，等到计算机的机械结构完善、能在恶劣的海况下无误地工作，第二年即可出海试验。

901 晶体管计算机的研制，参加者先后有五六十人之多，有的人因其他工作需要而调出，到最后完成任务时只有十多人。1963

901 晶体管鱼雷快艇指挥仪计算机（1963 年 9 月）

年，在901晶体管计算机时效考验任务完成后，大家十分高兴，为了留住这一难忘的时刻，研制人员根据盛建国的建议在海军工程系大楼前留影纪念。

随着研制任务的推进，当时的生产基地——“哈军工”四海机械厂三车间，也建立了元件筛选、测试和磁心、底板布线等工段，具备了生产定型样机的能力。

901计算机开始进入生产定型样机阶段后，车间加工的产品严格按“军品”验收，到哈尔滨国营935厂进行不同频率、不同振幅下的振动与冲击试验，到封闭实验室内做高温50～55℃、低温－30℃以下的实效试验。为了考验生产定型样机的防震性能，他们还到坑坑洼洼的乡村土路上做运输试验。发现问题后，拿回来再修改，直至机器能够正常工作。

1964年8月中旬，901鱼雷快艇指挥仪计算机的生产定型样机运送到旅顺北海舰队基地进行出海试验。刘居英院长、黄景文主任、科研处冉萍处长，国防科委参谋唐遇鹤、袁林祥，上海交通大学、华中工学院等兄弟院校的“观察团”，齐集旅顺，观看试验演示。经过昼夜几十个航次试验，在风浪大、颠簸剧烈的海况下，鱼雷快艇的温度上升到45℃时，901计算机仍能正常工作，出海试验获得圆满成功。9月6日，学院组织召开了901计算机试验演示座谈会，“观察团”的专家和领导对901计算机能在海上航行的快艇上工作表示赞叹和佩服。

周兴铭因为参加海军小型潜艇上的鱼雷射击指挥仪研制，没有参加901计算机后期的海上测试、打靶等试验活动。后来，周兴铭爱人李遐风趣地说：“研制901他是主要出力的，但是研制成功后，出海的测试试验，我替他参加了。”

“哈军工”的科技工作者用国产晶体管做出了稳定可靠的计算

机，901 晶体管计算机是我国研制成功的最早的晶体管计算机之一，后来批量生产、装备全军的鱼雷快艇。从 1959 年开始，901 鱼雷快艇指挥仪计算机，经历电子管、晶体管、指挥系统开发、系统设计定型、计算机集成电路升级和生产定型、装备部队、系统退役几个阶段。在不同年代、不同岗位参加这一任务的科研人员累计达百余人，他们克服工作和生活中的许多困难，作出了各自的贡献。该成果获 1978 年全国科学大会奖。

后来参加这一科研项目的齐治昌感慨地说："901 任务组科研攻关非常艰难，付出大量艰苦劳动，最终完成了这一光荣任务。这种为军队现代化建设勇于创新、艰苦奋斗、团结协作、锲而不舍、为军队建设服务的精神，是'哈军工'优良传统的具体体现，是一笔宝贵的精神财富。"

小荷才露尖尖角，年仅 20 多岁的周兴铭作为系统设计和调试的技术骨干，解决了锗晶体管电路计算机在恶劣环境下稳定可靠性的难题，初步显露出自己在研制计算机方面的才能。周兴铭作为研制组的一员，是该成果的研制骨干与主要完成者。

3. 参与030潜艇数字指挥仪计算机研制

新中国成立后，我国海军实行“空、潜、快”的战略方针。“空”指的是海军航空兵，“潜”指的是潜艇，“快”指的是鱼雷快艇。根据这一战略方针，1965年，国防科委和海军决定建造排水量350吨级的030轻型潜艇，潜艇上需要装配一台鱼雷射击指挥仪。

潜艇鱼雷射击指挥仪，是在水下根据声呐获得敌舰航行参数，预测未来航迹，计算发射鱼雷攻击的方位和时机，并适时控制发射的关键设备。当时，世界各国的潜艇鱼雷射击指挥仪，都是机电指挥仪，不仅技术性能指标不高，而且十分笨重，安装在千吨级的潜艇上是个庞然大物。现在要建造的030潜艇属于小型潜艇，根本无法容纳这种机电指挥仪，国防科委指示“哈军工”自主研制。

为确保数字指挥仪能够用于030潜艇，实现精确打击，必须在技术上突破四道难关：一是利用潜艇声呐获得的敌舰方位角、距离，以及我艇航速、航向、航行时间，必须无损自动输入计算机，作为攻击计算的原始参数；二是攻击计算必须快、准、稳，要多方案实施，争取更多战机，同时要趁早占领有利阵位，解决慢速潜艇打击快速水面舰艇的难题；三是计算机必须适应海上使用环境，抗湿、抗盐、抗高温；四是专用计算机的结构要尽可能简捷，须压缩体积，便于拆卸、操作和维修，适应空间狭小的小潜艇环境。

1966 年，“哈军工”成立 030 潜艇鱼雷射击指挥仪计算机研制组。组长由陈亚希担任，副组长由金士尧、周兴铭担任。030 潜艇数字指挥仪计算机简称 030 计算机。

为了尽量给 030 计算机“增智瘦身”，既适用于潜艇上空间狭小的环境，又能经受恶劣环境条件的考验，确保机器稳定可靠，他们大胆决定在全国率先采用集成电路技术研制这台机器。从晶体管计算机到集成电路计算机，无疑是再上一个新的台阶。

当时，硅集成电路在国外是刚出现不久的新东西，国产集成电路技术处于初级探索阶段，我国要自行研制集成电路计算机，其艰难程度显而易见。在通往科学高峰的道路上，科学家们总是不断地给自己提出新的奋斗目标，从一座山峰攀上又一座更高的山峰。周兴铭风华正茂，踌躇满志，决心与大家一起向新的目标进攻。

陈亚希带领大家前往中国科学院半导体研究所考察，恰巧该所在王守觉教授领导下，研制出硅平面管和集成电路，正在寻找合作用户，双方很快商定合作研制集成电路计算机。王守觉，人称小王先生，他的哥哥王守武，人称大王先生，兄弟两人都是我国著名的半导体专家、中国科学院学部委员（院士）。

根据任务分工，周兴铭负责总体方案和集成电路设计任务。“疾风知劲草，严霜识贞木。”为完成总体方案设计任务，周兴铭深入海军部队反复调研，对 030 计算机的性能、指标、大小以及形状都进行了比较合理的设计。为了完成集成电路设计任务，周兴铭长期住在北京，与中国科学院半导体研究所的技术人员一道，齐心协力，集智攻关。他们创造性地提出了“多个输入二极管设计在功率晶体管集电极上”的研制思路，定型了一套高抗干扰的 DTL（二极管 - 三极管逻辑）电路，大大减少了隔离岛数目，降低了制造难度，成功应用于工程研制。

天有不测风云。令人难以预料的是，正当030计算机按照周兴铭设计的电路进行组装的时候，史无前例的“文化大革命”席卷全国。陈亚希被“打倒”，研制030计算机的重担落在了金士尧和周兴铭两个年轻人身上。

有一种力量，能让人不畏艰辛，勇往直前；有一种力量，能使人不计得失，执着坚守。“文化大革命”期间，周兴铭表现出对做学问的浓厚兴趣，“躲进小楼成一统”，在科研上心闲气静深思。学院上下领导机构全部瘫痪，金士尧、周兴铭带领研制组，努力排除各种干扰，继续推进项目研制。研制组的同志“自己领导自己”，自觉坚持科研工作。

1967年，研制组研制的030样机由中国科学院109厂生产出来。030计算机的结构设计非常有特点，约40厘米宽、120厘米高，是当时国内最小的军用计算机。机箱上部有敌舰、我舰的航向、方位的状态显示，非常直观，便于潜艇指挥员观察敌我态势，及时发射鱼雷。机箱下部大门可快速打开。机箱内部的插件板插槽架可以拉出机外，并左转90度，便于维护。四排插件板的槽架中，运控部分只有一排，其余三排都是硅集成电路存储器，底部是电源。

1968年初夏，随着“文化革命”发展为派性斗争，周兴铭也被隔离审查。030计算机后期的研制由金士尧具体负责。1970年，030潜艇数字指挥仪计算机通过全部例行试验，先后安装在东海舰队潜艇22支队的03型和33型潜艇上，在东海进行了半年多的海上实战试验，硬件工作非常可靠，软件适应潜艇作战指挥需要，提高了我军潜艇的作战能力。

该项工程，早期由金士尧、周兴铭等人担当骨干推进，后期由金士尧负责牵头完成。1978年，030潜艇数字指挥仪计算机获湖南省科学大会奖，金士尧、孟庆余、吴泉源、陈有刚、凌令海等人都是主要完成者。

030潜艇数字指挥仪计算机，是我国最早自主研制成功的集成电路计算机之一，实现了全集成电路化，大大简化了设计，提高了处理速度。在研制过程中培养了最早一批熟悉集成电路设计、生产和应用的骨干，为以后研制大型和巨型计算机奠定了一定的基础。

4. “五七”干校接受劳动教育

1966年4月1日，军事工程学院改制退出军队编制序列，全体军人集体转业，学院改称哈尔滨工程学院，归国防科委领导。周兴铭对军队有着深厚感情，看到全院上下一起取下领章、帽徽，心里有说不出来的滋味，他为自己不再是军人而难过，也为学院的发展而担忧。

学院体制改变，逐步理顺关系之际，正值“文化大革命”风暴来临之时。“文化大革命”期间，学院出现了“保守派”和“造反派”夺权的情况，周兴铭坚决拥护党的决定，认为科技工作者的主要职责是搞好科学研究，做好这项工作就是听从党的号召。

1966年8月18日，毛主席在天安门广场第一次接见红卫兵。周兴铭刚好在北京出差，怀着对毛主席的无比崇敬，他也跟随着队伍进入广场，第一次近距离看到了毛主席，心情非常激动。

1968年3月，全国出现了新的派性斗争高潮，有些地区还发生了大规模的武斗。这年夏天，周兴铭被造反派抓了起来，人生跌入了低谷。

周兴铭刚好和曹鹤荪教授关在一起，他们白天烧锅炉，晚上要参加所谓的学习，被迫向“组织”交代自己的问题，两人共同度过了一段苦难的时光。曹鹤荪早年留学意大利都灵大学和德国柏林大学，专攻空气动力学，获博士学位，抗日战争胜利后在上海交通大学任教，担任教务长，主持教务工作，1952 年经周恩来总理批示选调进“哈军工”，担任首任教务处长。曹鹤荪耿直敢言，坚持原则，独立思考，傲骨铮铮。1967 年“清队彻查”时被关进“牛棚”。

周兴铭心里想反正自己不是反革命，随他们怎么搞吧，他以平和单纯的心态面对自己的遭遇，不想牵连任何人，决定断绝与外界的一切联系。这时，周兴铭和李遐已经谈了半年恋爱，相处得还不错。说起往事，周兴铭十分平静：“自从我被关起来，对我进行审查时，我是为了避嫌，不能让他们越搞越复杂，把事情越搞越大，就停止了与父母、弟弟、妹妹，以及与我对象的联系。”

树欲静而风不止，子欲养而亲不待。人生总有些事情让人感到惆怅无奈。就在周兴铭被隔离审查期间，父亲周午生因患肺癌在上海病逝。利生针管厂公私合营后，周午生成了资方代表。周午生工作积极，厂里生产的体温计要灌水银，这项工作有毒，没有人愿意做，他就经常自己去做这件事，不久就汞中毒。那时的医疗技术条件、医生的医术都不是很好，也没有治疗清毒，一下子得了肺癌。周午生去世前非常希望能见到儿子最后一面，但周兴铭当时正在被隔离。当收到父亲病逝的电报时，他多么希望能够立即返回家中，送父亲最后一程。可是，他没回去，他也回不去，只能在心里默默地为父亲送行。

1968年底，工宣队进驻“哈军工”，主持领导全面工作，调解两派之间的冲突和矛盾，要求学院走上正轨，决定把抓起来的人都放了。被关押了8个月后，周兴铭被“解放”出来了。紧接着，周兴铭又被安排到黑龙江柳河“五七”干校接受“教育”。按照当时的说法，要通过劳动改造世界观，解剖自己。

黑龙江柳河“五七”干校全国闻名。早在1966年5月7日，毛泽东就提出，各行各业均应一业为主，兼学别样，从事农副业生产，批判资产阶级。1968年5月7日，黑龙江省在纪念毛泽东“五七”指示发表两周年时，把大批机关干部下放劳动，在庆安县柳河开办了一所农场，定名为“五七”干校。1968年10月5日，《人民日报》在《柳河“五七”干校为机关革命化提供了新的经验》一文“编者按”中，引述了毛泽东的有关指示：“广大干部下放劳动，这对干部是一种重新学习的极好机会。”此后，全国各地的党政机关都纷纷响应，在农村办起了“五七”干校。

到了“五七”干校以后，周兴铭那双研制计算机的手，干起了锯木头的粗活儿。一棵棵粗大的木头被固定在铁轨车上，人工推着沿铁轨送进电锯。锯片有圆桌大小，高速旋转，把圆木切成像砖头一样厚的一块块板材。

除了早请示、晚汇报以外，在“五七”干校政治学习是少不了的。干校的院子里有几个大喇叭，每天早晨都在广播。

1969年4月24日，中国共产党第九次全国代表大会闭幕。晚上，“五七”干校召开庆祝大会，组织所有人员学习大会文件。之后，又组织通宵锯木头，把没有完成的任务补回来。东北天气很冷，周兴铭穿着棉裤、棉袄，戴着棉手套，干到天快亮时，他有些疲劳过度，昏昏沉沉。“到凌晨四五点钟，天快亮了，这时人有点困了，有点犯迷糊，我把木头推上去，手就向下放，在木头锯完后，‘当啷’一声，我一看，棉手套掉下一块，左手中指少了一节。”周兴铭回忆的语调，此刻是惊人的平静，像一个行人慢慢地走过已经熟识的街市。

霎时，鲜血从左手手指涌出。“出事了！”不知是谁大喊了一声。大家聚拢在周兴铭的周围，着急却又无可奈何。干校的人员赶紧和黑龙江省委联系，最后只拦到一辆运木头的车，天快黑了才把周兴铭送回哈尔滨治疗。周兴铭回忆说：“他们把我锯掉的手指也找到了，带到了哈尔滨。哈尔滨医科大学派了一个副教授给我看，限于当时的医学水平，说是没有办法接断指，就把这节手指扔掉了。”就这样，周兴铭以断去半个指头而结束了在干校两个月的劳动生活。

在哈尔滨医科大学附属医院治疗期间，周兴铭的聪明、勤学、谦和、正直，打动了工宣队的老师们，他们经常询问周兴铭有没有对象。当知道周兴铭已经有了对象时，他们主动提出来要替周兴铭做好李遐的思想工作。老师们的关心，让周兴铭心里暖暖的，他在感到一些踏实的同时，更多的是感动。后来，周兴铭转到了“哈军工”的校医院继续治疗。这时，国内形势也开始有所好转，政治气氛比较宽松了，隔离审查的生活也就此结束了。

这段人生经历也让周兴铭和李遐的爱情经受住了考验。周兴铭被抓，李遐是通过他同事知道的，但不知道关在哪里。当时，两人正处于深入了解的阶段，突然一点信息都没有了。这是对李遐的第一个考验。周兴铭被下放到“五七”干校后，李遐才打听到他的情况。李遐当时想到的是，下放到干校的要么是牛鬼蛇神，要么是走资派，要么是学术权威，周兴铭到底是什么啊？这是对李遐的第二个考验。周兴铭的手指少了一截，还能不能接受他，这是对李遐的第三个考验。

周兴铭和李遐在家中合影（2015 年）

周兴铭思想上也有了负担，担心会影响李遐对自己的选择。在手伤养得差不多时，他怀着忐忑不安的心情给李遐打电话，简单地说了一下自己的情况。周兴铭在电话里说得不太清楚，李遐不知道周兴铭到底怎样了，更加增添了对他的担忧。当周兴铭半躺在病床上心事重重的时候，病房的门“嘎”的一声打开了半边，探进来一个人的脑袋。周兴铭循声望去，看到一张熟悉的面孔，正要喊出声时，门却“吱”一声关上了。周兴铭既惊又喜，紧跟着冲了出去。

周兴铭在李遐后面一路小跑，两人在医院外面小马路边上的一棵树下停了下来。几月不见，万般思念，李遐倾听着周兴铭的述说，终于弄清楚了他的情况，更加坚定了自己的选择。李遐认准了周兴铭，坚信他就是可以托付终身的人。

说到沉重的人生往事，周兴铭的神情中并没有痛苦与悲伤。对他来说，那似乎只是淡淡的一段经历而已。在被隔离审查和接受劳动教育的日子里，周兴铭为自己没有能参加完030计算机研制的全过程而深感遗憾，这也一直成为周兴铭心中的隐痛。

第六章 Chapter 6

担当重任投身计算机研制

计算机研制作为世界科技发展的重要战略领域，是各国竞相角逐的科技制高点。在高原上攀高峰，周兴铭毫无畏惧，笃定前行，矢志攻坚，积极投身系列计算机研制，参与和主持多项重大工程任务，攻克了一系列核心关键技术，为我国计算机事业发展作出了突出贡献。

1. 承担 151 计算机运控系统研制

20 世纪 60 年代中期，我国启动洲际导弹计划。洲际导弹射程远远超出国土范围，实弹试验落区只有在远海，才能避免国际纠纷。而洲际导弹的数据测量与飞行姿态观察，仅靠陆地的无线电测量无法满足要求，必须出动海上测量船跟踪测量。为此，美国、苏联、法国等先后建造了数十艘海上测量船，长期在茫茫公海上“安家落户”。

1967 年 1 月 18 日，国防科委会议研究并向中央军委呈送报告，提出要建造远洋航天测量船及其护航舰艇、补给舰艇等一系列配套舰船。因为开会时间在 1967 年 1 月 18 日，所以该工程被命名为“718 工程”。

远洋航天测量船上的关键设备是一台中心处理计算机，须承担洲际导弹弹道、遥测数据处理和预测弹头（数据仓）着陆点的重任，要求体积小、性能指标高、计算速度快、主存容量大，远远超出我国当时的计算机研制水平。这项科研任务是我国洲际导弹研制的重要组成部分，关系到国威、军威，具有重要的政治意义。

1969 年 11 月 4 日，国防科委在北京召开远洋航天测量船中心处理计算机的方案论证会，邀请国内计算机界专家给这台机器“把脉”。国防科委主任聂荣臻元帅点名要求慈云桂参加方案论证。此时，慈云桂刚从“牛棚”里放出来，专案组反复向他交代只是去听会，只许带着耳朵听，不许随便表态，更不能擅自接受任务。

会议一开始，机器使用方提出研制每秒100万次的计算机。然而，有专家认为，目前我国小规模集成电路技术不过关，难以做成整机，不如降低指标，用晶体管做成每秒50万次的机器。双方围绕机器运算速度问题发生激烈争辩。

强烈的使命感促使慈云桂不能再沉默，他即席陈述了一份新的总体设计大纲，详细论证了研制百万次集成电路计算机的必要性和可行性，以超凡的勇气提出要干这个任务。慈云桂的发言之所以底气十足，是因为1968年3月，他曾根据国防科委的指示，对研制每秒100万次计算机进行过调研。慈云桂带领康鹏、王朴、孟庆余、张范等，在北京、石家庄等地广泛调研，查阅大量资料，历时3个月，最后形成一份完整的论证报告。虽然这一课题最后没有获准立项，但是积累了大量第一手资料。

为了证明自己所提方案的可行性，慈云桂又通知在哈尔滨的康鹏和金士尧立即赶往北京，向与会人员汇报研制030集成电路计算机和具有多道管理程序的441B－Ⅲ晶体管通用计算机的情况。最终，慈云桂的阐述折服了与会同行和国防科委的各位领导，大家一致同意采纳慈云桂所提的方案。

1969年12月6日，国防科委正式下达关于远洋航天测量船中心处理计算机会议纪要的通知，明确由哈尔滨工程学院计算机系研制一套测量船中心处理计算机系统，正式把测量船中心处理计算机的研制任务交给了哈尔滨工程学院。

当时计划建造两艘远洋航天测量船，需要两台中心处理计算机。一台测量船中心处理计算机由哈尔滨工程学院慈云桂领衔研制，代号151；另一台由四机部十五所负责研制，代号260。时任国防科委电子计算机领导小组组长、科技部四局参谋的唐遇鹤，当年负责这次会议的组织协调，他回忆说："'718 工程'是周总理亲自抓的，计划设计建造两艘测量船，船上要装备中心处理计算机，国外不卖给我们，我们就自己组织研制。当时开会时，计算机还没有方案，我们请这些专家来讨论一下，大家提提意见，也没定让谁搞。为什么让两个单位来搞两条船呢？我们也怕万一有一个单位失败了，耽误试验时间，所以必须两个单位同时搞，这样双保险。"

这是哈尔滨工程学院计算机系第一次涉足大型通用计算机研制，计算机设计指标每秒运算 100 万次，主频 4 兆赫。从 1 万次到 100 万次，一下子跃升了 100 倍。多么诱人的目标，多么豪迈的气概。运算速度要跳两个数量级，软硬件系统复杂，难度大大提高，面临一系列新技术、新概念、新挑战。

在当时的社会环境和技术条件下，既要组建研制队伍，又要攻克技术难关，完成科研任务绝非易事。对于接下 151 计算机研制任务，当时计算机系内部思想并不统一，有的认为任务太重，战线太长，条件不完全具备，不愿意接受这个任务；有的认为已经积累了一定的计算机研制经验，有能力把任务拿下来。

慈云桂只好先在校内组织研制队伍。刚开始时计算机系只派 6 人参加，慈云桂又从基础部和其他系挑选了 10 余人，初步形成了一个 20 余人的综合论证设计组。慈云桂在组内做了几次介绍访问英国情况的报告，根据从英国带回的几种百万次级集成电路计算机技术资料，首先提出了一个系统结构初始方案供大家讨论。后来，计算机系又有一些人员陆续加入进来，队伍进一步壮大，达到 30 多人。

工程成立总体组，由慈云桂任组长，下设运算控制器、存储器、指令控制器三个研制组同步推进。慈云桂根据科研人员特点进行了分工：崔承贵负责指令控制器设计，钟士熙负责运算控制器设计，杨晓东负责存储访问控制器设计，王振青负责交换器设计，陈福接负责存储器设计，安明俭负责专用接口设计，杨凤翘负责外部设备设计。当时，计算机系副主任胡守仁被“打倒”后，还没有恢复职务，在运算控制器设计研制组，受钟士熙的领导。

慈云桂组织研制人员参考当时国际上先进的大型计算机系统，针对国内器件、工艺和技术水平的特点，确定了一套 151 计算机系统研制方案。

按照任务总负责人慈云桂的意见，151 计算机准备采用国产小规模 STTL（肖特基抗饱和晶体管 - 晶体管逻辑）集成电路。当时国内的小规模集成电路可靠性很差，大家普遍认为，不能用于大型计算机。慈云桂带领技术骨干，先后到国内各计算机和元器件主要研究生产单位进行调研，虚心向他们请教。调研之后，研制组选择了当时隶属国防科委的中国科学院 109 厂研制生产的集成电路。国产小规模 STTL 集成电路的可靠性，就成了 151 计算机能否研制成功的关键因素之一。

周兴铭从“五七”干校被“解放”出来后，此前的研制组已不宜再进去，便给慈云桂写了张条子，希望能够参加 151 计算机的研制任务。慈云桂非常高兴，把他安排到运算控制器设计研制组。

周兴铭在慈云桂的带领下开始了“八年抗战”的艰难研制历程，也从此与我国大型、巨型计算机的研制结下了不解之缘。

1970 年春节过后，根据慈云桂的安排，周兴铭进驻 109 厂与厂方一起研制生产 151 计算机所需的高速可靠的集成电路。周兴铭根据 151 计算机逻辑设计的需要，很快设计选定了“双与非门”“与或非门”“带或扩展的与或非门”“或扩展器”四种电路，可满足 151 计算机逻辑装机的需求。然后设计了电路的参数，上工艺线试做产品，经过多次反复和修改，周兴铭和工艺线上的技术人员合作，终于达到高速指标，做成门延时可快达 6 ~ 8 纳秒的新产品，满足总体要求。周兴铭还设计了检测四种电路产品功能的测试仪逻辑框图。

1970 年 6 月，慈云桂派从学院物理教研室借调来的彭心炯到北京 109 厂接替周兴铭的工作。7 月初，在返回哈尔滨前，周兴铭把设计好的电路测试仪逻辑框图交给彭心炯，并要求他把已定型的四种逻辑功能电路交给 109 厂研制生产，再三强调要做好检验把关工作，确保电路的可靠性。彭心炯认认真真地把周兴铭的设计学习了一番，仔细了解设计的思路。

按照周兴铭的设计思路，彭心炯运用 109 厂试制的“双与非门”电路，具体设计了用于生产测试的测试仪。先装焊了一台半自动 TTL 直流参数测试仪，然后设计一个速度 Tpd 测试，将它们连在一起，并增加了有关显示。这套测试设备有效地提高了电路测试速度，并按可用输入端数、速度和负载能力分出类别和档次。而且只要改动几条连接线，就能测试工厂为他们生产的四种电路。彭心炯因此对逻辑设计产生了浓厚兴趣，极大地促进了以后的工作。

经过三年的努力，109 厂批量生产的集成电路达到门延时 6 ~ 8 纳秒、常温工作失效率小于每小时 10^{-7} 的高水平。周兴铭选定设计的这四种电路，后来也在其他单位得到了推广应用，成为一种标准。

1970 年 8 月，爱人李遐快生小孩了，周兴铭根本没有时间照顾她，就让她一个人回上海待产，由母亲帮助照顾。女儿出生后的第三天，周兴铭才匆匆忙忙赶回上海。李遐还没有坐完月子，周兴铭就接到一个电报，要求立即返回哈尔滨，一个星期内搬家到长沙。李遐回忆说：“我回上海生孩子没想到过这种事情，什么准备也没有，我坐月子期间，一个电报他就回了哈尔滨。”家里的东西很简单，周兴铭找些木头钉成包装箱，把衣服、被子等装进几只大木箱，托运到长沙。

1970 年 10 月至 11 月，哈尔滨工程学院主体分四批迁往长沙，改名长沙工学院。学院南迁之时，有的单位受极左路线干扰，因没有明确的任务而大量减员，计算机系由于任务在身而保留了队伍，并得到巩固和发展，为计算机研究所的成立奠定了基础。长沙工学院将管理体制改为“院－大队（系）－教研室”三级，电子计算机系改为电子计算机研究所，下辖五个研究室和两个工厂。

搬迁到长沙后，学院接收原工程兵学校的校舍，营房与实际需要差距太大，教学、科研和生产、生活条件极端困难。由于计算机系科研任务繁重，他们到最后才南迁。这时，位于市区的校舍已没有他们的容身之地。由广州军区安排，计算机系暂时栖身于离市区

位于长沙马坡岭的计算机研究所科研楼

6公里外的马坡岭湖南省农机学校。这里的水、电不足，实验、住宿等条件都很差。

农机学校只有一栋两层的宿舍楼，房子不够住。没有住房就住教室。一间教室用三合板隔成三间，三家人挤在一起。条件差，自己动手改变它！大家接线安电，因陋就简摆开了实验摊子。

李遐在上海坐满月子后，就带着孩子从上海坐火车直接赶往长沙。在哈尔滨的工作、组织关系等，都是周兴铭帮着转的。那时还没有上海直达长沙的火车，只能到株洲后再转车。李遐一个人带着孩子，背着奶瓶、热水瓶、尿布等杂七杂八的大包小包，坐火车到了株洲，当她抱着孩子在站台上等待时，周兴铭才匆匆忙忙地赶了过来。接到李遐母女后，周兴铭又赶紧去买回长沙的车票。一家人到了马坡岭后，李遐才真正见识了在长沙的家。“很简单，用木头钉个木桩子，把三合板钉上去，就是一堵墙。原来教室的前后有两道门，再从中间开个门，住三家。一家开收音机，说句话，三家人都能听到。”周兴铭家在教室的边上，一面墙上还有一个大黑板。

平时大家工作都很忙，只有星期天出去采购，把一个星期要吃的东西全部买回来，洗衣服也是在星期天进行，周末的生活节奏比平时还要紧张。各种物资是按计划供应，一个月只有半斤肉，粗粮细粮都要凭票才能买到。如果想吃点花生什么的，还要骑自行车到周边生产队的老乡家用粮票和钱去换。

慈云桂把全系骨干组织在一起，成立多个攻关小组，各路突破，齐头并进，夜以继日投入到151大型通用计算机研制工作中。大家每天晚上都工作到深夜，农机学校教室改成的办公室灯火通明。当地蛇多，大家深夜下班回家怕被蛇咬着，每个人手中都拿一根竹竿或树枝，像躲避挂弦地雷一样，边拨拉边走。

钟士熙、胡守仁、周兴铭等人在运控小组绞尽脑汁，费尽心思优化运算器和运算控制器的逻辑设计与布线，成功设计出可分、可合的两个运算功能部件，有效提高了运算速度和可靠性。

运算控制器组长钟士熙，经常日夜加班，过度劳累，不幸患上了肾炎，在血压200/105毫米汞柱的情况下仍加班加点工作。由于身体原因，在研制完成运控器模型机后，钟士熙被调到计算机研究所资料室工作。当时胡守仁兼任151计算机室的主任，副主任是陈福接、金士尧、周堤基。1972年，胡守仁恢复了计算机研究所副所长的职务，由于各种事务比较多，继续参加研制工作，时间上难以保证。于是，慈云桂让周兴铭负责运算控制器的研制工作，胡守仁把自己的研究设计资料全部移交给周兴铭，并与他详细交谈自己的设计思路。这样，周兴铭肩负起胡守仁原先承担的那份研制任务，接替钟士熙成了151百万次计算机运控分系统的负责人。多年以后，胡守仁如此评价：周兴铭做事非常踏实，从不说过头的话，工作也非常刻苦。

后来，钟士熙因尿毒症和肾功能衰竭，年仅49岁就离世了。周兴铭回忆说："钟士熙非常能干，他后来病了，很年轻就去世了，很可惜。陈福接负责搞存储器，王振青负责搞交换机，他们都搞得不错。我负责搞运控是接任钟士熙。杨晓东在存储访问控制器研制中，王振青在交换器研制中，都搞了许多创新，发挥了重要作用。"

南迁长沙后，许多家属的工作没办法安置，大多数人只能在学院内部解决。长沙也没有大的电机厂，李遐只好转到了长沙工学院，改行学计算机。李遐回忆说："虽然都是搞电，那完全不一样，我搞的是强电，计算机是弱电。理论上也是不一样的，有一个过渡时期，他天天晚上给我上课。"1972年3月，周兴铭的二女儿出生，两个孩子相差一岁半。李遐又是回上海生的小孩，二女儿1岁刚学会走路时才被接到长沙。

周兴铭照顾不了家人，家庭的负荷只能转移到李遐身上。李遐独自一人挑起了全部家庭重担，独自带着两个孩子，要搞科研，还要到部队做试验。两个孩子没有人照顾，要雇保姆又没有那么多钱，为了便宜一点，周兴铭就从附近的村妇中请了一位临时保姆。李遐上班时保姆就过来在家里帮忙看孩子，李遐回家，保姆也就“下班”回去了。做饭、洗衣都是自己做。李遐说：“我改行学计算机，又要带孩子，也是一个艰苦的过程。老二小时候还得了肺门淋巴结核，老是发低烧，经常要打针，还好没有把耳朵打聋。他经常出差跑北京，我还要出海试验，实在没有办法了，又把两个小孩送到上海，一边一个，一个我妈妈带，一个他妈妈带。”

151 计算机的设计是在长沙马坡岭进行的。长沙雨水多、湿气重，夏天温度高达 40°C，实验室连电扇也没有，更不用说空调。画图时，要在绘图板上垫毛巾，以防汗水掉在图纸上。大家加班加点，没有加班费，没有任何营养补助。周兴铭回忆说：“慈云桂一直教育大家，人这一辈子啊能够干成一件或者两件大事情，就不虚度此生了。我们现在就是在为国家为军队做大事情。那时候的精神状态，就是不讲条件不怕吃苦，就是一个劲地干。我们这个小分队特别能吃苦，特别能打仗，而且能打硬仗。”

百万次计算机，运算速度是关键。为了确保速度，必须要有主频和高性能体系结构设计。周兴铭设计了全套指令系统操作表与实现控制逻辑，解决了串并行快速乘法金字塔树的结构与符号处理，在吴泉源的配合下，改进了国外有关文献提出的快速除法方案，并实现了“跳 0”“跳 1”快速除法方案，这些都是关键技术。胡守仁回忆说：“周兴铭搞得比较好，调试机器比较快，这也说明周兴铭这个同志比较认真，比较细致，工作做得好。”

周兴铭不仅在研制计算机方面很有逻辑性，在家庭生活方面也很有计划性，做什么事情都有周密的安排。星期天什么时候起床，然后干什么事，几点到几点做什么，都有细致的安排。吴泉源家与周兴铭家住楼上楼下，两家人经常来往。吴泉源评价周兴铭：“他对待工作也是这样，一步一个脚印，这种严肃、严密、严谨的作风，是我对老周特别深刻的印象。”周兴铭一家的生活计划性也让吴泉源爱人十分羡慕，她经常对吴泉源说：“你看看老周家，你能不能也像他那样，业务工作做得好，家务工作也做得有条理。”

1973 年，151 计算机进入生产阶段。生产任务交给了四机部北京有线电厂，也就是 738 厂。研制人员从 1973 年 8 月 2 日起，带着图纸下厂，面临着更为艰苦的考验。

北京的工作、生活环境非常简陋。他们在厂内的一块空地上，搭建了一排简易工棚，睡觉是大通铺，大家睡在一起，一住就是近四年。几十个人的吃、住全在一个工棚里，一人打呼噜其他人都能听到。冬天烧个大炉子，半夜轮流起来添煤。最难熬的是夏天，像关进一个大蒸笼，热得透不过气来。大家乐此不疲，心态非常纯净。吴泉源回忆说：“我的铺位紧挨着周兴铭，每天晚上都能看到他用一个很破的收音机学英语，他是在挤时间学习，学习很刻苦。”在北京 738 厂生产、安装、调试的过程中，周兴铭一年之中大约有 8 个月在出差，长期不能照顾家庭。

1974 年，周兴铭搬家到长沙工学院内，这里是市区，物价自然也就高一些。周兴铭和李遐两人一个月的收入加起来才 100 元出头，他们请不起保姆了。小孩也大一些了，但是学院里面只有幼儿园，没有托儿所，老大可以上幼儿园，老二年龄不够。李遐干脆把她俩锁在家里，相互有个伴。“只能随她们去了，那时小孩子把钙片当糖吃。我们回来一看，这么大的一瓶钙片，里面空空的，一粒都没有了。钙片有一点甜，小孩子爱吃，两孩子把钙片都装到工装裤小口袋里去了。”李遐回忆当年的情形如是说。“有一次就出了险情。我正在上班，别人就喊，李教员你快回家去，你家里出事了。有好几个人跑来找我，我也不知道怎么一回事，就跟他们跑呀跑，等跑到了楼下，他们说，李教员你别上楼，到楼后面去。当时我们家住在二楼，房子后面有个北窗，窗户也没有栏杆什么的，房间也小，摆张床刚好顶着窗户。这两个小家伙就爬出去了，坐在窗台上，悬空的腿在那甩啊甩。别人就让我千万别喊，说大人一喊叫，小孩子一害怕掉下去怎么办。我只能慢慢走过去，一点一点把她们弄回来。”

1976 年 7 月，151 计算机进入了调机关键阶段，机器安装在 738 厂大门门楼临时改建的“机房”内，不巧碰上了唐山大地震。北京地区震感强烈、余震不断，“机房”晃动很大。当时，北京的许多工厂、学校、机关，停产、停学、停工，人口疏散，投亲靠友。周兴铭和参加 151 计算机调机的人员却集中在北京进行调机会战，大家排除地震干扰，抢时间加速调机。

就在进入联调阶段时，意外发生了。吴泉源用编制的随机数检查程序时发现，计算机运算控制器的级延迟数可能达 30 级，远远超过了设计规定的 23. 5 级的指标，因而主频只能在 2. 2 兆赫工作，达不到设计要求的 4 兆赫，也就是说计算机的运算速度只能达到每秒六七十万次。

慈云桂希望能够听听周兴铭的意见，他郑重地问周兴铭，你认为这是什么原因。周兴铭直截了当地告诉慈云桂，我想办法去解决。将遇良才，恰逢其时。

为了拿下这 4 兆赫，周兴铭经常工作到深夜两三点，实在困了，和衣一躺，醒来又干。经过艰苦细致和脚踏实地的工作，周兴铭带领大家认真修改了部分逻辑设计，替换了一些慢速芯片。与此同时，周兴铭还发现了电路“睡眠现象”，并准确找到“睡眠”的电路。周兴铭把有“睡眠现象”的电路交给协助运控调机的彭心炯，让他分析深层次的原因。根据周兴铭指出的现象，彭心炯对TTL电路内部结构重新进行了研究，经过测试证实，很快查明了问题的原因所在。

周兴铭结合彭心炯提出的高速应用和一些特殊应用的处置建议，找到彭心炯，希望他能帮助解决调机中的电信号“反射”“串扰”等问题。这些问题与彭心炯所学专业密切相关，激发了彭心炯对该类问题的强烈兴趣。周兴铭提出了一个提高主频的解决方案。但是，设计改进后，需要将组装好的机器拆解后重新进行布线和焊接。慈云桂毫不犹豫地拍板：“拆了重搞，我们要么不做，要做就做到最好。”

换掉机器上的几百根线，改造机器互连线系统后，机器性能稳定了，机器的主频也大幅度提高。再次调试，计算机主频终于提高到3.3兆赫，每秒百万次运算的指标达到了。

周兴铭针对解决这一问题的情况，执笔撰写了《高速TTL电路如何可靠地构成高速计算机》的文章，在《微电子与计算机》杂志上发表，引起了广泛关注。

当别人都在为解决“睡眠现象”感到高兴时，周兴铭却再三强调应该尽最大的努力去提高运算指标。“可是后来主频再没有提高上去，这是一件很遗憾的事。”至今提起此事，周兴铭仍觉惋惜。成绩面前不失奋斗之志，赞扬声中保持清醒头脑，差距面前更加扬鞭奋蹄，始终是周兴铭做人做事的本色。

吴泉源与周兴铭接触比较多，在他眼里，周兴铭说话做事很谨慎、很踏实，主持完成的科研指标都是往低压，不是向上吹，没有百分之一百二十的把握是不会拿出来的。周兴铭是他最钦佩的搞硬件的人之一。

系统大而复杂，机器调试、故障定位的难度也随之大大增加，传统的人工测试用电表、示波器等仪器已很难适应。周兴铭设计了用自编小程序调试运控分系统的办法，大大提高了调试速度，并能调试动态故障，极大地提高了机器的质量。

1976 年 12 月，我国第一台百万次集成电路计算机 151－Ⅲ终于研制成功，通过了国防科委组织的稳定性考核，一次考核无故障时间达 76 小时零 5 分后，人工停机。该机 64 位浮点运算速度达每秒 130 万次，32 位浮点运算速度达每秒 250 万次，超出设计指标 30% 左右。此时，远洋航天测量船还未生产完毕。1978 年 2 月 20 日，周兴铭因在 151 计算机研制中的突出表现，受到长沙工学院计算机研究所通报表彰。

1978 年 8 月，151－Ⅳ双机系统研制成功。1979 年 3 月，双机

装在远洋航天测量船上的中心处理计算机

系统通过国防科委组织的考核验收，连续稳定运行 169 小时，超过设计指标，顺利安装在由国防科委主任张爱萍命名的“远望一号”测量船上，用作中心处理计算机。周兴铭强调说：“我们是‘八年抗战’，真正是搞了八年，很是艰难。”该机单机系统 1978 年获全国科学大会奖。

1979 年 4 月 17 日，周兴铭因在研制 151 计算机中的突出贡献，荣立三等功。

1980 年 4 月 10 日，由“远望一号”“远望二号”“向阳红十号”“向阳红五号”4 艘测量船、6 艘驱逐舰、3 艘护卫舰以及补给船组成的特种混合编队，离开吴淞口前往舟山群岛的绿花山锚地集结，准备于 5 月 1 日向南太平洋进发，执行首次洲际导弹全程试验落点测量任务。国防科学技术大学（1978 年 10 月，长沙工学院改建为国防科学技术大学）计算机系兼研究所派出技术保障人员，由金士尧带领杨凤翘、谈正信、安明俭、崔承贵、卢锡城、张树生等科研人员，随“远望一号”测量船出征南太平洋进行技术保障。1980 年 5 月 18 日上午 10 时整，我国第一枚洲际导弹腾空而起，向预定海域飞去。在导弹飞行过程中，测量船中心处理计算机不断向测量设备送出理论跟踪数据，并根据测量设备反馈的测量数据准确计算预报导弹落地的时间和区域，指引打捞直升机赶往落点区域，最后顺利回收了洲际导弹的数据仓。

在我国向南太平洋预定海域发射洲际导弹、潜艇水下发射导弹和地球静止轨道通信卫星发射等一系列科学试验中，151 百万次集成电路大型通用计算机发挥了极其重要的作用，为我国的航天和国防事业作出了重要贡献。

经国防科委批准，国防科学技术大学计算机研究所“718 工程”151 中心处理计算机设计研制组荣立集体一等功。1982 年，该机双机系统获军队科技进步一等奖。主要完成人员是：慈云桂、胡守仁、金士尧、孟庆余、王振青、陈福接、周兴铭、耿惠民、史庆余、杨凤翅、周堤基、钟士熙。

科学的生命力在于创新，周兴铭在运控系统研制中，发扬创新精神，披荆斩棘，创造条件完成所承担的任务，是151百万次集成电路大型通用计算机的主要完成者。

2. 研制“银河－Ⅰ”计算机主机系统

20世纪70年代初，“两弹一星”的成功研制，大大提高了我国国防实力和国际地位。随着四个现代化建设的发展，一些国防科技的理论研究和模拟试验，特别是石油部门要探明更多的石油储量，国家气象部门要向全国提供更准确的中长期天气预报，迫切需要一种运算速度更快、储存容量更大、性能更高的计算机。

当时，国外出现了一类运算速度达每秒1亿次以上的计算机，称作超级计算机或巨型计算机，用于解决大型、超大型科学与工程计算及大规模数据处理问题，对国民经济发展及国防建设意义重大。有关部门多次向国防科委反映：如果没有超级计算机系统，将严重制约国防科学研究和国家经济建设。这样的高性能巨型计算机，西方国家对我国严格封锁，引不进、买不来，希望立足于自主研制。

放眼世界，西方发达国家的计算机发展突飞猛进。研制我国先进的计算机迫在眉睫。在国外巨型计算机已经从第一代阵列机发展到第二代向量机的背景下，中国要不要搞巨型计算机？能不能搞巨型计算机？1975 年 10 月和 1977 年 9 月，时任国防科委主任的张爱萍两次指示长沙工学院计算机研究所，对巨型计算机的研制工作进行调研。慈云桂组织人员赴全国各地进行了广泛调研，形成了调研报告。1977 年 11 月 14 日，国防科委对长沙工学院的调研报告进行归纳总结后，向中共中央呈报了《关于研制巨型电子计算机的报告》，中共中央 11 月 26 日批准了这一报告。

研制每秒亿次的巨型计算机是国家重点工程，国内的一些单位都跃跃欲试，争抢这一艰巨的攻坚任务。1978 年 3 月 4 日，中共中央在北京召开巨型计算机研制部署会，会议由邓小平主持，有关部委的领导参加。在听取了关于计算机发展情况的报告后，邓小平对发展我国计算机事业作出指示，最后作出研制亿次巨型计算机的决策："亿次机只能搞一台，亿次机就由长沙工学院搞算了。……什么时候完成，长沙工学院要签字。"国防科委主任张爱萍在会上庄重表示："请党中央和邓副主席放心，我们保证按时完成任务！"当时任务规定：用五年左右的时间，花 2 亿元左右的经费，研制一台每秒运算一亿次的巨型计算机。

慈云桂在北京领受任务时，张爱萍向他传达了会议精神，并严肃地指出："小平同志把巨型机研制任务交给你了，我向小平同志立了军令状，你也要向国防科委立军令状。"慈云桂面向张爱萍掷地有声地说道："每秒一亿次一次不少，五年时间一天不拖，预算经费一分不超。"张爱萍将研制任务郑重地交给了长沙工学院。

鼓荡激情扬征棹，一路轻舟乘东风。1978 年 3 月 18 日至 31 日，中共中央、国务院在北京隆重召开全国科学大会，吹响了向科学技术大进军的号角。会上，长沙工学院计算机研究所荣获全国科技工作先进集体，8 项科研成果获得全国科学大会奖。大会讨论时，邓小平重点谈到了计算机技术发展问题，高瞻远瞩地指出："中国要搞四个现代化，不能没有巨型机！"

1978 年 5 月，国防科委在北京召开巨型计算机方案论证和协作会议，与会单位 68 个，国内专家学者 140 人参加了会议。方案通过了专家评审，开始立项、研究，代号为"785 工程"。

我国亿次巨型计算机的研制正式展开，主管部门是国防科委，目标是军民两用，为国家发展服务。国防科委由张震寰副主任直接抓，成立了由国防科委李庄秘书长、综合计划部李勇局长等 4 人组成的办公室。

张震寰，毕业于北京大学，参加过"一二·九"运动，1938 年加入中国共产党，曾任新四军四师九旅政治部主任，1961 年被授予少将军衔。既受过高等教育又长期征战沙场的张震寰，养成了当机立断、勇于担当的军人作风。他在多个场合上说，只要是巨型计算机的事，任何人都可以打电话直接找他，需要急办的事，深更半夜也可以把他从床上叫起来听电话。

1978 年 6 月 6 日，国务院、中央军委下达《关于成立中国人民解放军国防科学技术大学的通知》，将长沙工学院改建为国防科学技术大学，列入解放军序列。巨型计算机是国防科学技术大学成立后承担的第一项国家重点任务，学校党委对此高度重视，召开的第一次党委会就研究了巨型计算机任务，为加强对这项国家重点工程的组织领导和具体实施，成立了由副校长张文峰、副政委董启强、副校长慈云桂组成的领导小组，领导小组下设办公室，苏克任主任。计算机系兼研究所设立以王世荣为主任的专项办公室，组成了完整的指挥系统，从上到下实施领导。国防科学技术大学校长张衍非常关心，在巨型机研制过程中经常过问研制情况，听取汇报，帮助解决问题。

国防科学技术大学成立后，长沙工学院计算机研究所改为国防科学技术大学计算机系兼研究所，编号为六系。六系调整了原有的科研任务，对组织编制进行重组，由按任务分室改为按专业分室，成立了巨型计算机研制总体组，慈云桂任组长，成员包括胡守仁、周堤基、王振青、陈火旺和孟庆余等，下设王振青任组长的硬件总体组和陈火旺任组长的软件总体组。计算机系兼研究所副主任胡守仁，仍像研制 151 计算机时那样，密切配合慈云桂的工作，抓好各项具体工作的落实。

十一届三中全会以后，我国打开了封闭的国门。一时间，学外语热、出国热风靡全国。年仅 40 岁的周兴铭同许多有识之士一样，盼望出国深造、吸取更多更新的知识报效祖国。然而，研制亿次巨型计算机的战斗打响了，又是一个百倍的跳跃。

周兴铭知道，研制亿次计算机是邓小平的决断。全党的工作重心转移后，国家的经济建设会很快掀起一个高潮。先进的科学技术是国民经济腾飞的翅膀，经济建设需要有巨型计算机，四个现代化需要有巨型计算机。先进的技术，先进的设备，外国对我们是封锁的。即使卖给我们一台，也要附加许多苛刻条件。我国某个部门租用外国一台中档计算机，却要由外国人控制使用。机器安装在中国的土地上，中国人却不能进入主控室。这等于把自己的秘密拱手相送，还不只是白送，5 年的租金竟达 3000 万美元，而这样的机器在他们国内每台只值 500 万美元。周兴铭也很清楚，计算机研制队伍在国内还为数很少。“哈军工”从 20 世纪 50 年代研制 901 电子管计算机算起，已有 20 多年的历史，积累了一定的经验。爱祖国、爱人民、爱军队，不是口号，而是要有具体的行动。

是走出国门继续深造，还是留下来参加这一重大工程？周兴铭面临抉择。周兴铭在151计算机研制中的出色表现，给慈云桂留下了深刻的印象。慈云桂毫不犹豫地点了周兴铭的将，周兴铭毅然决定留下来。他把出国深造的愿望埋在心底，深深扎根在祖国的土壤里，在慈云桂的带领下开始了新的征程。他这时倒感激起被隔离的日子来了。周兴铭说："从小学到大学，我一直都很顺利。那8个月磨炼了我的意志，教会了我如何在逆境中生活，如何迎着困难上。研制亿次计算机虽然有困难，但我相信能拿下来！"

拿下亿次机不是儿戏，百万次机的险途历历在目，亿次机的征程将更是荆棘遍地，他们有太多的"空白"要填，太多的"坎"要过。但是，有慈云桂的带领，有一支特别能战斗的队伍，全体科研人员一个个热血沸腾，铁了心要拿下亿次机。他们以团结协作的精神、勇攀高峰的壮志，大胆迈步前行。

慈云桂把周兴铭放在关键岗位上，周兴铭、张德芳任逻辑网络与三控室副主任。由于没有主任，周兴铭以副主任身份主持工作，后来任主任，负责研制运算控制器、指令控制器、存储控制器和输入/输出通道。三控是巨型计算机的核心——主机（不含主存），主频设计指标20兆赫。

巨型计算机的高性能来自高主频和并行性，巨型计算机的"巨"是性能和实体内容概念，不是外形尺寸概念。从百万次级大型机跳到亿次巨型机，是技术上又一次飞跃。当时我国集成电路技术水平低，能得到的元器件性能有限，国外对我国禁运规模大、速度快的高性能集成电路，给计算机的研制增加了难度。为确保亿次计算机各项指标的全面实现，必须充分开发系统结构上的并行性来提高全系统性能。

慈云桂带领大家，一开始就瞄准当时国外最先进的第二代向量机作为研制起点。研制的基本指导思想是：瞄准国外最先进技术，引进国内一时无力生产而国外又能买到的元器件和设备，用自己的智慧和技术，设计、制作出国外对我国禁运的高技术产品——亿次巨型计算机。周兴铭认为，“银河”亿次机的研制既要坚持自力更生，又要充分利用改革开放的条件，采用“拿来主义”。

早在1977年进行总体方案设计与论证时，他们紧盯的是美国1972—1973年研制成功的两台著名巨型计算机——STAR-100和ASC。1978年，电子工业部标准化研究所的刘德贵从国外的学术刊物上发现了介绍美国Cray-Ⅰ巨型计算机的一篇文章，找到了几张Cray-Ⅰ的广告宣传纸。刘德贵是慈云桂在“哈军工”时期的学生，他便将所有的资料交给了慈云桂。在慈云桂领导下的总体方案设计论证组，经过科学地分析判断，发现Cray-Ⅰ的设计思想、实现手段非常独特，代表着当时国际领先水平。他们立即决定舍弃耗费数月完成的“双机”方案，把瞄准点转为Cray-Ⅰ的设计思想。在没有任何Cray-Ⅰ设计资料和图纸的情况下，总体方案设计组提出了两大突破Cray-Ⅰ总体结构的方案，以解决在元器件水平受限条件下做成亿次机的难题。一个方案是双向量（及浮点）阵列部件，另一个方案是共享主存的双处理机系统。考虑到当时开发并行软件的技术难度过大，慈云桂最后决定采用双向量阵列的方案。

高主频要求缩小全系统的体积，缩短电路互连线的长度，减少线上的信号传输延时。采用双向量阵列结构、全流水线功能部件和复合流水线技术，能够极大地缩短运算起步时间。所谓阵列并行计算，指的是中央处理器能够同时控制多组数据进行同一种运算操作，用重复的设备空间换取宝贵的计算时间，旨在大幅度提高运算处理速度。

周兴铭、张德芳带领逻辑网络与三控室的研制人员，很快完成了主机的方案设计。经过几个月的日夜攻关，举一反三，消化吸收创新，一个原创性很强的总体技术方案，终于赶在论证会召开前完成了。

1978 年 11 月，国防科委在北京召开巨型计算机方案审定会，批准采用全流水线双向量阵列部件结构、素数模多模块双总线存储系统的总体方案。总体方案使我国巨型计算机研制从一开始便实现了与国际主流机型的兼容。

首次采用向量技术，其系统更加庞大、复杂，技术难度更高。全体科研人员精心设计、精心研制，从元器件的选取、体系结构的确立、部件的设计、工艺的实施，到软件的开发，都经过充分的科学论证与反复实验，作出了一系列符合中国国情的决断。周兴铭回忆说，在系统设计中，采用 Cray－I机底板走线最短、有利于信号高速传输的圆柱形结构的外形，即“C 连接”。但是，在体系结构、逻辑构造元器件、工艺组装、冷却技术、软件等方面均不同于 Cray－I机，都是自主设计的创新产品。

1979 年 4 月 6 日，国防科学技术大学召开“785 工程”模型机战前动员大会，以这次会议为起点，科研人员立即投入到紧张的模拟计算、实验测试和理论分析，开始了模型机研制。这项工作由计算机系兼研究所副主任王振青负责。

在周兴铭看来，以前做的百万次机，主频设计 4 兆赫，调试了几年，结果工作时只有 3.3 兆赫，现在一下子提高到 20 兆赫，要求高，难度很大。解决的办法只有一条，就是要从一开始设计时就下过细的死功夫。周兴铭带领运控组，为主机设计了 12 条向量化流水线和向量寄存器（前援、后援），采用双向量阵列技术，确保了主机每秒亿次运算的指标。

除法是基础运算之一，但在计算机中比加、减、乘法的实现更难、代价更大。周兴铭带领科研人员，翻阅大量文献，进行理论分析、比较和积极探索。在以往处理除法问题技术积累的基础上，年轻人张民选提出了新的浮点倒数迭代近似算法。周兴铭及时组织大家对此进行深入的研究讨论，设计出加法流水线和乘法流水线，解决了指令相关问题，提高了并行度，实现了功能部件全流水化和复合流水线技术。

张德芳带领指令控制组，运用“登记与插队”技术，采用双向量阵列流水结构，变“一路纵队”为“多路纵队”，使运算速度提高了一倍，解决了指令链接问题。

双向量阵列访问是巨型计算机总体方案设计中的一大难关，困扰了研究人员不少时日。后来，慈云桂受 BSP 计算机启发，创造性地提出了素数模存储体交叉访问的构想。杨晓东和大家一样，最初对素数模的妙处理解并不是很深，通过与慈云桂、陈福接、王兵山、吴泉源等多人讨论，互相启发，搞清了它的原理，并导出了素数模等效模数公式，找到了素数模地址变换的快速简易算法，设计了地址变换硬件实现逻辑，实现了模 31 和模 17 的无冲突访问存储系统，圆满解决了这一难题。慈云桂指示杨晓东据此撰写了两篇论文，发表在《中国科学》上，还在国际并行处理会议上做了大会报告，受到国外学术界的高度关注。

1980 年初，巨型计算机完成了全部逻辑设计，开始工程化设计，根据电路室的实验和模型机试验结果，对原来电路室（组）彭心炯提交的设计规范和传输规则逐条进行改进。主机线路有 100 多万条，他们一一进行核对、计算，反复修改，直到完全符合要求为止。总设计师慈云桂每天精神抖擞，从早到晚守在研制现场，组织攻关。

周兴铭、张德芳、杨晓东设计了巨型计算机的“大脑”和“心脏”部分——运算控制器、指令控制器和存储控制器以及通道。

作为逻辑网络与三控室的负责人，周兴铭的压力与动力并存，为了攻克关键技术问题，他苦思冥想，彻夜难眠。1980 年 5 月，经过 15 个月没日没夜的攻关，终于完成了设计任务。

高稳定、高可靠是保证计算机高可用性的基础。不稳定、不可靠是过去国产计算机不受欢迎的重要原因。亿次机主频设计高达 20 兆赫，要稳定可靠地工作，每个环节的设计都必须严密准确。所有科研人员每一步都如履薄冰、如临深渊。

巨型机研制是个复杂的系统工程，也是一场名副其实的攻坚战。研制工作一开始，面临最大的困难是缺乏技术人才，计算机研究所除保证重点任务有必要的人员留守外，集中主要力量投入巨型机研制工程。在国防科学技术大学党委和校领导的支持下，又从学校相关单位抽调数十名教员加入进来，然而队伍缺口还是很大。张震寰根据慈云桂的要求和提供的线索，想方设法从大三线有关单位和地方大学调兵遣将。从七机部 706 研究所选调 21 名技术人员，从二机部九院 12 所、七机部 068 基地、天津电子仪器厂调来 100 多名技术人员参战，他们在巨型机研制中发挥了很大的作用。研制人员需要一些助手，于是又从部队调来 50 名具有高中文化程度的战士，经考试、培训后分配到各研究室做设计辅助人员，其中有许多人真正爱上了计算机，成为岗位能手。

巨型机要生产大面积多层印制板，高密度组装，使用新的绕接工艺等，难度极大，国内相关工厂无力承担这一艰巨任务。慈云桂决定在学校计算机工厂自己组织生产，对工厂领导班子和工人进行了调整充实。姚庆模由工厂政委改任厂长，冯晋才被任命为工厂政委，黄启良负责计算机研究所与工厂之间的联系协调。从七机部 068 基地调来赵德耀、付敖等技术人员，充实到计算机工厂解决生产工艺问题。人工智能与自动化研究室负责研制产品测试设备，在学校招收了 100 名子弟，经严格培训后做焊装工人。

李思昆带领人工智能与自动化研究室科研人员，日夜加班，在 7 个月内按时间节点成功研制印制板自动照相设备，一年内成功研制印制板自动钻孔设备和自动测试设备，保证了巨型计算机样机多层印制板按期生产。

在生产组装模型机过程中，科研人员夜以继日地工作。平时也好，考机也好，半个多月睡在机房是常事，有的工人几个月不回家，有的人三次推迟婚期，大家心里只有一个目标，就是保证高质量地完成这项光荣的任务。

周兴铭不是那种能将围绕在身边的一圈人逗得哈哈大笑的人，但在攻关艰难之时，他特有的严谨能让他和他的团队始终沉着坚毅。他们将主机上几十万条信号链路一条一条地计算卡关，凡不行的或余量不足的就改方案，有的设计推倒重来达 4 次，直到满意为止。功夫不负有心人，亿次机主机系统 20 兆赫工作稳定可靠，一次调试成功，可工作拉偏高达 24 兆赫。这个指标属国内第一，一直到 1992 年底“银河－Ⅱ”诞生时才被打破。

在研制亿次机的日日夜夜里，大家并肩战斗，结下了深厚友谊。当时技术骨干月工资只有七八十元，几乎每天晚上都要加班，最好的待遇就是每晚 12 点之后能吃到食堂里的免费水饺。

彭心炯带领电路组科研人员，在完成 MECL10K 电路性能实验和电路系统稳定性与可靠性设计任务的同时，利用废旧器材自制设备，对大量组件进行老化测试筛选，为确保巨型计算机高可靠性发挥了重要作用。

耿惠民带领电源室科研人员，完成了主机电源系统的研制，采用了交流稳压、整流直接供电的低压大电流供电技术。

史庆余带领结构工艺室科研人员，完成了主机机架结构设计，研制了平行短风路均匀送风的风冷散热，解决了高密度组装散热问题。

从1979年8月至1983年6月，陈火旺带领孟庆余、陈立杰、吴泉源、吴明霞等100多人组成的软件开发队伍，长期超负荷工作，成功开发出200万行巨型计算机系统软件。陈立杰、孟庆余还领导开发了外围机系统软件，设计了主机通信接口软件，解决了磁带数据快速输入的难题。

管理人员对管控质量也做到一丝不苟，当时有一条铁的法则，就是从难从严，坚持质量第一。为确保质量，成立了技术总体组、质量控制组和产品检验组，建立了严格的岗位责任制，实行全过程质量跟踪控制。一个人设计，三个人审查，生产工艺自检互查，层层把关。全机底板2万多条绕接线，几万个绕接点，都检查了8遍以上。全机800多块多层印制板，每块板上平均有5000个金属化孔，全部进行了孔壁检查、孔导通测试和绝缘测试。全机600多块插件板，每块板上有三四千个焊点，经检查创造了200多万个焊点无一虚焊的奇迹。

巨型计算机主机是由7个楔形机柜构成的圆柱体，每个机柜可安装7块底板，每块底板可插入14块插件，整个机柜共插入861块插件。圆柱体中心内环即机柜后面是底板，用三扭线绕接将各插件进行逻辑连接，4万多根细如棉纱的电线相互缠绕，令人眼花缭乱，一旦有错将导致整个印制板报废。“庞大的机身上布满了近10厘米厚的电信号线，在绕接底板线时，我们就像雕刻工和绣花匠一样，在一块已经被密密麻麻地布满互连线的机身上准确地‘抠’一个洞，位置要不偏不倚，瞄准绕线引出头。”研制亿次巨型计算机的过程在周兴铭的眼里已非常艺术化。

庞大复杂、高密度组装的亿次机主机系统，调试维修是大难题。如何建立一套高速、高效的调机手段和故障检测与定位手段，是主机系统设计的关键技术之一。用以往的借助示波器、电压表，一小部分一小部分地累进式加电看波形、量电压的调机方法，来调亿次机主机这样的复杂系统，几乎是不可能的。周兴铭又带领科研人员，深入分析以往调机、维护机器中令人头痛的问题，提出了一套完整的高效调机、维护手段。

1981 年 7 月，他们用自己设计的调试手段对主机进行调机，进展飞快，仅用 48 天时间，解决了近 200 个问题，高质量地完成了主机硬件系统调试，这无疑是破天荒的纪录。这样快的调试速度是过去从来没有的，也是未预料到的，这是中国科技人员智慧的结晶。1981 年，亿次巨型计算机主机第一次考机 121 小时；1982 年，全系统第二次考机 77. 15 小时：都是一次性通过，人工关机。

1983 年 1 月，亿次计算机研制现场传来喜讯：主机硬件调试完毕，标志着巨型计算机主体工程已经完工。中央军委副秘书长、国务委员兼国防部长张爱萍闻讯大喜，挥毫为这台来之不易的机器命名为“银河”。11 月，又赋诗庆贺：“亿万星辰汇银河，世人难知有几多。神机妙算巧安排，笑向繁星任高歌。”

1983 年 5 月 13 日，“银河”巨型计算机国家技术鉴定组在长沙成立，并制定了“银河”巨型计算机国家技术鉴定大纲。国家技术鉴定组由研制、使用、生产部门的 29 个单位共 95 名专家组成，分为 7 个小组：全系统正确性鉴定组，单道操作系统控制下全系统可靠性与稳定性鉴定和测试组，多道操作系统控制下全系统可靠性与稳定性鉴定和测试组，硬件系统技术鉴定与测试组，系统软件技术鉴定与测试组，主机诊断程序技术鉴定组，数学子程序技术鉴定组。7 个鉴定小组分别对“银河”巨型计算机的性能，进行全面、细致、严格的考核。

1983年6月，“银河”巨型计算机系统软件调试完毕，7月1日起为用户进行正式试算，进入考核鉴定阶段。有关用户单位从全国各地赶到国防科学技术大学，一睹中国首台亿次计算机的风采。一时间，计算机系兼研究所门前车水马龙，国防科学技术大学招待所人满为患。

9月9日，国防科学技术大学向国务院电子计算机与大规模集成电路领导小组，上报关于申请“银河”巨型计算机系统国家鉴定的报告。9月30日，国防科学技术大学党委向全校下达关于迎接“银河”巨型计算机国家鉴定的动员令。

“银河”巨型计算机硬件系统经过一年多的运行，软件经过调试、试算，已经通过全系统正确性鉴定组与数学子程序技术鉴定组两个小组考核，达到国家技术鉴定大纲的要求。

10月12日上午8时，“银河”巨型计算机正式开始接受国家技术鉴定。这次鉴定，既是对“银河”巨型计算机系统全面的严格的考核，也是对全校人员的思想、作风和工作的大检查。

11月18日，国务院电子计算机和大规模集成电路领导小组批复，同意国防科学技术大学申请“银河”巨型计算机系统国家鉴定的报告，同时批准成立“‘银河’计算机国家鉴定委员会”。按照规定，允许计算机主机24小时出一次故障，但由于“银河”巨型计算机设计准确，余量充分，加上试制严把质量关，连续考机12天，主机运转289个小时无一故障。平均无故障时间长达441小时。

12月4—6日，“银河”计算机国家鉴定委员会在长沙举行会议，中共中央政治局委员、国务委员、国务院电子计算机与大规模集成电路领导小组副组长方毅，中央顾问委员会常委何长工、王首道等党和国家领导人，“两弹元勋”邓稼先，著名计算机专家阎沛霖、高庆狮等 32 名国家鉴定委员会委员以及湖南省领导参加了鉴定大会。

会议期间，国防科学技术大学校长张衍代表研制单位总结了“银河”巨型计算机的研制过程，副校长慈云桂向大会做了《“银河”亿次机研制报告》，航空航天部一院计算站站长高只明代表技术鉴定组宣读《“银河”计算机国家技术鉴定报告》，“银河”巨型计算机全系统正确性鉴定组等 7 个技术鉴定小组也做了技术报告，宣读了鉴定结果。委员们还检查了“银河”计算机系统，审阅了各项文件和有关的技术资料。国家鉴定委员会经过认真讨论，认为技术鉴定组的工作是严肃认真、实事求是的，技术鉴定报告中对“银河”巨型计算机的鉴定是符合实际情况的，鉴定委员会决定批准《“银河”计算机国家技术鉴定报告》。

国务院电子计算机与大规模集成电路领导小组成员李兆吉，代表国家鉴定委员会宣读《“银河”计算机国家鉴定书》。鉴定认为：“银河”计算机是我国自行研制的第一台亿次电子计算机系统。系统稳定可靠，软件较齐全，其主要技术指标均达到和超过了鉴定大纲的要求，具有国内先进水平，某些方面达到了国际先进水平。它的研制成功，填补了国内巨型计算机的空白，标志着我国进入了世界研制巨型计算机的行列。

“银河”亿次巨型计算机诞生了！在鉴定会上，作为主要设计者之一，周兴铭默默地思索和回味着过往的日日夜夜，往日的酸甜苦辣一齐涌上心头，研制“银河”巨型计算机的六个阶段不断在他眼前闪现：1978 年 5 月至 12 月的总体方案论证阶段，1978 年 10 月至 1980 年 3 月的工程设计和模型机研制阶段，1980 年 5 月至 1981 年 7 月的主机生产阶段，1981 年 3 月至 1983 年 1 月的硬件系统调试阶段，1979 年 8 月至 1983 年 6 月的软件工程研究和联调阶

“银河－Ⅰ”巨型计算机

段，1983年7月至12月的试算和国家技术考核鉴定阶段。这看似平常的每一步推进，背后却需要他们付出大量的心血。

周兴铭兴奋得热泪盈眶，想起了深深印在脑海里的毛泽东的一句话：我们有自立于世界民族之林的能力！“银河”巨型计算机设计、研制成功，是我国计算机史上的重大突破，研制过程中诸多经验表明，中国人是勤劳、勇敢、求实的，中国人是能够有所作为的，是可以赶超世界先进水平的。

为庆贺“银河”巨型计算机的研制成功，中央军委副主席聂荣臻和中央军委常务副主席杨尚昆以及国防科工委等单位发来了贺信，中央军委副秘书长、国防部长张爱萍发来了贺词。

1983年12月22日，《人民日报》《解放军报》《光明日报》同时向全世界宣告：中国第一台每秒运算一亿次以上的“银河”巨型计算机，由国防科学技术大学计算机系兼研究所在长沙研制成功。继美、日等国之后，中国成功跻身世界少数掌握巨型计算机技术的国家，标志着我国计算机发展到了一个新的阶段。

消息一出，举国欢腾，立即成为新闻热点。当时中国正处于改革开放之初、百废待兴之际，“银河”巨型计算机的诞生可谓恰逢其时，是党的改革开放方针的产物，是全国大协作的结果。对于坚定改革开放路线具有重要现实意义，给充满希望的中国注入了一支强心剂，对于中国走向世界，创新发展，具有重要的示范引领作用。

立功受奖是对全体科研人员艰苦奋斗的认可和肯定。1984 年 2 月 13 日，国务院科技领导小组签发《关于“银河”亿次计算机研制成功的嘉奖令》，通令嘉奖国防科学技术大学及各协作单位参加研制“银河”巨型计算机的全体科技工作者、工人、解放军指战员和干部。

1984 年 4 月 3 日，周兴铭荣立二等功。嘉奖通令指出：“周兴铭参加了‘银河’计算机的调研、方案论证，方案设计、逻辑设计、工程化设计，主机调试和系统联调的全过程。在总体方案论证中提出了有价值的见解，对主机中央处理机的研制，做了大量领导和把关工作，对保证主机的设计质量起了保证作用。组织并参加了逻辑审查、接口审查、传输延时设计规范的制定和调试文件制定，调机等各个环节的具体实施，解决了许多技术问题。是诊断硬件设施的主要制定人，也是用微型机和程序进行主机正确性调试技术方案的主要提出者。由于设计过程中各环节工作细微踏实及调机手段先进，只用两个多月便完成了主机正确性的调试。写出高水平论文，成功地应用于‘银河’计算机浮点倒数部件。”

1984 年 6 月 7 日，中央军委主席邓小平签署命令，给国防科学技术大学计算机系兼研究所记集体一等功，称赞他们“是国防科研战线上一支勇于进取、能打硬仗的先进集体”。6月28日，经中央军委批准，授予“银河”巨型计算机国防科技成果特等奖，颁发奖状和10万元奖金。这是对“银河”计算机研制者们作出贡献的表彰。16名主要完成者慈云桂、胡守仁、王振青、陈火旺、周兴铭、张德芳、陈福接、孟庆余、陈立杰、吴泉源、杨晓东、周堤基、彭心炯、吴明霞、黄克勋、苏克获得一等奖，每人奖励400元；74人获二等奖，每人奖励300元；100人获三等奖，每人奖励100元；还有不少人获得50元的奖励。

为研制“银河”巨型计算机作出突出贡献的慈云桂、胡守仁、王振青、陈火旺、陈福接、周兴铭、张德芳、孟庆余荣立二等功，苏克、陈立杰、周堤基、吴泉源、吴明霞、杨晓东、彭心炯、黄克勋、蹇贤福等91人荣立三等功。周兴铭与王振青、张德芳、彭心炯、孟庆余、吴泉源、齐治昌、李思昆等人提前晋升两级技术等级。

1985年1月17日，国防科学技术大学隆重召开“银河”巨型计算机研制成功总结表彰大会。

“银河”巨型计算机的研制过程中，经费由国家预算充分保证，但任务组从上到下都精打细算，必须花的坚决花，不该花的一分钱也不花。1984年6月13日，国防科学技术大学上报国防科工委《关于“银河”计算机研制经费情况的报告》，到1983年底国家鉴定验收时，实际开支研制经费（包括外汇折合人民币在内）总共35 264 684.49元。

周兴铭回忆说：“起初国家为这项任务安排2亿元人民币，慈云桂带领我们精打细算，只花了3000多万元，还包括建科研楼、‘银河’计算机房的费用，而且整个系统的研制费用大大低于预先的估计，不到预计的五分之一，为国家节省了大量开支。”

“银河”巨型机研制过程中，七机部 068 基地、701 所、一院和二院计算站，二机部九院 9 所、12 所，石油部物探局，复旦大学，武汉大学，湖南大学，湖南师范大学，湘潭大学等 30 多个单位，在各方面都给予了大力支援。从七机部 706 所调来的 20 多名科技人员，与全体科研人员一样，顽强拼搏，努力工作，作出了重大贡献。国防科学技术大学全校上下给予计算机系兼研究所以大力支持和帮助。没有各方面的关怀与支持，要想在这么短的时间内研制成功“银河”巨型计算机是根本不可能的。

1984 年 10 月 1 日，“银河”巨型机模型在天安门广场参加国庆 35 周年游行，接受党和国家领导人的检阅，鼓舞了全国人民，震动了国外计算机界。圆筒状的“银河”巨型机模型通过天安门广场时，引起了美国的震惊，认为圆筒状是抄袭美国的。实际上我国研制人员没有美方任何图纸，只是根据广告宣传，学习了圆形连线短的设计思想，关键技术完全是自主创新，是美国所没有的。

“银河”巨型机研制成功后，世界上曾掀起一股“银河”旋风。一时间，西方发达国家的计算机制造商纷纷将其产品降价，意在冲击中国的计算机市场，这就叫“冲”。在此之前，他们运用种种手段对我国进行计算机技术封锁和原材料禁运，这就叫“卡”。

“银河”巨型机一共生产 3 台：1 台留在长沙国防科学技术大学计算机系兼研究所，起到了“母机”的作用，为后来研制“银河 - Ⅱ”缩短了周期，也为我国国防建设、军事应用、国民经济建设创造了难以估量的效益；1 台在河北涿县（今涿州市）石油部物探局研究院，作为“银河地震数据处理系统”的主机，为我国石油、地震数据处理精加工，油藏模型建立、分析做了大量工作；1 台在四川绵阳作为西南计算中心亿次巨型计算机，为我国核物理科学研究以及西南、西北地区航空、航天技术的研究课题计算，作出了巨大贡献。

“银河－Ⅱ”10亿次巨型计算机研制成功后，第一代“银河”巨型计算机就通称为“银河－Ⅰ”。

周兴铭在慈云桂的带领下，不仅钻研理论，而且理论联系实际、解决工程技术问题，得到了进一步锻炼。“银河”巨型机的研制成功，其意义不仅是研制出一台巨型计算机器，扩大了国防科学技术大学的声誉，更重要的是走出了一条适合我国国情的研制道路，取得了一整套经验，扩大了社会影响。面对各种接踵而来的科研任务，他们没有躺在已有的荣誉上止步不前，而是夜以继日、再攀新高、再立新功！

3. 负责“银河－仿Ⅰ”计算机研制

早在20世纪60年代，仿真技术已开始运用于导弹系统设计，但那时的仿真计算机不是“0，1”为代码的数字仿真计算机，而是模拟仿真计算机。20世纪70年代中后期，数字技术迅猛发展。美国ADI公司于1978年率先运用亿次计算机数字技术推出了具有高级仿真语言的AD－10仿真计算机。随后，西方各国数字仿真计算机便如雨后春笋般竞相而生，广泛应用于军事和国民经济建设领域，在汽车制造、石油化工、能源、航天及武器装备研制中，发挥了巨大作用。

当时，我国一系列大型科技工程任务，正亟待向深度发展，迫切需要计算机仿真技术助推与支撑。肩负着沉重的工程型号任务的国家航天部，非常渴望从国外引进一台 AD－10。但是，多年前引进大型模拟仿真计算机的经历使他们很快就放弃了这一想法。谈判时，对方不仅开出高价，还不愿意拿出最先进的机型，好不容易签了合同，对方却拖着不交货。实在拖不下去了，又提出一个让人难以接受的条件：机器不能安装在北京，只能在1000多公里外的哈尔滨工业大学落户。这无异于赤裸裸地告诉你："就是要让你用不成机器。"

残酷的现实一再告诉中国人，高科技不能靠别人，只能靠自己。研制一台具有自主知识产权的全数字仿真计算机，实现与国外仿真计算机相当的功能，成了中国人梦寐以求的事情。

1981年底，国防科委副主任张震寰和秘书长李庄在长沙组织召开会议，住在蓉园四号楼，国防科学技术大学计算机系副主任胡守仁陪同。一天晚上，李庄找到胡守仁说：我国航天、航空等部门型号任务的理论研究、方案论证、部件或系统测试等，都需要进行仿真计算或半实物仿真。当时是利用模拟计算机做这些工作，虽然速度很快，但精度比较低，而且受环境的影响比较大，温度偏高或者偏低，计算出的结果都不一样，迫切需要一台数字仿真计算机。但是，仿真计算机是国外严格禁运的产品，引不进来，已经严重影响和制约了我国的航天、航空事业发展。

李庄期待地望着胡守仁说："这个任务很重要，你们是不是研究一下，把这副担子挑起来。"当时，"银河－Ⅰ"硬件的研制已差不多完成，整机系统的攻关正处在节骨眼上，任务还很重，大家正加班加点搞突击。而且，对于仿真技术，他们还是彻头彻尾的门外汉，不知道数字仿真计算机是什么样子。胡守仁不由得愣了一下。李庄又接着提出："你们搞了几年巨型计算机，有了厚实的技术积累，把数字仿真计算机任务交给你们，成功的把握性大，我们也比较放心。"同时告诉胡守仁，过一段时间还要召开数字仿真计算机方案论证会，通过讨论、比较，最终确定研制单位。

"银河人"从来就是把使命和重任扛在肩上，把困难踩在脚下。胡守仁想到如果能将这类计算机研制出来，将显著改善航天、航空等部门的科研与生产条件，提高我军武器装备的水平，于是当即表态，同意接受任务。

胡守仁找来技术骨干崔承贵、刘凤岐等人，传达了李庄的指示精神，与大家一起研究如何迎接挑战。1982 年 1 月，胡守仁带领考察小组前往北京、上海，深入了解用户需求，广泛收集仿真技术资料。在此基础上，大家通过学习有关技术资料，深入分析用户需求，经过充分讨论与研究，设计了单处理机、集中控制的全数字仿真计算机研制方案。

1982 年 5 月 10 日，国防科学技术委员会、国务院国防工业办公室、中央军委科学技术装备委员会，合并成立中华人民共和国国防科学技术工业委员会，简称"国防科工委"。国防科工委属军队序列，同时也是国务院的一个组成部委。1982 年 6 月，国防科工委不失时机地在北京召开第一次"数字仿真计算机方案论证会"，有关领导、用户代表、技术专家和设计单位人员等参加。会上，武汉大学和国防科学技术大学分别报告了各自的设计方案，经过充分讨论和比较，会议认为两个数字仿真计算机设计方案各有特色，但国防科学技术大学的方案有创新，能够满足我国当前和今后一段时期的需求，决定把研制任务交由国防科学技术大学计算机系来完成，同时希望进一步研究用户需求，改进与完善已有方案，提出切实可行的总体设计。

研制任务确定后，胡守仁回到长沙就组织力量研究仿真技术的特点，考虑到用户的意见，认为有必要搞两个总体方案：一个是改进集中控制的单处理机方案；另一个是参考 AD－10 的设计思想，结合我国的具体情况与研制经验，再设计一个分布控制的多处理机方案。1982 年 12 月，国防科工委在北京召开仿真计算机方案审定会，最终确定采用分布控制的多处理机方案。数字仿真计算机系统，由仿真专用机和仿真主控计算机两台机器组成，用户通过主控计算机来使用仿真计算机。

1983 年，国防科工委正式下达了“银河”数字仿真计算机（代号 YH－F1）的研制任务，胡守仁担任该项目的总负责人。数字仿真计算机进入全面研制阶段。考虑到数字仿真计算机由硬件和软件两部分组成，还涉及仿真应用问题，研制人员又向国防科学技术大学自动控制系的有关同志介绍了情况，希望共同完成研制任务，并一起讨论和研究仿真计算机的总体设计。最后，双方讨论后决定，由计算机系主攻硬件系统，自动控制系负责软件研制。1983 年 5 月，YH－F1 计算机研制工程被国务院列为“六五”期间重点科技攻关项目。

在 YH－F1 总体设计研制任务正式启动之时，“银河－Ⅰ”已调试完毕，正在制定严格的测试与考核大纲，准备接受来自国内计算机专家们的检查与考试，周兴铭可以抽出部分时间从事其他的研制工作。为了加强数字仿真计算机研制力量，周兴铭被抽调参加仿真计算机总体设计，并被任命为仿真计算机任务组组长。

在“银河－Ⅰ”巨型计算机研制还没有全部完成，长期高负荷工作还没有缓过劲儿来的情况下，周兴铭又开始了新的征程，真可谓马不停蹄。胡守仁、周兴铭带领科研人员开展仿真专用机研制，金士尧及 718 任务组成员负责研制仿真主控计算机。

如何尽快赶上世界先进水平，是周兴铭一直在思考的问题。周兴铭提出，要借鉴国际最先进的主流机型设计思想，进行全方位再创新。他组织和带领技术人员，研究分析国际上的先进机型，探求它们超强仿真能力的奥秘，以便供自主研制时参考和借鉴。

同时，他们也发现了项目攻关中面临的主要挑战：要求机器功能与世界数字仿真主流机型完全兼容。这很难，况且没有参照系，尽管国家有关部门大费周折，还是没有买到国外相关机器。

在通往成功的道路上，荆棘遍地，洒满了科研人员艰苦奋斗的心血和汗水。胡守仁、周兴铭等科研人员，从国际文献中大海捞针般地搜集有关资料，深入分析论证，大胆创新，终于提出了不逊于当时世界一流仿真计算机型的总体研制方案。该方案采用异构同步多处理机，基本字长 16 位，数据存储容量 1 兆，峰速达每秒一亿七千万次（定点、准浮点），强有力的高精高速输入/输出通道（模/数、数/模、数/数），可连接复杂的控制系统（实物），高速高能力，可做大型实时仿真。方案能够达到的技术性能，远远高于用户单位的要求。

1984 年 4 月，在计算机技术研制前沿征战 20 多年的胡守仁，退出了计算机系兼研究所副主任的领导岗位，他找到系主任陈福接，谈了自己的想法，主动提出不再担任项目总负责人，推荐由周兴铭具体负责，主抓这项工作。周兴铭 40 多岁，年富力强，经验丰富，是这项工程任务的不二人选。于是，周兴铭接任胡守仁成为 YH－F1 的总负责人。胡守仁回忆说：“当时的考虑主要有两点，一个是周兴铭工作很努力，也很能干，特别是比较细致；第二个是周兴铭参与了‘银河－Ⅰ’的研制，硬件调试已经完成，很多工艺技术可以用在仿真计算机上。”

周兴铭发挥聪明才智，充分吸取“银河－Ⅰ”研制经验，带领科研人员借鉴国外先进的技术方案，结合我国的具体情况，先后解决了主控接口方案、接口设计、调试诊断、可靠性等一系列关键技术难题，用智慧和胆略、心血和汗水，再一次创造了奇迹。

YH－F1 的研制过程，大致可分为六个阶段。在硬件方面：1983 年初到 1984 年 6 月，完成硬件系统设计；1983 年到 1984 年 10 月，完成硬件系统工程设计；1984 年到 1985 年 6 月，完成样机生产。在软件方面：1984 年 3 月至 12 月，设计完成工具汇编器和模拟器，并投入试用；1984 年 8 月，完成交互执行程序、通讯子程序库设计；1984 年 12 月，完成诊断调试系统设计和高级仿真语言设计。

1985 年 4 月 15 日，YH－F1 开始硬件系统调试。先后完成了全硬件系统调试、诊断测试系统软件调试、交互执行程序及通讯子程序库调试、高级仿真语言调试，8 月和 9 月进行试用。

YH－F1 能独立运行仿真程序，有 128 路的模/数、数/模通道，专用于连续系统仿真，可以做接实物的半物理实时仿真，也可以做不接实物的数字分析仿真。特别适用于时间要求苛刻的大型动态系统的实时或超实时仿真。

1985 年 9 月，国务院电子振兴领导小组批准对 YH－F1 进行国家鉴定，并由国防科工委负责组织。国防科工委组建了 YH－F1 国家鉴定委员会技术鉴定组，从 9 月 17 日到 10 月 11 日，对 YH－F1 进行了全面的考核和测试。

10 月 13—15 日，国家鉴定委员会在长沙举行会议，会议由国家鉴定委员会主任委员、国防科工委副主任沈荣骏主持，出席会议的委员 38 人，与会代表 208 人。

会议期间，鉴定委员会听取了 YH－F1 研制报告，国家技术鉴定组组长王正中代表技术鉴定组做《“银河”仿真计算机国家技术鉴定报告》，国家技术鉴定组硬件分组、软件分组和应用分组做分组技术鉴定报告。国家鉴定委员会考查了“银河”仿真计算机系统，审阅了图纸资料和有关技术文件，广泛听取了与会专家和代表的意见，决定 YH－F1 通过国家鉴定。

鉴定认为：“银河”仿真计算机是我国自行研制成功的第一台全数字仿真计算机系统，该机系统稳定可靠，技术指标先进，软件配套，与美国 AD－10 机硬件指令级兼容、高级语言文本级兼容，其主要技术指标均达到甚至略超过 AD－10 机，具有 80 年代初先进水平。它的研制成功，填补了我国全数字仿真计算机的空白，是一项重大科技成果。

1986 年 6 月，YH－F1 在北京展出，数十位党、国家和军队领

周兴铭在 YH－F1 前留影（1993 年）

导人前往参观，给予高度评价。美国 AD－10 公司总裁看到报道后，非常惊诧，特地跑到中国探底。对 YH－F1 细致考察一番后，他不得不对机器研制者竖起大拇指："你们的数字仿真技术，OK!"此后，美国故伎重施：撤销对中国的禁运，机器降价 60% 倾销。但是，这一损招不再灵了。原因很简单，YH－F1 价廉物美，质量过硬，性价比高。

YH－F1 研制成功，一举打破了西方发达国家对我国的技术封锁，从此，我国的全数字仿真技术开创了一个新局面。

1986 年 6 月 27 日，鉴于周兴铭在 YH－F1 研制中的突出贡献和发挥了党员先锋模范作用，国防科学技术大学党委表彰他为优秀共产党员。1987 年，YH－F1 获国防科工委科技进步一等奖。主要研制者为周兴铭、崔承贵、宫德荣、黄柯棣等人。

从 1987 年开始，YH－F1 陆续生产 10 台交付部队、国防工业部门、高等院校等单位使用，为 10 多个单位建立先进的仿真系统发挥了重要作用。

1988 年 3 月 24 日，一台 YH－F1 搭乘 208 次列车由长沙运往上海，当列车驶至上海郊区时，突然一声巨响，一次罕见的列车相撞事故发生了。一辆列车的车头跃上了另一辆列车的车头，然后重重地滚下来，可见撞击力多么强烈。坐在后面客卧车厢的国防科学技术大学赴上海交机组 13 名人员，全部被掀翻在地，研制骨干张范被撞成重伤。YH－F1 两个大机柜各重四五百公斤，加上 13 个装插件板的大小木厢，总共将近两吨重，就放在紧靠车头的第二节行李车厢里，当时车厢已冲撞上了另一辆列车的车厢，计算机的受损情况不明。

上海的用户单位领导闻讯赶到事故现场，安置好受伤的科研人员，然后抱着试试看的心理，把车厢里的 YH－F1 运回机房安装起来。当大家小心翼翼合上电闸试机时，竟然一次成功，而且运行非常稳定。突然降临的考验，成了仿真计算机品质过硬的试金石。这也是对周兴铭和研制人员精益求精、刻苦攻关的最好验证。

YH－F1 的研制成功，开辟了我国专用计算机研制技术的新领域，开创了我国仿真技术由模拟仿真跨入数字仿真的新局面，为我国仿真技术的发展奠定了重要的技术手段，在国防事业和国民经济建设中都具有巨大的使用价值。

航天部一院致信国防科学技术大学计算机系表示感谢：在研制“长二捆”火箭过程中，我们运用 YH－F1 进行了 200 多次纯数字仿真，7 次半实物仿真，为该火箭一次发射成功建立了殊勋。仅这一项工程，YH－F1 就为国家节省经费近千万元。国防科工委以“‘银河’仿真计算机在‘长二捆’研制过程中又立新功”为题发了简报，赞誉 YH－F1 是目前军用仿真系统主要设备之一，其性能与美国较先进的专用仿真计算机 AD－10 相同，价钱是 AD－10 的一半，完成了许多原来因没有全数字仿真计算机而无法做的试验。

1988 年秋，国家评选科技进步奖，一等奖指标国防电子口只有一个，而各部委上报的项目却有 12 个。于是，有人劝周兴铭托人情，走走门子，请评委们“关照关照”。周兴铭没有这样做，他不会这样做，也不愿这样做。科学是老老实实的学问，怎么能容许掺假呢？对自己研制的机器，他心里有数。直到收到让他去参加答辩的电报，周兴铭才动身赴京。

科学家们是信奉科学的，答辩用时不多，在过硬的事实面前，评委们无不佩服。投票结果，YH－F1 顺利地获得了国家科技进步一等奖。主要完成人是周兴铭、崔承贵、宫德荣、黄柯棣、周歧鸿、郎德山、戴金海、张俊科、胡守仁、华祖耀、史庆余、方伟荣、胡世平、陈力、高如意。

YH－F1 在应用中的优异性能、可靠质量以及良好效益，使数字仿真尤其是半实物仿真，成为广大工程型号任务缩短研制周期、提高研制质量、节约研制经费不可或缺的重要手段，成功打破了人们对进口机器的迷信。1988 年 8 月 29 日，周兴铭作为第一主要完成者，再次荣立三等功。

各种荣誉和褒奖，是对周兴铭的极大鞭策和鼓舞，激励着他把自己的聪明才智无私地奉献给祖国国防科技事业，在计算机技术发展道路上一丝不苟，精益求精，瞄准世界先进水平，不断继往开来，再立新功。

4. 担任“银河－Ⅱ”计算机总设计师

“银河－Ⅰ”研制成功后，西方国家突然宣布向中国出口每秒亿次级巨型计算机，而且价格十分低廉。过去，他们的高技术产品对中国捂得很紧、漫天要价，现在降价幅度 50% 以上，远远低于“银河－Ⅰ”的造价。其意图就在于抢占中国巨型计算机市场，把刚刚问世的“银河－Ⅰ”扼杀在摇篮里。

令人遗憾的是，在改革开放之初、百废待兴之时和经济困难之际，国内急需巨型计算机的用户单位把价格作为决策的重要因素，纷纷从国外进口，致使“银河－Ⅰ”只生产了 3 台，使后续开展“银河”计算机的研制失去了任务来源。与此同时，西方国家一方面不惜投入重金，强力提升巨型计算机技术性能，另一方面严格控制向中国出口性能更高的巨型计算机。

20 世纪 80 年代中期，国外巨型计算机已进入第三代——并行巨型计算机。巨型计算机提供的高性能计算能力，逐渐成为科学研究和技术发展的理论、实验、计算三大手段之一，成为国家科技、工业竞争的制高点。

周兴铭深感计算机技术发展飞快，需求的提高也会更快，中国的巨型计算机技术如果不奋起直追，与西方国家的差距将越拉越大，别人的要价将越来越高，提出的条件将越来越苛刻。他内心万分着急，于是找到计算机系兼研究所主任陈福接、副总工程师陈立杰，向他俩述说自己的想法。三人不谋而合，一致认为：不能以"守业"为主，要继续创新业，中国计算机技术不能永远跟在别人后面跑。面对一个高科技爆发的时代，少数发达国家在高性能计算机研究方面突飞猛进，我们如不抓住机会进军更高的目标，将陷入新一轮的被动。于是，他们三人联名给党中央、国务院写报告，请求尽快启动研制我国新一代巨型计算机，主动请缨承担研制任务。

1985 年，国防科学技术大学根据国务院电子振兴领导小组提出的"巨型计算机的已有成果要加以引申和推广应用"的发展方针，向国防科工委上报了关于研制"银河－Ⅱ"的请示。7 月 2 日，国防科工委批复，同意国防科学技术大学在"银河－Ⅰ"的基础上研制"银河－Ⅱ"，并且列为"七五"预研项目。争取 1990 年底完成"银河－Ⅱ"，并实现"银河－Ⅱ"多处理机型系统软件兼容的技术要求。

当时国家气象局为实现 5～7 天的中长期天气预报，需要一台每秒 10 亿次级的计算机做数值计算。与美国谈判购机旷日持久，历经数年未果。美国给我国的报价不仅比出口欧洲的价格高出近 10 倍，而且百般刁难，提出在机房建监控中心，由美国人监督使用，中方提供生活、居住条件等许多霸王条款。国家气象局迫于无奈，准备接受这些不合理要求，于是向中央提出了从国外购买计算机的申请。党中央、国务院明确批示：自己研制用于中长期数值天气预报的每秒 10 亿次巨型计算机。

这无疑是一个新的机遇，机遇面前人人平等，就看你能不能抓住。1986 年 2 月 24 日，国防科工委向国务院报送了《关于发展“银河”巨型计算机的建议》。中共中央、国务院明确批示：巨型计算机必须立足国内研制！国家计委、国务院电子振兴办公室给予大力支持。此时，适逢国家科研体制改革，重大科研项目经费由实报实销转为承包，由用户承担并分期支付。“银河－Ⅱ”用户单位没有落实，经费也没有保证，国防科工委破例提供几百万预研资金，用于方案论证、技术准备、电路设计选型、CAD 开发、工艺准备等铺路工作。

1986 年 6 月 30 日，国防科工委向国防科学技术大学下达《关于贯彻中央领导同志批示，落实巨型机研制任务的通知》。第一家用户单位为国家气象局，并提供了预研经费。于是“银河－Ⅱ”进入了预研阶段。国防科学技术大学计算机系兼研究所向国家气象中心介绍了“银河－Ⅱ”方案的初步设想，并征求了石油天然气总公司等潜在用户的意见建议和要求。

1986 年 8 月 2 日，计算机系兼研究所与国家气象中心签订了意向书，报国家计委审查。国家计委根据意向书和国家气象中心报告，批准了国家气象局气象中心扩建工程，正式列为国家“七五”重点工程。经过艰苦的方案论证和长达两年的 10 轮合同谈判，国家气象局和国防科学技术大学签订了购机合同，购机经费 3100 万元。标志着“银河－Ⅱ”计算机正式立项，开始研制。可以说，“银河－Ⅱ”工程的上马，实在是来之不易，是周兴铭这些“银河人”自讨“苦”

吃，自己“争”来的。

巨型计算机研制是一项时间跨度长的庞大工程，研制者必须有跨越式思维，必须有敢于冒险、敢于创新的胆略和决心。由于个人素养、能力、经验等因素，周兴铭有着过人的独到眼光，在“银河－Ⅱ”方案设计讨论时从不人云亦云，经常带来新的思想，有自己独到的见解。

经组织批准，周兴铭带队前往美国一家计算机公司考察，了解世界计算机技术最新发展动态。美国当局对他们考察的内容，早就经过严格筛选。公司管理人员非常客气地接待他们，一会儿领着他们参观厂房，一会儿又把他们领进生产车间，甚至不厌其烦地介绍计算机原理，而对一些技术性问题却“滴水不漏”。当他们提出参观计算机的某些关键部位、咨询某些技术问题时，美国方面不是借故岔开，就是保持沉默。周兴铭深切感受到我国与发达国家的计算机技术差距，他暗下决心：要干，就干一流的！一定要尽快研制出“银河－Ⅱ”，与发达国家站在同一起跑线上，让他们对中国人刮目相看！

为推进“银河－Ⅱ”研制工程，国防科工委加强了组织领导。国防科工委副主任沈荣骏、国防科工委科技委副主任聂力，具体分管“银河－Ⅱ”工程研制工作。国防科学技术大学成立了以校长张良起、政委汪浩为组长，校训练部副部长王振青为副组长，陈福接、胡守仁、周家骅、段才正为成员的“银河－Ⅱ”工程领导小组进行专项领导。领导小组下设办公室作为办事机构，办公室主任由章家坤担任，负责处理日常事务，贯彻落实领导小组决定的有关事项。学校机关各处分别设联络员，负责联系、处理有关问题，为“银河－Ⅱ”工程提供坚强保证。

他们继承了“银河－Ⅰ”研制中“行政指挥线”和“技术指

挥线”两条线管理办法，具体落实如下：

行政指挥线，负责“银河－Ⅱ”工程的组织指挥、计划调度、人员、经费、物资保障等工作，并组织跨部门协调。陈福接任总指挥，周兴铭、陈立杰任副总指挥。下面各分项的行政指挥由各教研室领导担任：计算机系统教研室主任杨晓东，副主任吴显奎、李国宽；软件工程教研室主任李晓梅，副主任曹琳；结构工艺教研室主任苏长青，副主任史庆余、谭清生；计算机辅助设计与测试教研室主任李思昆，副主任苏庆良、戴昌培、张德清；计算机应用教研室主任黄克勋，副主任战洪祥、谢伦国。

技术指挥线，负责工程研制中的技术工作。由总设计师、主任设计师和主管设计师三级组成。总设计师周兴铭，副总设计师陈立杰、彭心炯。系统软件主任设计师曹琳（后由谈正信担任），副主任设计师张钦伍、谈正信、李兆盛、杨桃栏、卢锡城；应用软件主任设计师李晓梅，副主任设计师颜宝勇、乔国良；主机系统主任设计师杨晓东，副主任设计师吴显奎、方伟荣；外围系统主任设计师黄克勋，副主任设计师王万章；电源系统副主任设计师耿惠民；组装结构主任设计师史庆余，副主任设计师陈家骅；组装技术与工艺主任设计师苏长青，副主任设计师鲁国才、赵德耀；辅助设计和测试主任设计师李思昆，副主任设计师戴昌培、卢先兆。总师办公室主任由及兰盛担任。

当时，周兴铭在计算机研究所不算是资格最老的，胡守仁、陈福接、陈火旺的年龄都比他大。通过研制“银河－Ⅰ”、“银河”仿真机，大家看到了周兴铭的能力，相信他一定能搞好。最后，沈荣骏和聂力拍板决定，由周兴铭担任总设计师，明确“银河－Ⅱ”所有经费只有他一支笔能批，总指挥做好保障和协调工作。

总设计师的头衔，在周兴铭看来不是职务，而是一种责任和使命，他深知肩上担子的分量，和同事们躬下身子，向着新的技术高峰全面出击。周兴铭任职后，重新审视了总体方案，把自己的想法与陈福接、陈立杰进行沟通后，提出了新的方案设想，得到了他们的认可和支持。计算机技术设计没有唯一方案，只有广泛争鸣才能形成符合国情和技术发展趋势的优化方案。张良起、汪浩等学校领导也大力支持周兴铭对方案进行改进创新。

周兴铭带领设计人员，对原来的双处理机系统方案进行了发展，明确了“银河－Ⅱ”要研制具有四处理机系统的并行巨型计算机。这是当时世界上最先进的机型方案，仅凭这个大胆的方案，就使“银河－Ⅱ”总体上跨了一代，与世界先进水平拉近了一大步。

1986年10月31日，沈荣骏、聂力听取了国防科学技术大学关于“银河－Ⅱ”研制工作调查情况的汇报，并对“银河”系列巨型机的发展和“银河－Ⅱ”研制工作进行研究，十分认同四处理机系统的并行巨型计算机新方案，认为是推动中国巨型计算机技术跨越式发展的创举。会议之后，周兴铭和设计人员开始着手对设计方案做进一步的细化和完善。

1987年2月12日，国防科工委主任丁衡高、副主任沈荣骏、国防科工委科技委副主任聂力，组织国防科工委机关五部一厅的领导，专题听取国防科学技术大学的汇报，研究解决推进研制“银河－Ⅱ”遇到的相关困难，明确按照新设计方案推进研制工作。3月8日，国防科学技术大学党委发布研制“银河－Ⅱ”通用并行巨型计算机动员令，拉开了研制的帷幕。

3月9日上午，国防科学技术大学在俱乐部召开“银河－Ⅱ”工程誓师动员大会。沈荣骏、聂力出席大会，对“银河－Ⅱ”研制工作作出具体指示。张良起代表学校党委宣读动员令。周兴铭代表全体研制人员郑重宣誓，表示要排除万难，不怕牺牲，一定完成任务。

3 月 10 日，周兴铭主持召开副主任设计师以上的设计师会议，布置“下达设计任务和总体方案论证”的工作，要求各设计师写出“任务设计报告”，经过热烈讨论，提出了方案论证工作的计划和做法。3 月 11 日，周兴铭又召集副总设计师、主任设计师，研究制订“方案论证工作”的安排，明确要在 4 月 25 日前形成总体方案意见文字材料。

4 月 17 日，国防科学技术大学召开“银河 - Ⅱ”工程决策方案讨论会，校内外近百名专家、教授和工程技术人员参加会议。时任国防科工委科技委专职委员的慈云桂，“银河 - Ⅱ”工程顾问组李庄、李勇、唐遇鹤到会指导。陈福接首先致辞，向与会人员介绍了两条指挥线开展工作的情况。周兴铭、陈立杰、彭心炯和及兰盛，分别就“银河 - Ⅱ”总体方案的设想、软件工程、工程设计和研制进度计划等问题做了汇报。经与会人员热烈讨论，决定采用先进技术总体方案。这次会议为研制工作指明了方向，增强了大家攀登世界巨型计算机高峰的信心。

4 月 27 日，沈荣骏、聂力主持召开国防科工委机关联席办公会议，听取顾问组和科技部四局参加国防科学技术大学“银河 - Ⅱ”技术方案讨论的情况汇报，肯定了总体技术方案，提出要抓紧向主要用户单位做技术交底，同时应尽快上报技术方案的决策性意见。根据国防科工委领导的指示精神，6 月 1—12 日，陈福接、周兴铭带领主要有关人员，先后到石油部物探局研究院、石油勘探开发研究院、国家气象局北京气象中心、核工业部九所等单位，征求这几个重要潜在用户的意见。陈立杰向 29 基地征求意见。新方案获得了广泛的支持。

1987 年 7 月，国防科工委邀请全国巨型计算机主要用户单位和专家，在北京对“银河－Ⅱ”方案进行审定。会上，周兴铭、陈立杰、彭心炯分别就总体方案、软件工程和工程技术方案进行了论证。最后，会议确定“银河－Ⅱ”应面向用户，实现以下技术要点：

1. “银河－Ⅱ”主要面向气象、石油、核能研究、航空航天等领域的大型科学计算、工程计算与大规模数据处理。

2. 加强系统软件功能，提供有交互能力、入网功能的多处理机操作系统，发展向量化编译、多任务软件，先提供显式并发功能，后解决隐式多任务编译。建立“银河”高速网，速度可达 4 × 50 兆比特/秒。

3. 大力加强输入/输出能力，建立输入/输出子系统，使“银河－Ⅱ”磁盘子系统的速度比“银河－Ⅰ”快 10 倍以上。解决“银河－Ⅰ”上没有联机的磁带子系统，以适应石油勘探、地震预报的大数据量输入/输出处理的要求。

4. 与用户密切合作，支持用户建立应用系统、开发应用软件。

以上这些技术，实现了“银河－Ⅱ”与用户的有效对接。因此有人把这次会议及其会议要点，形象地称为“巨型计算机通向市场的桥梁”。可是，建造这一“桥梁”，技术性强，难度很大，“银河－Ⅱ”攻关之路关山重重，路途漫漫。

8 月 18 日，国防科学技术大学召开传达贯彻落实“银河－Ⅱ”方案审定会议精神大会。400 余名专家、教授、工程技术人员参加会议。张良起校长、汪浩政委、王振青副部长、段才正副部长以及学校机关“银河－Ⅱ”工程联络员出席大会。会议由陈福接主持，于同兴传达了国防科工委领导在审定大会上的讲话精神。周兴铭向与会人员汇报了用户单位、专家、各位领导提出的意见和建议，提出了经计算机研究所党委和总师研究过的“银河－Ⅱ”研制必须抓

周兴铭做“银河－Ⅱ”方案论证汇报

紧做好的10项工作。张良起、汪浩分别在会上强调，要贯彻落实审定会精神，采纳审定会的意见和建议，加强横向联系，发扬技术民主，要有严密、严肃、严格的工作作风，要争气，一定造出高质量高水平的机器。

1988年3月1日，国防科学技术大学向国防科工委正式上报《关于“银河－Ⅱ”巨型机研制任务请示报告》，详细阐述了“银河－Ⅱ”巨型机技术方案、工程推进时间节点、经费需求等方面内容。3月26日，国防科学技术大学召开“银河－Ⅱ”研制工作全面展开动员大会。陈福接介绍了研制工作的情况、进展和今后的部署、打算和要求。周兴铭在讲话中着重提出了完成“银河－Ⅱ”任务的四个条件：

一要靠理想，靠事业心。高水平的巨型计算机已成为一个国家科技水平的重要标志。美国、日本、苏联、法国也正在研制高性能的巨型计算机。中国需要巨型计算机，靠买是买不来的。研制我国自己的巨型计算机，对科技开发和经济发展有重要的意义，也有巨大的政治意义。每个能参加巨型计算机事业的人，应有责任感和光荣感。我们的老领导慈云桂教授常说，一个人一生做不了几件大事，做不了几台计算机，能做几件有益于国家的大事是很有意义的，很不容易的，要珍惜这种机会。我们年纪大些的科研人员能搏的机会不多了，青年一代要通过“银河－Ⅱ”的战斗迅速成长起来，决不辜负党和国家对我们的重托。

二要靠争分夺秒，要有紧迫感。“银河－Ⅱ”不是像盖一幢楼房那样的工程任务，而是需要攻克许多高技术难关的科研任务，是有风险的。我们不应因此推迟时间进度，时间是生产和发展的生命，要跟踪国际先进水平，必须争分夺秒，咬紧牙关，争取早日完成任务。

三要靠精打细算，树立经济观点，讲经济效益。我们的经费不多，只能艰苦奋斗，要用别人买不来一台巨型计算机的钱，研制一台具有完全自主知识产权的巨型计算机。

四要靠坚持改革，把两条指挥线搞成高效运行的机制。每个岗位上的工作人员，都必须尽心尽责，千方百计做好自己的本分工作，同时要大力协同，关心、支持、帮助全局的工作，这是取得成功的重要基础。

1988 年 6 月，国防科工委正式批复“银河－Ⅱ”新的总体方案，明确“银河－Ⅱ”是面向大型科学计算、工程计算和大规模数据处理的通用巨型计算机，64 位浮点运算，4CPU 系统（也可只配 1CPU、2CPU、3CPU），速度达到每秒 2 亿次浮点运算，相当每秒 10 亿次。“银河－Ⅱ”正式步入研制阶段。

美国由向量计算机向多处理机并行计算机转变，用了整整10年，“银河－Ⅱ”预计1992年研制完成，这意味着他们要用4年时间走完别人10年走过的路。当时资金少——远少于“银河－Ⅰ”，性能要求高——是“银河－Ⅰ”的10倍，技术难度大——元器件水平只比“银河－Ⅰ”提高4倍，任务万分艰巨。

困难虽大，但也能从中受到鼓舞，享受到科学技术领域中不断追求、不断成功的乐趣。周兴铭是位颇有儒将风度的工程掌门人，27年前参与研制901晶体管计算机时，仅是个年轻新手；27年后担任了“银河－Ⅱ”10亿次计算机的总设计师。27年前参与研制的901晶体管计算机主存只做1000余个单元，运算速度只有每秒几千次；27年后研制的“银河－Ⅱ”却要做主存3200万个单元，运算速度为每秒10亿次。27年间，中国计算机事业的发展，从一个侧面映射出我国社会主义经济发展和国防建设的巨大成就。

周兴铭和陈福接对研制“银河－Ⅱ”充满信心，因为他们知道，通过“银河－Ⅰ”会战，吸引了一大批计算机人才，“银河”队伍空前加强，尤其是一批新生力量，通过数年实践的锻炼，已成为“银河－Ⅱ”攻关的主力军、突击队。慈云桂带领研制成功“银河－Ⅰ”，为拿下“银河－Ⅱ”积累了雄厚的技术底蕴；科研、生产条件有了很大的改善，为“银河－Ⅱ”会战准备了一定的物资条件。特别是“银河－Ⅰ”研制成功后，以“银河－Ⅰ”为“母机”，为下一代巨型计算机硬件、软件制作，如插件逻辑模拟、延时测定和系统软件、应用软件、工具软件的调试等，做了大量预先研究，为缩短下一代巨型计算机研制周期创造了条件。

“银河－Ⅱ”主机系统主任设计师杨晓东回忆说，从技术上来讲，“银河－Ⅱ”是“银河－Ⅰ”的必然发展。有“银河－Ⅰ”的研制成果和经验以及当时世界上最快的多处理并行计算机做参考，

“银河－Ⅱ”结构上的风险比“银河－Ⅰ”相对要低，但实现10亿次运算速度难度极大。除了要解决器件、工艺和高速信号传输等诸多难题外，还要在“银河－Ⅰ”的基础上优化单机，并对输入/输出子系统和海量缓冲存储器进行设计。

在“银河－Ⅱ”研制过程中，周兴铭昼夜辛劳。他常常对爱人说：“我感到特别累，总想好好睡一觉。”这是多么低的要求，但也往往难以实现，他一旦进入工作状态，就把疲劳抛到九霄云外。

正当周兴铭为我国的新一代巨型计算机大展才华的时候，家庭的不幸接踵而来，他经历了家庭中最艰难的阶段：先是小妹离开了人世，后是母亲生病无人照料。

对于小妹，周兴铭有着永远无法弥补的歉意和内疚。周兴铭兄妹四人，他在长沙，大弟在北京，大妹在苏州，只有小妹在上海，是母亲的依靠。多年来，周兴铭辗转南北，四处奔波，回家次数屈指可数，赡养母亲的重任全部落到小妹的身上。周兴铭能够安心从事自己的事业，这中间有小妹付出的许多心血。面对小妹的遗像，周兴铭任凭泪水洗刷着面颊。

亲人是什么？亲人就是在漫长的人生岁月里，相互搀扶相互温暖的人。身边唯一的依靠去世了，母亲心灵受到沉重打击，白发人送黑发人的剧痛让她每天以泪洗面。

母亲在上海的生活已无人照料。周兴铭和李暹于是把母亲接到长沙生活。但是每次住上一两个星期，老人便执意要回上海，先后来长沙两次后，再也不愿意来了。一个原因是不习惯，她受不了长沙的气候，受不了白天独自在家的寂寞。她不会讲普通话，也听不懂长沙话。每天儿子、儿媳上班早出晚归，两个孙女要上学，她只能坐在门口的方凳上，等着儿孙回家。在长沙，她除了家人连一个说话的人都没有。另一个原因是她牵挂着在上海的小外孙，小外孙从小就放在她身边带，她自己小时候没有母亲吃了很多苦，现在小外孙也没有母亲了，她一定要把他带大。

回到上海后，七十多岁的老人自己买菜做饭，洗衣缝被，冷一餐热一顿，感冒发烧也没人知道，整天闷闷不乐，郁郁寡欢，不久就患上了癌症。周兴铭惋惜地说："小妹去世才一年，母亲就得了癌症。嘴巴、耳朵这边有个空腔，空腔里长了癌，确诊、开刀和开完刀后的护理是我承担的，开刀一周后弟弟从北京过来接我的班，我就回长沙工作。弟弟护理母亲到出院，母亲体力恢复差不多了，在苏州的妹妹就过来接班陪母亲做放疗。"母亲的命总算保住了，但身体更加虚弱，身边需要有人照料。

周兴铭和弟妹都难以抽出更多时间来照顾母亲，老人不肯到外地，上海也没有人照顾她，又要带着一个小孩。这个局面怎么弄呢？居委会也找到周兴铭，对他说，老太太一个人，整天哭，身边也没有人劝，没有办法排遣内心的痛苦，你们兄妹几人一定要回来一个照顾她。

周兴铭是军人，按照相关政策规定，符合转业进上海安置的条件。但是，"银河－Ⅱ"工程刚刚起步，有很多事情在等着他处理，他又怎能说走就走呢。弟弟、妹妹都在地方工作，很难调回上海。李遐说："他工作这么忙，又重任在肩。他弟弟、妹妹进不了上海，当时很难办的。"最后，他们了解到一条政策规定：老人身边没有子女共同生活的，子女的下一代不满 16 岁可迁回上海。为了照顾老人，周兴铭和李遐就劝说小女儿周昉说：奶奶那边没有人照顾，其他人回不去，只有你能回去，你不去怎么办呢？

就这样，刚读完初一的周昉离开父母回到上海。她陪奶奶说话，帮助家里买烧煤炉的煤饼，买米买油，做些奶奶干不动的力气活，给了奶奶很多宽慰。但是，她毕竟年龄太小了，处理大事根本不行。中学经常要下乡劳动，有一次到长兴岛劳动，床铺、被褥、生活用品都要自己带，奶奶没办法帮她。她找人借辆自行车，借个床板放在自行车踏板上，自己推了过去。李遐说："学校的事情孩子对付不了，老太太也管不了，还有那个小外孙，等于老太太带了两个孩子，这样根本不行。"

事业，母亲，忠孝不能兼顾，周兴铭揪心般难受，再次陷入了两难的选择。1988 年夏，计算机系政委于同兴让周兴铭专程回上海，和母亲、爱人最后商量爱人是否转业回上海，下决心后只需来一个字的电报："走"还是"留"。李遐十分理解丈夫，经过反复思考，她叹口气对周兴铭说："你忙你的吧，还是我转业回去照顾母亲，家里我们不靠你。"

1988 年李遐脱下心爱的军装，离开丈夫，带着孩子转业回上海。一开始还有曲折，转业报告一报上去，机关的人一看是李遐，周兴铭的爱人，那怎么行？动摇军心，就把报告退回去了。周兴铭回忆："我们就商量，她转业回上海，我继续在长沙，保证把'银河－Ⅱ'搞完之后再走，还给系里写了保证书。一般的人不敢做主，六系的政委于同兴认为比较合理，就同意了。"

转业之后，李遐在从同济大学分出去成立的城市建设学院计算中心工作，同样是搞计算机，但她面对的是 PC 机，与在长沙所做的大中型计算机根本不一样，工作性质也发生了大变化，又得重新学。她不仅本职工作繁重，还要照顾老人，教育孩子。她默默地承受着家庭压力，尽量减少丈夫的后顾之忧。"我们住在上海东北角，离学校比较远，开始是乘公交车，后来是骑自行车，要 40 多分钟，每天早出晚归。老大跟着我是一个家，老二跟婆婆在一起是一个家，还有我自己的母亲也要照顾，等于要照顾三个家，两个老太太，两个小孩。他在搞'银河－Ⅱ'，一年回来一两次，有一次过年都没回来，还有一次是年初一回来的。”

周兴铭也是有血有肉有感情的人，何尝不想有个温暖舒适的家？他 31 岁结婚，婚后不久便在 151 计算机的“八年抗战”中长期两地分居。年近 50 岁的他又过起了单身生活，是不得已而为之啊！一个人在长沙，深夜回到家里，想喝口开水，提起开水瓶发现是空的。

周兴铭把母亲托付给妻子和孩子后，又全身心地扎进了“银河－Ⅱ”的研制攻关。他一边承受着妹妹去世、母亲病疼交加的巨大痛苦，一边呕心沥血，殚精竭虑致力于研制工作。那段时间，周兴铭干脆把办公室和机房当成家，饿了，随便吃几块饼干，困了，找个地方打个盹。宿舍成了他的第二办公室，书架上、桌子上、床上，除了图纸，就是各种资料，没有一点家的样子。

对于当年的生活，李遐说：“我们一走，把家搬空了，家里空荡荡的，也没有一个人说话，他就把收音机打开，有点声音。吃饭是到食堂，有一次元旦，他早上踏着雪去食堂吃饭，到那一看，食堂关门不开饭。”周兴铭十分乐观，回忆说：“那个时候，学校里从全军调过来的师以上干部都没有带家属。这些干部就在桥头食堂，弄一个房间，摆一个圆桌，有六七个人，到吃饭的时候就到那里，从大食堂里头打点菜，再炒两个菜，大家坐在一起聊聊天，很热闹。光跟我在一起吃饭的政治部主任就换过好几届。”

当时，国防科学技术大学应用物理系政委徐书庵的宿舍离周兴铭的住处很近。他评价周兴铭说：“每天晚上很少见到周兴铭是在夜里一点以前熄灯的，他爱人转业回上海，他一个人在长沙工作，承担着巨大的工作压力，如果没有坚强的毅力和无私奉献的精神是难以做到的。”彭心炯回忆说：“研制‘银河－Ⅱ’，原有陈立杰和我两个副总设计师协助他，中途陈立杰调走了，我对软件一窍不通，确实难为了他。”

“银河－Ⅱ”的运算速度、综合能力要达到“银河－Ⅰ”的10倍，提高一个数量级，而基础技术条件仍然是硬件基于中小规模集成电路，自主设计并自主制作全系统，软件基于汇编自主设计全套系统软件，难度极大。

作为“银河－Ⅱ”的总设计师，周兴铭除了要完成大量的组织领导工作之外，对于一些具体的、关键的技术问题也必须作出决策。显而易见，巨型计算机研制过程中的技术问题是十分复杂的，对于一些意见不统一的技术难题，往往无法顺利抉择。因此，周兴铭的面前总是堆满了棘手的问题。处理这些问题，不仅要有渊博的学识，而且要有一定的胆识。

周兴铭是在长期科研实践中成长起来的科技帅才，具有统领重大工程中各路人马的丰富经验。面对千头万绪的研制工作，周兴铭、陈福接锁定主要矛盾，兼顾次要矛盾，全面推进工程任务。

首先是抓住计划协调这个关键。他们将工程分为若干阶段，每个阶段分为若干节点：建立硬件协调、软件协调、生产协调、调机协调、大系统协调制度，每个阶段有计划、有动员、有布置、有检查、有小结，确保工程任务稳步协调地向前推进。

其次是抓住主机系统设计与逻辑设计这个“龙头”。通过“龙头”率先突破，带动软件研制、CAD工程化、外围设备及工艺生产线建设等整个“龙身”全面飞跃。实践证明，周兴铭的决断是正确的，他和陈福接的决策都令人敬佩。

再次是瞄准软件验证这个难点。各种软件正确验证，程序复杂耗时长。他们创造性地在VAX机和“银河－Ⅰ”上建立了工具汇编器、各种软件调试模拟器、多任务程序并行模拟环境、并行化开发工具、程序调试工具、程序流追踪调试工具等，对各种软件在

“银河－Ⅱ”上机调试前，先在VAX机和“银河－Ⅰ”上进行正确性验证，大大加快了各种软件的研制进度。

一直困扰着中国计算机事业的元器件，到了“银河－Ⅱ”依然是老大难问题。西方国家对优质先进的元器件实行严密封锁。周兴铭、陈福接经常勉励研制团队，再大的困难也不要怕。周兴铭、陈立杰、彭心炯带领研制人员，另辟蹊径从体系结构、组装工艺、软件技术、设计技术上挖潜力，弥补元器件的不足。

电路室在解决“银河－Ⅰ”电路工作中的噪声容限分配、环境要求指标、信号传输规则，以及电路测试方法、设备与标准、使用规定等技术性强的内容之后，进入老化筛选测试生产性阶段时，彭心炯就带领电路室研制人员开展了“银河－Ⅱ”电路的预研工作。“银河－Ⅱ”研制正式开始时，电路工作的准备已经相当充分，工程技术主要转入机柜和插件组装结构，机房、电源、冷却、印制板和表面安装工艺。

早在“银河－Ⅰ”系统交付使用后，新的研制任务没有下达时，时任三控室主任的杨晓东就带领全室人员对主机系统进行预研，在对“银河－Ⅰ”进行总体分析后，感到有的地方不太令人满意，于是在“银河－Ⅰ”的基础上，从系统一级进行优化设计，消除了人为造成的部件的独立性，统筹考虑相关部件功能的共享和插件功能的划分，使每块插件承载更多的功能，增加了插件的功能密度，使主机系统的插件种类减少了十多种，数量减少了数十块。比如，取消了换道部件，在不增加存控器材的前提下，其功能由存控完成，不仅节省了器材，也减少了系统开销。陈福接看到设计上的改动后，有些担心，就问杨晓东：“减少了那么多插件种类和数量，是否有考虑不周的地方，有没有问题?”由于研制人员对“银河－Ⅰ”有太深的了解，加上有主机研制人员的把关，杨晓东肯定地回答：

"陈主任，请放心，保证没有问题，一切都是深思熟虑的，没有把握绝不敢这么干，要对任务负责任。"

为实现预期的高性能指标，周兴铭、陈福接带领研制人员提出许多新技术，使单中央处理机的性能全面提高。主机处理能力大幅度提高了，输入/输出能力也必须相应提高，他们设计独立的输入/输出子系统，并在系统结构上提出简洁高效的方案。提出了研制磁带子系统，支持智能化并发磁盘子系统方案。

要达到运算速度每秒10亿次，主频必须达到50兆赫以上，就要提高组装密度，4CPU并行处理机必须组装在几乎与"银河-I"一样大的空间里。于是，他们在组装密度上下狠招，每块插件的集成电路由"银河-Ⅰ"时的110块增加到330块，印制电路板从7层增加到14层，孔径从2.54毫米缩小到1.27毫米，元器件从单面插装改为两面安装，插件焊接也采用当时先进的汽相焊技术。

接下来的生产也同样困难重重。"银河-Ⅱ"研制经费不足，买不起先进的设计和生产设备，学校计算机工厂设备工艺水平落后。科研人员、工厂职工密切配合，一边生产一边改进工艺水平。生产中出了问题，马上召集技术领导、技术人员和生产工人进行"三堂会审"，分析原因，解决问题。有时一个问题需要几周才能解决。他们不知度过了多少个不眠之夜才完成所需的500多块印制板生产。

"银河-Ⅰ"的插件布局布线设计，主要靠的是人海战术，50名战士、50名青工，在科研人员的指导下按传统方法人工去干。一块复杂插件板的设计与检验常常反复搞几个轮回，许多人的眼睛都累坏了。"银河-Ⅱ"插件板采用中规模表贴集成电路芯片双面高密度组装的14层结构方案，插件板尺寸是"银河-Ⅰ"的两倍大，信号延迟时间比"银河-Ⅰ"缩短了不少，因而设计技术难度和工作量非常大，再依靠人工已经不可能了，必须有高性能插件印制板 CAD 软硬件系统支持才能完成。

周兴铭检查“银河－Ⅱ”插件

其实，1985 年 10 月，在国防科工委和国防科学技术大学领导的支持下，通过晓峰公司签订了引进美国高性能插件印制板 CAD 软硬件系统的合同，但 1986 年 5 月设备到货时，由于美国控制的巴黎统筹协会严格限制向中国出口高性能插件板 CAD 核心软件，原来的引进计划没有全部落实，只引进了基本的、支持交互式设计的插件印制板 CAD 软硬件系统，难以满足“银河－Ⅱ”工程化设计质量和效率的需求。

面对国外的技术封锁，周兴铭鼓励李思昆：“国外搞技术封锁，没什么可怕，我们自己干！一定能搞出来，我们这支‘银河’队伍就是这么走过来的。”“自己开发高性能 CAD 系统技术难度很大，有什么困难你们提出来，我和陈总一定帮助解决。”李思昆和参加

CAD开发的卢先兆、杨瑞元、陈吉华、孙永节等技术骨干进行了认真讨论，决定不提任何条件，知难而上，登上高性能计算机设计自动化技术的新高峰。他们提出用两年的时间，不仅开发多自动布局器和多自动布线器的创新方案，而且还要自主开发出结构逻辑模拟系统和延迟时间自动分析系统，以及印制板自动布线系统。陈福接、周兴铭听完汇报后，既高兴又担心。因为他们担心CAD软件开发人员缺乏工程设计实践经验，开发的系统不能适应高难度插件板设计和生产的需求。李思昆回忆说："周总是一个工作非常认真、踏实、细致的人。在每周召开的'银河－Ⅱ'技术协调会上，有时我汇报CAD开发进展情况和问题比较简略，会后，他都会找我进一步了解和指导他关心的CAD应用技术细节。"

1989年初的一次"银河－Ⅱ"研制动员大会上，国防科工委电子局局长李庄在发言中谈到研制进度时，当场点名说："李思昆，'银河－Ⅱ'工程化设计离不开CAD，要求你们一年内研制出'银河－Ⅱ'好用的CAD系统，这是军令状。国家发了几百万给你们买设备，完不成，军法从事！"李庄的点名，让李思昆感到责任重大，必须高度重视CAD应用问题。虽然当场表态，一定提前完成任务，但对是否好用还是缺乏足够的把握。对于当年的情况，李思昆回忆说："领导和同志们对CAD应用的担心，既给了我们巨大的压力，又激发了我们的创新动力。实际上，周总、陈总在CAD系统开发过程中，对CAD应用技术细节的关心和指导，启发和促使我们深入研究思考CAD应用的多种技术措施。"

1989年9月，经过研制人员的努力，CAD系统终于提前3个月在"银河－Ⅱ"工程化设计中投入使用。他们先以硬件逻辑设计人员为主，做各功能部件的插件功能划分并设计插件逻辑图，然后由CAD人员完成插件印制板自动布局和自动布线，并自动检查是否满足信号传输规则。这是一个复杂过程，如果发生问题，就需要重来一遍。在周兴铭、陈福接的精心协调指挥下，插件逻辑设计者与 CAD 人员密切配合，由彭昌贵、高如意两位有工程化设计实践经验的工程师，带领 6 名从计算机工厂借调、经过短期培训的技术工人操作使用 CAD 系统，经过 10 个月的日夜奋战，圆满完成了“银河 - Ⅱ” 50 多种插件印制板的工程化设计。此中酸甜苦辣，也只有亲自经历过的人才能真正体会。

软件设计也面临挑战。系统软件，需要全套自主研制，庞大复杂。特别是 4CPU 并行向量机是新的结构，软件要相应突破许多新技术关，难度增加很大。操作系统，虽然有“银河 - Ⅰ”作基础，但结构变化很大，引进多 CPU、双 IOU、TSS（磁带子系统）等许多新概念、新技术。在谈正信的带领下，全部操作系统重新构架，一行行源代码全部自己重新编写、编译，无论是汇编、FORTRAN，还是各种工具软件、并行库软件等，全部要重新做。“银河 - Ⅱ”所需的系统软件共 109 万行程序，全部是自主设计、一行行编写完成。他们成功地研制出全套高水平系统软件，使四处理机联合处理 1 个用户作业，最高加速比达到 3.6～3.8。

应用软件开发，是巨型计算机连接用户的桥梁，也是“银河 - Ⅱ”研制的又一“重头戏”。陈福接、周兴铭商量后，决定把李晓梅推到任务的前台，给予全力扶持。经过艰苦探索，他们成功突破了向量算法向并行算法的转变，建立起拥有 60 多万行程序的庞大软件系统，有效增强了巨型计算机单位时间信息吞吐量，提高了加速比，不仅解决了“银河 - Ⅱ”应用的瓶颈，而且推动了并行算法在全国的应用。

“银河 - Ⅱ”工程立项时，研制合同并没有计算机网络技术要求，研制过程中根据用户要求，卢锡城、窦文华请求在机器中添加高速计算机网络。当时在国际上，高速网是指传输速率超过每秒50兆位的计算机网络，主要是为巨型计算机入网设计，属于发展中的技术。周兴铭敏锐地把握这一前沿技术趋势，大力支持卢锡城和窦文华的建议，在与陈福接研究讨论后，决定为“银河－Ⅱ”配备高速计算机网络。

所谓决策，往往是面对十字路口的选择。有些把握前沿作出的决策，能在不经意间产生重大影响。他们大胆尝试高速计算机网络创新，在国内首次使“银河－Ⅱ”具备通过FDDI高速光纤网和虚拟站软件联网使用的能力。事实证明，有着显著联网能力的“银河－Ⅱ”，既能用作超级计算中心主机，又能用作适用于大规模数据处理的中心处理机，有着广泛的应用前景。对此，卢锡城回忆说：“周总不是情况不明决心大的人，他更不会脑袋一热就定问题，他所定的问题都是听取各方面意见后，经过综合比较和深思熟虑才定的。”

早在机器研制阶段，陈福接、周兴铭就提前布局，果断决策，同时部署了广泛的应用、算法研究，使机器研制成功的同时，便有一批用户能高效使用。

1989年12月，“银河－Ⅱ”硬件设计基本结束，2CPU、小主存、单输入/输出处理机小系统投产，“银河－Ⅱ”工程进入最后攻坚阶段。

1990年9月27日，“银河－Ⅱ”的小系统开始进行系统调试。先是调硬件，然后调系统软件；再扩大系统，再调硬件，再调全系统软件，这样争取到了更多调试时间，加快了总进度。

调试又是一场大战、恶战、持久战。面对这一庞大复杂的系统，硬件、软件都需要全部自主设计，各个环节设计余量又很小，调试难度是不言而喻的。

饭要一口一口地吃，硬件、软件只能一步一个脚印地调试。各种系统的问题出现后，首先固定问题让它能再次出现，这通常也是十分困难的，然后才是分析原因，找出解决问题的方法，试验方法是否有效。

全体硬件、软件设计人员，三班两班倒，昼夜轮流上阵，发现问题随叫随到，调试观察，不放过一个问题，哪怕只是偶尔一现的，都要坚持跟踪解决。这一阶段是漫长的人和机器的对抗，考技术、磨意志和拼耐力。

“银河－Ⅱ”每秒要进出10亿个数据，要让这些数据有条不紊地进进出出，需要一个通道指挥系统。他们经过3年的努力才完成设计任务，然而，当电路板插上机器时，屏幕上突然闪了一个故障信号。大家一下愣住了，要找到这个故障在哪，简直就是大海捞针。但是，为了使这根“针”浮出水面，他们又不分日夜地“泡”在机房里，硬是把一个深藏不露的小故障查出来了，使机器恢复了正常运转，确保了“银河－Ⅱ”主机与高速网之间的通道畅通无阻。

1991年2月，小系统硬件调试完成。1991年4月，软件调试拉开序幕。历时整整两年，全系统硬件、软件才全部调试成功。

1991年3月17日，中共中央总书记、中央军委主席江泽民视察国防科学技术大学。总书记在学校领导陪同下参观“银河”计算机机房，周兴铭向他介绍了“银河－Ⅰ”和“银河－Ⅱ”的研制情况。

总书记听得很入神，看得很仔细，并不时提出一些问题。当他了解到“银河”巨型计算机的性能和研制情况后，非常满意，高兴地说：“你们为国家争了光，很不容易。”

周兴铭、陈福接等人从惊心动魄的海湾战争、国家领导人视察学校的急急步履和殷切期望中，感受到我军现代化建设的紧迫形势，掂量出自己肩头使命的沉重。他们再接再厉，决心打好“银河－Ⅱ”会战最后一役。

1992 年初，决战“银河－Ⅱ”的战斗打响了，就在这一节骨眼上，人们担心的事情发生了：经检测有 20 多块印制板质量不合格。印制板是“银河－Ⅱ”的骨架，每块印制板密密麻麻地布满了细如蛛丝的线条，线与线之间的距离只有 0.2 毫米，任何一处线条都不允许发生断路、短路、粘接，否则会使整个系统陷于瘫痪。周兴铭和彭心炯毫不犹豫地决定把这批板子全部报废。为了把耽搁的时间抢回来，周兴铭、彭心炯又带着大家，夜以继日地改进工艺、埋头苦干，终于完成了任务。

“银河－Ⅱ”的主机有几万个集成电路，几万条底板线，几十万个焊点，十几万个绕接点。上百个插件板，每种板上要布五六百条细线，有几千个连接点。在小孔和线路之间如果有一根极细的毛刺，就会造成短路，使印制板报废。计算机运行 1 万多个小时后，没有发现一个点虚焊，一根线松绕。

卧薪尝胆攻难关，鏖战捷报慰心安。1992 年 5 月，他们成功地将小系统扩展为 4CPU 系统，并调试完毕，工程研制进入大系统调试阶段。

1992 年 8 月，全系统软件、硬件调试完毕。周兴铭、陈福接带领大家以高度的政治责任感和精益求精的态度，完成了“四年走完十年路”的急行军，成功实现中国巨型计算机史上一系列技术跨越：

1. “银河－Ⅱ”主机，是我国首台 4 个高性能向量中央处理机共享主存多处理机系统，基本字长 64 位，主频 50 兆赫，峰值速度每秒 2 亿个浮点结果，即运算速度达到每秒 10 亿次。

2. “银河－Ⅱ”成功设置了独立的双输入/输出子系统，峰值速度每秒3000万条指令，主存储器容量256兆字节，主存储器带宽每秒3200兆字节，最大配置为128台磁盘机、128台磁带机。

3.“银河－Ⅱ”具有符合国际FDDI标准的每秒100兆位高速光纤网和中速以太网接口，使机器实现了网络计算。

4.“银河－Ⅱ”操作系统，实现了多处理机并行运行的管理调度，以批处理工作方式为主，有一定交互处理能力，并支持并行处理的高性能FORTRAN编译系统和汇编系统、多任务库、丰富的通用数学库、GKS图形库软件和软件工具，为大型科学和工程并行计算提供了有效支持和环境。

5.“银河－Ⅱ”基于国际上主流通用巨型计算机技术，实现了一系列技术创新，如并行体系结构、高性能中央处理机设计、高速度共享大主存、独立输入/输出系统、系统动态容错重构等，硬件、软件和工程化实现技术都处于国内领先水平，某些技术达到国际先进水平。

中期数值天气预报系统在“银河－Ⅱ”平台上实现高效运行，合同规定一天预报计算时间是1100秒，实际结果是一天的天气预报计算时间仅需413秒。石油、核能、航天航空、地震等领域的应用软件，也在“银河－Ⅱ”上实现了高效运行。

1992年11月18日，“银河－Ⅱ”计算机鉴定正式揭幕，周兴铭带着一脸倦容从机房里走出来，出现在与会专家面前。

在鉴定会上，周兴铭的话掷地有声：只有能够战胜任何艰难困苦，为了国家和民族的利益，勇于牺牲一切私利乃至生命的英雄群体，才能研制出高水平的巨型计算机。从70年代开始到90年代初，因科研工作强度大、伙食太差、营养不足、医疗条件落后，“银河”计算机科研团队有许多人因患肝炎、癌症、肺病等相继去世，他们默默燃烧自己，把夜空照亮，已融入星光璀璨的银河，被刻进“银

周兴铭在“银河－Ⅱ”巨型计算机系统鉴定会开幕式上发言

河”事业的图腾，成为锋利的精神“刀刃”，值得永远怀念。

来自全国42家计算机研究所、应用单位和高等院校的100余名专家，分成8个小组对18项技术逐一深入鉴定，历时1个月。

专家们给予“银河－Ⅱ”巨型计算机高度评价，鉴定最终结论：“银河－Ⅱ”是我国自行研制的第一台面向大型科学/工程计算和大规模数据处理的通用每秒10亿次并行巨型计算机，系统稳定可靠，各项技术指标均达到或超过任务书要求，其综合处理能力10倍于“银河－Ⅰ”，总体达到20世纪80年代中后期国际水平，是我国科技战线的又一重大成果。“银河－Ⅱ”研制成功，缩小了我国与国际先进水平的差距，又一次打破了国外在巨型计算机技术领域对我国的严密封锁，是我国综合国力的重要体现。“银河－Ⅱ”

的成功，使我国成为继美国、日本之后第三个掌握了每秒10亿次巨型计算机研制技术的国家。

“银河－Ⅱ”巨型计算机研制费用不到4000万元人民币，创造了性能价格比的新纪录。

1992年11月20日，《人民日报》《光明日报》《解放军报》《科技日报》等全国数十家报纸，以醒目的标题在头版进行了大篇幅报道。国务院、中央军委发来热情洋溢的贺电。

国防科工委并转参加“银河－Ⅱ”巨型机研制工作的同志们：

欣悉由国防科学技术大学研制的“银河－Ⅱ”巨型机获得成功并通过了国家技术鉴定，这是我国高科技领域取得的又一重大成果，标志着我国高性能计算机技术的一大进步，国务院、中央军委特向参加研制工作的全体同志，表示热烈的祝贺和亲切的慰问！

你们在改革开放的新形势下，继承和发展了研制“两弹一星”的成功经验，发扬自力更生、艰苦奋斗、科学求实、大力协同的精神，仅用五年时间，研制成功K了运算速度达10亿次/秒的“银河－Ⅱ”巨型机,使我国的计算机水平上了一个新台阶。

希望你们谦虚谨慎、再接再厉，认真贯彻落实党的十四大精神、坚持改革开放，促进教育同经济和科学的密切结合，为我国计算机以及高技术产业的发展作出新的贡献。

国务院　中央军委

一九九二年十一月十九日

江泽民同志欣然题词：“攻克巨型机技术　为中华民族争光”。李鹏、朱镕基、刘华清等同志分别题词、写信表示祝贺，赞扬他们攻克巨型计算机技术，为中华民族争光。

这是对全体研制人员及保障人员的最高奖赏。周兴铭为此感到欣慰，他的爱人李遐为此感到自豪，全国人民都为此感到振奋！

周兴铭说："据我所知，'银河－Ⅱ'在相当长时间内，是中国唯一一台每秒 10 亿次的 64 位可做高性能科学与工程计算的机器，'银河－Ⅱ'的 CPU 是我国自己设计研究成功最早的 64 位高性能处理器，'银河－Ⅱ'的操作系统是我国自己设计并成功运行最早的大型操作系统。"

在"银河－Ⅱ"研制过程中，还上马了许多其他新技术，如容错诊断调试新技术、高速网络接口技术、磁带子系统、双 IOU、高性能磁盘子系统、分布容错主机供电、大功耗强迫风冷等，都取得了成功。尽管外部条件困难，经费少，但周兴铭、陈福接带领大家坚持做到了"银河"事业开拓者慈云桂确立的"要做就做最好"。

周兴铭指出，回顾多年来走过的路程，虽然个人作出了不少牺牲，但值得安慰的是，这大半辈子没有白活，为国家做了点事情，

周兴铭在"银河－Ⅱ"计算机前工作

人不能总为自己。“为国家做了事”这不是每个人都可以轻易说得出口的。能真正地为国家干点事，是很了不起的！

就在向国家气象局交机的前10天，陈福接被检查出心脏病，医生叮嘱他一定要注意休息，可他没有把医生的话放在心上，结果因心肌梗死倒在北京的交机现场。事后陈福接还说：“在计算机系，谁能轻闲！‘银河－Ⅱ’任务是争来的，交机时不去怎么能放心？”那时候，什么血压、血脂、血糖，对于忙于科研的“银河人”来说，他们统统不在乎。

“银河－Ⅱ”研制成功不到一个星期，《参考消息》就披露，美国宣布同类型机器放宽出口。谈判桌上，美方人员什么条件都不提，价格也一降再降，立即和中国国家气象局签订了购机合同。

事实上，美国公司向中国交货后，国家气象局把进口机器与“银河－Ⅱ”安装在同一机房大厅里，两台机器只隔一道玻璃墙，互为备份，构成一种相互对决的架势。

“银河－Ⅱ”计算出的5～7天中期数值天气预报，得到世界气象组织的肯定和高度评价，中央电视台的天气预报节目把“银河－Ⅱ”作为该栏目的栏标，连续播出近两年的时间，充分显示了中国人民对这一高科技骄子的喜爱与自豪之情。

1992年，“银河－Ⅱ”被评为年度中国十大科技成就之首，1993年、1994年，连续两年被写入国务院《政府工作报告》，成为全国100多所重点院校高科技成果的唯一代表。

1993年2月18日，国防科工委召开庆功表彰奖励大会。周兴铭获1992年度国防科工委重大科研试验特等奖金，国防科工委报请中央军委给周兴铭记一等功；陈福接、杨晓东、李晓梅、李思昆、苏长青、黄克勋、谈正信、彭心炯获国防科工委重大科研试验一等奖金，荣立二等功。在“银河－Ⅱ”后期的改进工程中，李国宽也荣立二等功。1993 年 12 月，“银河 – Ⅱ”有 13 项单项成果荣获国防科工委科技进步一等奖、3 项单项成果荣获国防科工委科技进步二等奖。

1993 年 4 月 27 日，国防科学技术大学下发《关于给“银河 – Ⅱ”巨型机有功人员奖励的通令》，蒋洪、李国宽、张云龙、张民选、谢伦国、刘军、方革、张学福、吴海平、廖湘科、杨利、万良君、胡庆丰、张志群、饶春华、卢泽新、吕书侠、易福泉、李元山、唐玉华、熊小萌、黄遵国、夏卫民、向忠敏、沈志宇、刘波、宋查田、李德云、王现来等 29 人荣立三等功。

1993 年 5 月 25 日，江泽民同志签署命令，授予国防科学技术大学计算机系兼研究所“科技攻关先锋”荣誉称号。号召全军指战员特别是国防科技战线的同志，向国防科学技术大学计算机研究所学习。学习他们热爱党、热爱祖国、热爱人民，把自己的聪明才智无私地奉献给祖国科技事业的崇高品质；学习他们解放思想，敢闯敢干，瞄准世界先进水平，勇于攀登科学高峰的进取精神；学习他们艰苦奋斗，勤俭节约，立足现有条件，少花钱、多做事的主人翁责任感；学习他们坚持高标准，严要求，一丝不苟，精益求精的科学态度和严谨作风。6 月 23 日，国防科工委在国防科学技术大学隆重召开授旗命名大会。

6 月 28 日，经中央军委批准，周兴铭荣立一等功。记功的原因：周兴铭作为总设计师领导“银河 – Ⅱ”并行巨型计算机的研制，提出四处理机总体方案，在总体设计、逻辑设计、输入/输出子系统、全系统 RAS 技术方案，以及应用开发诸方面作出了开创性的贡献。

1994 年 6 月，长江流域暴雨成灾，洪水围困武汉三镇。如果暴雨持续下去，就不得不炸开武汉上游的堤垸分洪，以确保武汉市的安全。这将导致几十万人转移，大量农田和房屋被淹，造成几十亿元的经济损失。在这紧要关头，国家气象中心根据“银河－Ⅱ”提供的中长期数值预报结果，作出武汉上游暴雨天气即将结束的准确预报。国务院据此作出不炸堤垸分洪的决策，从而避免了巨大的经济损失和几十万人的大转移。

1994 年 9 月，在南太平洋形成的第 17 号台风，在浙江一带登陆，由于“银河－Ⅱ”提前准确预报了台风的强度和具体登陆地点，浙江省有关部门紧急组织加固建筑，转移物资，疏散群众，把台风造成的损失降到了最低。后来，1996 年湖南洞庭湖区抗洪抢险，1998 年长江流域抗洪抢险，“银河－Ⅱ”又屡建殊勋。

1995 年 12 月，“银河－Ⅱ”获国家科技进步一等奖。主要完成者：周兴铭、陈福接、彭心炯、杨晓东、李晓梅、谈正信、苏长青、李思昆、黄克勋、陈立杰、王久林、杨桃栏、卢锡城、方伟荣、窦文华。

周兴铭、陈福接带领计算机科研团队，继续推进慈云桂开创的计算机事业，研制成功“银河－Ⅱ”巨型计算机，用行动打破西方国家的封锁，使中国巨型计算机立于世界先进技术行列，为国家争得了荣誉，产生了明显的社会效益、经济效益和军事效益。

5. 开展“银河－Ⅲ”前期预研和方案论证

随着国家安全、经济发展对巨型计算机技术需求的不断强化，世界巨型计算机技术竞争愈演愈烈。然而，巨型计算机的发展，存在着战略核心地位与高投入高难度高风险、应用紧迫与用户落实难度大的矛盾。美国政府之所以对巨型计算机事业如此慷慨，那是因为他们认为国家安全、航天、航空、气象等是“必须投资领域”，这些领域没有高水平计算机将寸步难行。

20世纪80年代末以来，64位高性能微处理器纷纷面世，这些微处理器性能高，价格较低，既可作为个人电脑、工作站、服务器系统的中央处理器件，又可用来构造巨型计算机系统的基本单元和平台。这一重大技术突破，使得基于标准微处理器芯片设计，实现用于解决大型科学计算、工程计算和大规模数据处理的巨型计算机系统成为可能。

巨型计算机的发展进入了基于微处理器大规模并行处理（MPP）的高性能计算机时代。在这场新的竞赛中，中国绝不能输。1993年初，国防科学技术大学计算机系就开始组织“银河－Ⅲ”并行巨型计算机的可行性研究。经过认真调查分析和研究论证认为，我国开展并行巨型计算机的研制是完全必要的，也是完全可行的。

国防科工委领导听取国防科学技术大学关于“银河”巨型计算机研制情况的汇报后，作出重要指示：“银河”巨型计算机必须找到一个“必须投资领域”，如气象预报、流体力学计算、核电工程数据处理等，通过两者长期合作，推动“银河”事业的持续发展。

但是，“银河－Ⅲ”研制面临着技术上从MP到MPP转轨和人才队伍断层的两大考验。大规模并行处理只是一条可能行得通的道路，国内对MPP的研究只是刚刚起步。研制“银河－Ⅰ”“银河－Ⅱ”的骨干力量，在长期的科研攻关中，为国家巨型计算机事业作出了重大贡献，“银河－Ⅱ”研制成功后，大多数人已步入或接近退休年龄，有一批老同志退了下来，年轻同志大多没有经过大型工程的“洗礼”。

周兴铭这时也55岁了，按照以前与于同兴政委的约定，正准备回到上海陪伴在母亲身边，尽到一个儿子的孝心。“这时聂力就发话了，周兴铭搞巨型机搞得那么好，再搞一个，让他搞完‘银河－Ⅲ’再回去。”周兴铭微笑地回忆着当年的往事。面对组织和个人家庭的需要，他再一次作出了抉择。

周兴铭遵循着爱因斯坦那个著名的公式（成功＝艰苦的劳动＋正确的方法＋少说废话），带领着已经积累了丰富的设计和研制经验的队伍，开始了更为深入也更为艰苦的“银河－Ⅲ”研制探索。周兴铭领衔进行研制“银河－Ⅲ”的方案论证，提出了基于微处理器的“银河－Ⅲ”大规模并行巨型计算机的总体技术方案与研制方案。

然而，周兴铭在主持完成了“银河－Ⅲ”总体方案之后，还是离开了钟爱的科研一线。1994年2月6日，中央军委任命周兴铭为国防科学技术大学研究生院副院长，主持研究生院的日常工作。

周兴铭是在组织的培养、师长的教诲、同事的帮助下，一路走过来的，他清醒地知道自己的舞台在哪里，认为搞科研必须沉下心来，踏踏实实干上几十年。他对担任领导职务不感兴趣，只对科研充满激情。但是，军令如山，周兴铭绝对服从中央军委的命令，走上了新的工作岗位。

1994 年 3 月 27 日，“银河 - Ⅲ” 通过一报一批程序正式立项。国防科工委在立项批复中指出：为确保顺利实现“银河 - Ⅲ”总的研制目标，同意按统一规划、分阶段实施的原则开展研制工作，其中一期工程“银河 - Ⅲ”M 系统列入“八五”国防科研计划和 1994 年年度计划。

“银河 - Ⅲ”总设计师人选问题，一时间吸引了大家关注的目光。调任学校研究生院副院长的周兴铭也在思考，他想的不仅仅是“银河 - Ⅲ”，而是整个“银河”事业的长远发展。当组织上征求他的意见时，他毫不犹豫地提出由年轻人领衔担纲。好钢是在烈火中熔炼出来的，钻石是在重压下形成的，只有年轻人尽快成长起来，我国计算机事业才能得到延续。改革开放后成长起来的新一代计算机人才，知识丰富，科技底蕴深厚，他们是“银河”事业的未来，“银河”事业需要他们尽快脱颖而出。

经国防科工委批准，国防科学技术大学党委重新组建了“银河 - Ⅲ”攻关队伍，卢锡城任工程总指挥，杨学军任工程总设计师，邹鹏任工程副总指挥，张民选任副总设计师。19 名主任设计师、副主任设计师平均年龄 40 岁，总设计师杨学军年仅 31 岁。

甘当绿叶扶红花，周兴铭发扬人梯精神，彰显老一代“银河人”的崇高精神风范，把自己多年积累的攻关经验、实验方法、技术资料，以及前期开展预研的相关成果全盘交给继任的年轻人。

卢锡城、杨学军带领“银河新生代”，秉承老一代“银河人”的创新精神，立志高起点、高跨度，瞄准国际先进技术，积极参与国际竞争，按照国际标准构建软件和硬件系统平台。在大量调查研究和分析论证的基础上，果断地采取了两大策略：一是选择当时国际上尚不成熟、自身技术储备也不足，但扩展余地较大的大规模并行处理技术路线，为突破百亿次、千亿次以至更高性能巨型计算机技术铺平道路；二是按千亿次能力设计，实现百亿次系统。

周兴铭与杨晓东、李晓梅、彭心炯、李思昆、黄克勋、苏长青等老一辈“银河人”，为新一代“银河人”大胆开展科技创新保驾护航。“银河－Ⅲ”研制攻关出现了“朝晖夕阳相辉映，群星璀璨耀银河”的壮观情景。

“银河－Ⅲ”工程，压实了“银河”团队年轻人的肩膀，不仅实现了我国巨型计算机技术新跨越，而且实现了“银河”团队凤凰涅槃，为国家巨型计算机长远发展打造了一支年轻队伍，确保了“银河”事业后继有人，永葆青春，连续推动国家巨型计算机技术跨越式发展，最终把中国超级计算机技术推向世界之巅。

6. 当选中国科学院院士

1980 年，我国恢复 1957 年中断的学部委员评选工作，国防科学技术大学教授慈云桂增选为学部委员，成为中国计算机技术领域最早的两位学部委员之一，另一位是中国科学院计算技术研究所研究员高庆狮，曾主持研制代号为“757 工程”的每秒千万次计算机。当时，全国共有学部委员 400 名，全部为自然科学界人士。但不知为何，1980 年之后的 10 年间又搁浅，没有增选学部委员。

1991 年，中国科学院恢复增选学部委员。当时主要是通过三个渠道进行：第一是由三位学部委员联名推举一名候选人；第二是由中国科学技术协会所属的一级学会出面推举候选人；第三是由省部级行政机关推荐。

国防科学技术大学通过第三种渠道，由国防科工委推荐了几名候选人。1991 年全国新增 210 名学部委员，国防科学技术大学无一人当选。也就是从 1991 年这一届增选开始，确定中国科学院学部委员每两年增选一次，每次增选总名额不超过 60 人，同时注重推选符合标准和条件的优秀中青年科技专家。候选人的推荐和学部的评审、选举运作程序和方法更加严格、严密、公正、客观。

1993 年增选学部委员，国防科学技术大学计算机系兼研究所在确定上报的候选人时，组织全体人员进行投票。民意测验结果是周兴铭的得票高居第一。这一次，国防科学技术大学向国防科工委上报了周兴铭。周兴铭回忆说："当时是很简单的，申报材料也没有用计算机打印，就是找点材料，自己动手填些表格。但评选极其严格，竞争极其激烈。那时还叫学部委员，不叫院士。"1993 年 10 月 19 日，国务院决定将"中国科学院学部委员"改称"中国科学院院士"，同时成立中国工程院。1994 年，全部"学部委员"改称"院士"。

周兴铭长期坚守科研第一线从事计算机系统研制工作，从晶体管计算机到集成电路计算机，包括军用专用计算机、大型通用计算机、巨型计算机、全数字仿真计算机、巨型并行计算机，都是我国自主研制计算机的代表作，为我国计算机事业的发展作出了重要贡献。他也因此成为我国计算机组织与系统结构的著名专家，是我国自主研制计算机系统的开拓者之一，我国巨型计算机系统研制的开拓者之一。

1993 年 12 月 11 日，中国科学院通知国防科工委："经中国科学院学部委员选举，你单位周兴铭同志于一九九三年十一月当选为中国科学院学部委员。特此通知，并顺致谢意。"能够当选学部委员，从某种意义上说是中国科学界对周兴铭多年来所取得成就的认可与表彰，也是对国防科学技术大学"银河人"的认可与表彰。

1993 年 12 月 31 日下午，国防科学技术大学召开座谈会，祝贺周兴铭当选学部委员。学校政治委员刘中山主持会议，当他宣读完中国科学院发来的通知后，全场报以热烈的掌声。

刘中山代表全校官兵对周兴铭表示祝贺，在讲话中指出："一个时期以来，国防科学技术大学没有人当选学部委员，这与学校在国家和军队高等教育中所处的地位是不相符的，周兴铭的当选，是一件值得庆贺的大事、喜事，不仅是他个人的荣誉，也是全校的荣耀。"

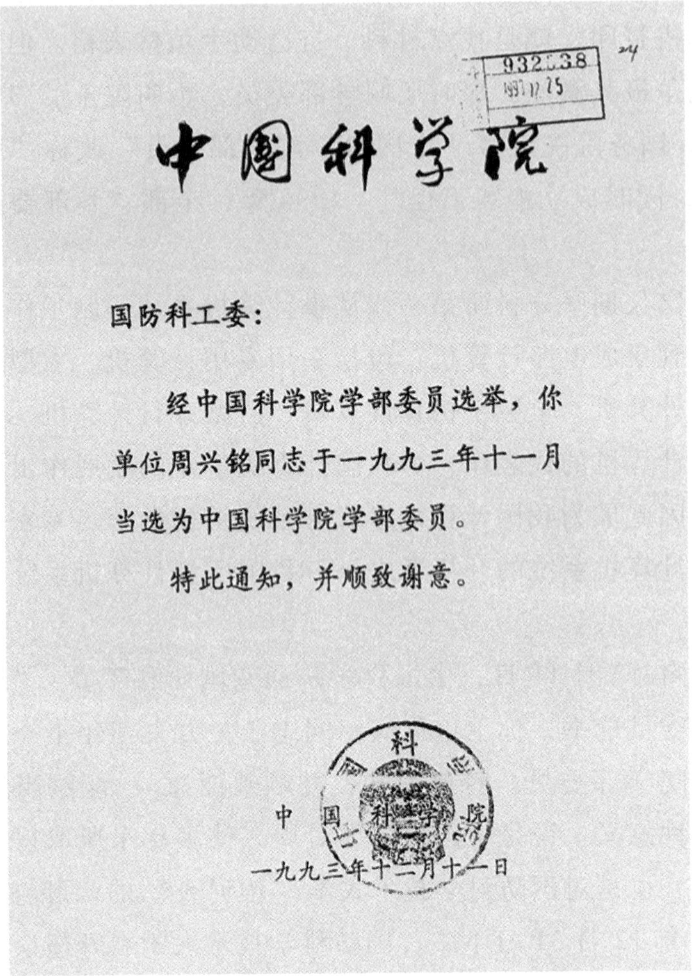

中国科学院

国防科工委：

经中国科学院学部委员选举，你单位周兴铭同志于一九九三年十一月当选为中国科学院学部委员。

特此通知，并顺致谢意。

中国科学院

一九九三年十二月十一日

周兴铭当选中国科学院学部委员的通知

面对巨大荣誉，周兴铭显得十分平静。他在发言中回顾了自己多年从事科研的经历，充满感情地说：没有党的多年培养和教育，没有各届学校领导的扶助和鼓励，没有同志们的大力支持，没有团队的齐心协力，就没有我的今天。这次增补学部委员竞争十分激烈，700多位候选人只选出59人，我能够当选，自己没有想到。这是国防科学技术大学和计算机研究所在科技界影响扩大的结果，“银河”巨型计算机、仿真计算机等一系列重大科技成果显示了学校在这方面的实力，光荣属于全体研制人员，属于全校同志。

周兴铭真诚地说：我只是尽了一个中国人和一名普通党员应尽的责任，但党和人民却给了我莫大的荣誉。现代科学研究是群体行为，不是一个人所能完成的，需要大家的共同努力。“哈军工”的教育培养使我形成了正确的世界观，这一点至关重要。多年来，学校和研究所对我十分信任，不断压担子，承担重大科研任务，才使我得以在事业上有所成就，个人的命运是与这所具有光荣传统的学校紧紧联系在一起，与计算机团队这个科研群体紧紧联系在一起的。尽管我的能力、知识和精力有限，但仍将一如既往，作为学校的普通一员，为学校建设、为国家科技事业竭尽全力地去工作，以报答国家和学校的厚爱。

郭桂蓉副校长进行小结发言，他说：“周兴铭教授是学校教师队伍的优秀代表，在他身上体现出的崇高品质，主要是对党的事业忠心耿耿以及高度的事业心责任感。”他希望全校师生都要向周兴铭学习，不辜负老一辈无产阶级革命家对学校的期望，不辜负国家和军队对学校的重托。

1994 年 1 月 5 日，周兴铭接受了《国防科大报》记者王晓军的采访。他反复强调：“自己所取得的一点成就，是与党和学校多年的培养教育分不开的，自己只是科研战线上的普通一兵，做了自己应该做的事。”周兴铭说，一个知识分子，科研工作者，要在事业上有所成就，具有良好的政治思想素质极为重要。要树立正确的人生观，把个人的前途命运同党和人民的利益紧密结合在一起。他回忆了自己在“哈军工”学习期间多次下乡到东北农村的情况，对记者说：“农民们当时的艰苦生活情景给我留下深刻印象，从那时起，在我的心中就萌发了早日使国家富强的远大抱负。”

周兴铭告诉记者，人的一生中会遇到许多事情，如果遇到事情总是考虑个人的名利得失，没有为国家作贡献、牺牲个人利益的思想，要在事业上有大作为是不可能的。如果一切向钱看，哪里钱多去哪里，这对科研事业和个人成长都是不利的。

周兴铭还分析了一个人事业成功的因素，认为善于正确处理人际关系也是事业成功者必备的素质，否则，一个人即使能力再强，离开团队的支持，也是成不了大事的，大型科研攻关项目更是如此。一定要学会发扬民主，尊重别人的意见，同时善于汲取大家的智慧。个人的名利要看得淡一些，决不能老想着突出自己。只有这样，大家才能形成合力，同心同德攀登科技高峰。天资聪颖是获取成功的有利条件，具有勤奋刻苦的品质更为重要，天资再高，如果贪图安逸，不愿做出艰苦的努力，不能融入团队当中，终将一事无成。自己在计算机研制上取得了一些成果，归功于研制团队中每一个成员的共同努力，归功于国防科工委、学校和研究所领导的关心指导，归功于全校人员营造出奋勇争先环境的激励鞭策。

未出土时先有节，待到凌云更虚心。周兴铭经常谦逊地说：“我只是恰逢其时，做了自己该做的工作。也就只做了6台机器，还是和大家一道。”可是，在轻松平静的语气中，有谁能想象其中包含着多少代价呢？

周兴铭认为自己取得成就的主要原因，最关键的莫过于三点：一是找到与自己相契的领域；二是全身心地投入此领域；三是团队上下凝成一股绳。周兴铭一向求实务实不慕虚名，认为自己从事科研工作只是比较幸运。

第一个幸运是从指挥仪转学计算机。指挥仪专业不是他自己的选择，抽调过来搞计算机也不是他自己的选择，都是组织的安排。

周兴铭对计算机特别有兴趣，而且逻辑思维能力强，很适合从事计算机研制，他在大学期间发现了这个长处，自己觉得很幸运。因为计算机是一个兴旺的专业，而且是一个很有前途的方向，他特别喜欢，也特别擅长。计算机要求抽象，看不见摸不着的东西周兴铭能够搞得很清楚。

第二个幸运是一开始的定位是从事科研。周兴铭感慨自己从“哈军工”到国防科学技术大学，当了 50 多年的老师，但是真正在讲台上教书并不多，这是自己的不足。周兴铭一直坚持搞科研，那是他的兴趣所在。第一次参与研制 901 晶体管计算机，事实上他已成了主要的研制骨干，各种需要解决的问题，基本上都参与其中。这样，后面的道路发展就比较自然了。

第三个幸运是能够在国防科学技术大学工作。“哈军工”到国防科学技术大学为科研人员提供了良好的机会。最初是国防科委、国防科工委，后来是总装备部，相信国防科学技术大学的技术实力，研制各种计算机的课题都交给学校承担。所以，才有机会研制最新的机器，有各种任务压着自己往前走，如果是在其他学校、其他单位，可能不会有这么多的机会。

第四个幸运是学校里有一支具有很强向心力、凝聚力、战斗力的科研团队。各级领导关心指导，团队成员彼此照顾、互相尊重、密切配合、共同努力。特别是慈云桂、柳克俊等人，都是很出名的计算机专家，从一开始就带着自己从事计算机研制，周兴铭认为是自己的幸运。“银河”工程先后造就了包括慈云桂、周兴铭、陈火旺、卢锡城、杨学军、宋君强、廖湘科等 7 名两院院士在内的一批领军人才，这些领军人才成为创新团队的带头人，在“银河”“天河”计算机研制以及应用软件开发中很好地发挥了领航作用。

周兴铭把院士视为一种责任，认为自己能够当选中国科学院院士，既是对科研团队过去工作的肯定，更是对今后工作的激励。他深感自己要承担的责任更多、更重了，为了不辜负国家和人民寄予的期望，更要严格要求自己，更加需要“无须扬鞭自奋蹄”。这种发自内心对自己的认知是一种境界，是周兴铭毕生为人治学的生动写照。

第七章 *Chapter 7*

殚精竭虑培育科技英才

科技领域的竞争，归根结底是人才的竞争。为让桃李满春芳，甘做红烛育英才，周兴铭牢记使命、躬身于教，奋战于教学科研一线，以严谨的教风、前瞻的思考、创新的思维、执着的追求，学为人师、行为世范，精心育人才、竭力带队伍，努力为国防科技事业和军队信息化建设培养优秀人才。

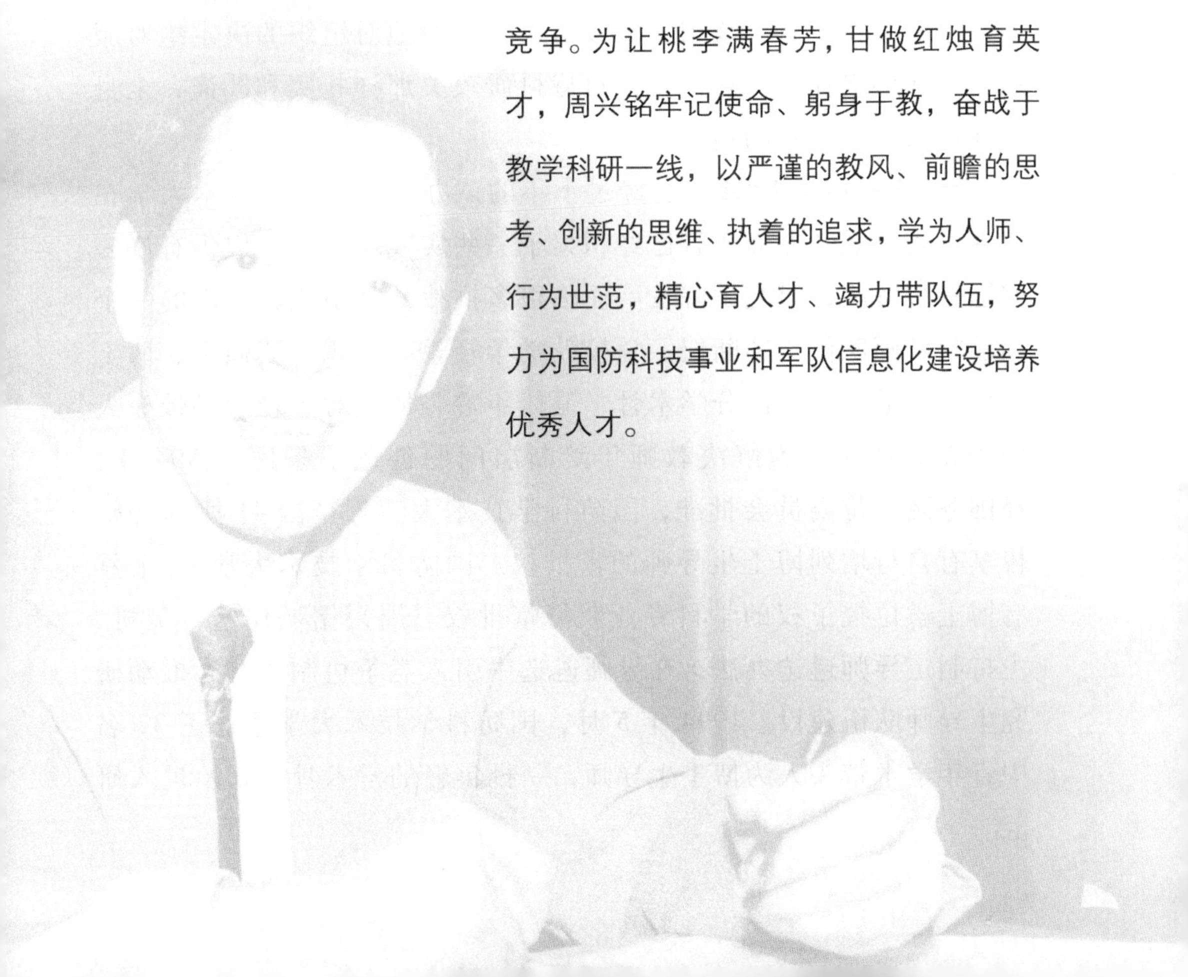

1. 主持研究生院日常工作

1984 年，经国务院、中央军委批准，国防科学技术大学成为全国首批试办研究生院的 22 所高校之一。1994 年 2 月 6 日，中央军委任命周兴铭为国防科学技术大学研究生院副院长。研究生院院长由学校一名副校长兼任，周兴铭主持研究生院的日常工作。虽然周兴铭更愿在科研一线与大家戮力攻关，但他对组织的决定绝对服从，并深感责任重大。他就像对待科研攻关那样扎实和严谨，全身心地投入了这一新的角色。

从 1984 年到 1994 年，经过十年的试办，国防科学技术大学在研究生教育教学方面尽管已经积累了一些实践性经验，但仍有许多问题有待解决，研究生院发展面临很多挑战，其中比较突出的一个问题是教师队伍年龄断层。学校鼓励年轻教师在职攻读硕士、博士学位，并适当延长部分学术骨干退休年龄，加强对年轻学科带头人的培养和使用，为解决教师年龄断层问题创造了条件。1994 年，经国务院学位委员会批准，国防科学技术大学等全国 41 所高等院校享有自行增列博士生导师的审批权。国防科学技术大学 14 个具有博士学位授予权的学科专业获得审批权。周兴铭抓住这一契机，主持制定导师遴选办法，在导师遴选中引入竞争机制，有力推动研究生导师队伍建设。1994 年 5 月，国防科学技术大学遴选了 32 名中青年学术带头人为博士生导师，一批年轻的学术骨干开始进入研究生导师的行列。

同时，国防科学技术大学编制调整后，从1989年开始本科学员直接参军，大学四年后毕业分配是硬指标，能直接读研究生的学员少了，这也制约着学校研究生教育的发展。学校领导多次强调，要想方设法扩大研究生招生规模，增加应届高水平本科毕业生读研人数。为此，周兴铭积极向校领导提出建议。校领导通过向总政治部、国防科工委有关领导有关部门汇报，并开展多方协调和反复研究，最终确定：为通过国家研究生统考分数线不能立即读研的本校应届本科毕业生保留返校读研的资格；加大从地方重点大学应届本科毕业生招收研究生的力度。这些措施的实施，取得了较好的成效。

周兴铭认真研究国内外知名大学研究生教育的成功做法，对如何加强学校的研究生教育进行了深入思考，推动制定一系列深化研究生教育教学改革的具体措施。周兴铭认为，研究生教育就是保证研究生培养按照一定的规格和目标发展，使他们成为国防现代化建设和部队建设所需要的高级专门人才。研究生教育除了招生、培养、学位、思想政治等工作外，还有大量的管理工作要做，各部门应互相配合，相互渗透，综合地发挥作用。1994年12月，周兴铭、窦文华、李晓梅等人完成的《加强计算机系学科建设，提高研究生教育水平》，获国防科工委优秀教学成果二等奖。

1994年底，在总结全年工作和部署1995年任务时，周兴铭代表国防科大研究生院党委提出了改革和发展学校研究生教育，要重点做好六项工作：一是要坚持把正确的政治方向放在首位，确实加强研究生的思想教育工作；二是要坚持本科生教育与研究生教育并重的方针，重点发展博士生教育；三是要树立以学科建设为龙头的指导思想，加强学科建设；四是要不断加强研究生导师队伍建设；

五是要改革研究生培养模式，优化培养方案，加强课程建设，提高培养质量；六是要改革和完善研究生教育管理体制和运行机制，完善研究生教育质量保证和监控体系，加强研究生院建设。

针对国防科学技术大学重归军队院校编制序列后研究生军事素质培养亟待加强的实际，周兴铭在组织研究生院广泛调研的基础上，积极向学校党委建议：要大力加强研究生入学军事训练、条令条例教育等，着力提高军事素质，加快推动研究生转变为合格的军人。周兴铭特别强调，要把政治合格放在首位，着力打牢研究生献身国防科技事业的思想基础。国防科学技术大学党委采纳了周兴铭提出的建议，明确坚持德育第一，坚持课程学习与科学研究并重，着重培养掌握基础理论和从事科学研究或专门技术工作的能力；要把培养和提高研究生的军事政治素质作为一项战略任务，采取强有力的措施加强研究生军事政治素质培养。

在周兴铭的领导下，研究生院围绕研究生德、智、军、体全面发展，从加强科学管理、建立健全规章制度入手，狠抓研究生课程体系、博士生培养方案规范化、博士生培养实验条件建设，推动完善质量控制体系，实行全过程质量管理，改革培养模式，提高研究生的综合素质和创新能力。

在业务上，建立和完善了研究生培养的质量监控体系，从招生、课程学习、开题报告、中期筛选到论文答辩和学位授予，全过程都有严格的质量管理目标与办法；建立了教学信息反馈机制和教学质量评估及激励淘汰机制。

在教学实践中，明确要把研究生获取新知识、跟踪新前沿、开拓新领域的能力培养，作为教学的出发点，加强基础知识，拓宽专业面，反映本学科专业的前沿科技水平及其新发展、新动向。坚持因材施教的原则，既面向多数学员，达到同一规格的要求，又不拘一格，注意对拔尖人才的培养。

根据学科技术的进步和发展、研究生教育改革形势的推进以及国防现代化建设和部队建设的需要，周兴铭组织研究生院对培养方案进行调整和修改，推动构建研究生培养体系：全日制博士生的课程学习时间不能少于半年，从事科学研究和撰写学位论文时间应不少于2年；硕博连读生的课程学习时间一般为2年，从事科学研究和撰写学位论文时间大致为2～4年；全日制硕士生的课程学习时间一般为1年，从事科学研究和撰写学位论文时间一般为1.5年。硕士生的课程学习实行学分制，每门课程的学分由指导老师根据课程的教学时数及在培养方案中的地位、难度、指定的参考资料的分量等提出，经系审核后确定。硕士生课程学习的学分数定额不少于32学分，还规定必修课程不高于26学分，学位课程为22～25学分，其他及选修课程不低于6学分。还要求每学期课程学习学分数要适量，不能过多。每门课程均须进行考核，成绩及格者方能获得规定的学分。

当时，国防科学技术大学的研究生所有课程都注意反映本学科国内外的新方向、新发展，而且每年还根据新完成的科技成果和用人单位的要求，不断开设新的课程。为了拓宽研究生的专业知识面，优化知识结构，切实在教学中做到因材施教，周兴铭主张多开选修课程，倡导研究生跨系、跨专业听课，以便使他们具有较强的适应能力和较大的发展后劲，将来能够适应多种专业技术方面的工作。

长期一线科研攻关的经历，使周兴铭深刻认识到，研究生教育是高等院校教学和科研的结合点，加强研究生教育可以带动科研；反之，开展科研也可以促进研究生培养，做到既出成果，又出人才。“科技创新工作，是特殊战场的战斗，战斗中出人才，也出帅才。”周兴铭深有体会地说。

在周兴铭的积极倡导和推动下，研究生一入学就进入课题组，结合专业学习开展科学研究，主要围绕所承担的科研任务，从当前和今后需要解决的问题中，提炼既有一定难度又有一定学术水平及应用价值的课题。研究生的论文选题主要来自国防关键技术研究领域。广大研究生在科研实践中得到磨炼，爱国激情在科研实践中升华，攻坚意志在科技攀登中锤炼，团结协作精神在攻关克难中得以养成。国防科大的众多科研成果中，都有研究生的参与并凝聚着他们的智慧，许多研究生在科研中“唱主角”“挑大梁”，获得各种科技奖励。一大批研究生在科研攻关实践中脱颖而出，成为军事科研领域的一支生力军。坚持教学和科研相结合，是研究生教育的基本规律，也是学校保证研究生培养质量的一条成功经验。

1995 年 10 月 9 日，国家教委制定并下发了《研究生院设置暂行规定》，对设置研究生院的高等院校应具备的条件、研究生院应履行的职责等都作了明确规定。周兴铭组织国防科大研究生院全体人员，认真学习领会，引导大家深刻认识到研究生在我国研究生教育发展中的重要地位和作用。

1996 年 4 月 19 日，周兴铭辞去研究生院副院长职务，回到国防科学技术大学计算机学院任教授。6 月 24 日，国防科学技术大学党委任命周兴铭为计算机学院顾问。周兴铭可不是顾得上就问，顾不上就不问，而是既“顾”又“问”，是一位名副其实的顾问。他全身心投入学术研究和学术性工作，时刻思考着计算机学科专业的进展和计算机学院的建设发展。

2. 开创微电子学的新领域

微电子学与固体电子学是随着集成电路，尤其是超大规模集成电路（VLSI）的发展，而发展起来的一门新的学科。在大规模集成电路发展方面，我国经历了诸多曲折，人才、技术储备不够，工业基础又十分薄弱。20 世纪 90 年代，我国尽管在上海建有几条超大规模集成电路生产线，但没能从根本上解决问题，产品质量与国外相比差距很大。信息技术产业划分为上游、中游、下游三个层级，上游是“粮食”，是集成电路芯片的生产，中游相当于系统的集成，下游相当于应用的开发。改革开放后，百废待兴，国家的财力有限，很多人甚至有一些专家也认为，我国发展信息技术，不是每个领域都要去搞，只要把中游、下游搞好就行了，上游发达国家有优势，我们可以用他们的成果。

周兴铭基于多年开展重大科研攻关的独到经验，敏锐地认识到超大规模集成电路是未来计算机乃至信息技术的基础和重点，事关抢占信息技术制高点，事关国家信息安全。他一而再、再而三地呼吁，高精尖技术买不来，我国一定要发展自己的超大规模集成电路，一定要把信息技术的命脉掌握在自己手中。在为全军高级干部高科技知识培训班授课时，周兴铭都不忘向他们宣讲自己的理念和思路。

时任国防科大计算机学院 CAD 研究室主任的李思昆教授找到

周兴铭，与他谈起了如何发展大规模集成电路的问题，两人不谋而合。李思昆提出："大规模集成电路的生产与设计分离，给我国发展大规模集成电路提供了一个机会。我们设计能力强，国外设计与生产的接口规范已标准化，可以在国内设计到国外生产。"周兴铭说："对，我也看到了这个问题，我们要抓住这个机会，积极向上面呼吁一下，你先写一个建议报告。"

不到一个星期，李思昆和陈跃跃、戴葵一起，以国防科学技术大学CAD研究室的名义，起草了一份发展大规模集成电路的报告初稿。周兴铭看了以后，提出一些修改意见，并建议上报给电子工业部。

根据周兴铭的建议，李思昆带着报告前往北京，几经辗转，将报告呈送到电子工业部一位司长的手里。这位司长看完后，对李思昆说："建议很好，可是你们是国防科学技术大学，不属于我们管，能不能由学校与湖南省政府联合重新上报？"

回到长沙后，李思昆把情况告诉了周兴铭。周兴铭十分高兴，坚定地指出，发展大规模集成电路是我们计算机学院必须抓住的大事，抓住了才能争取主动，才能有特色。"走，我们找陈福接聊一聊。"这时，陈福接已经担任国防科学技术大学顾问，十分关注计算机学院的建设发展。在陈福接的办公室，三人进行了深入探讨，达成了共识。陈福接说："学校方面由我去找校领导协调，你们负责把报告进一步完善。"第二天，陈福接就把情况向校长进行了汇报，争取到他的支持。很快，国防科学技术大学由校领导出面与湖南省政府进行商谈，湖南省省长认为这是促进湖南发展的一个好机会，同意与学校联合上报建议。

1998年2月，由国防科学技术大学校长和湖南省省长带队，组成十几个人的团队前往北京，向时任电子工业部部长胡启立汇报。

周兴铭在新成立的国防科学技术大学
计算机学院办公楼前留影（1995 年）

胡启立听完汇报后，当即就表示支持，认为国家应该大力发展大规模集成电路。遗憾的是，1998 年 3 月，电子工业部撤销，原职能由信息产业部执行，胡启立调任第九届全国政协副主席。即将展开的事情，又要从头开始。

1998 年 11 月，报告得到了信息产业部高技术司徐顺成司长的重视。徐司长提出，国防科学技术大学负责进一步修改完善报告内容，信息产业部可以制订一个“泰山计划”，争取国家投资 60 亿。李思昆立即打电话给周兴铭，说这个事可以办成。周兴铭恰好在青岛休养，李思昆十分兴奋，干脆从北京直接到青岛向他当面报告。周兴铭提出，既然徐司长说要支持我们，那就按照他的要求做一个“泰山计划”。很快，他们配合信息产业部高技术司完成了“泰山计划”方案初稿。徐司长在国内找了20几位专家进行深入论证，方案先后修改十余次，最终形成“泰山计划”——关于发展我国大规模集成电路产业的计划。李思昆带着信息产业部拟制的红头文件回到了长沙。周兴铭看后说，虽然还没有正式实施，但我们要抓紧干，先干起来，学科也要赶快发展，以这个计划带动微电子学科发展。

由于周兴铭等一批专家的大声疾呼，以及世界信息技术迅猛发展的态势，国家层面意识到必须加快发展微电子产业。2000年6月，国务院出台了《鼓励软件产业和集成电路产业发展的若干政策》，明确了要加快发展微电子产业，不断推动我国软件产业和集成电路产业的发展，以增强信息产业创新能力和国际竞争力。

由于种种原因，“泰山计划”最终没有实施，但是国防科大计算机学院却率先组织队伍干了起来。1998年，国防科学技术大学与中电58所合作研制成功DSPC30浮点数字信号处理器芯片，这是“九五”期间国防预研微电子项目，计算机学院主要负责芯片的逻辑提取、逻辑模拟，以及逻辑与版图一致性查错。李国宽、孙锁林、方伟荣、吴显奎、陈雅媛、李仲民、顾忠杰、李兆盛等技术人员艰苦奋斗，经过近两年刻苦攻关，该项目一次流片成功，获得“九五”国防预研项目优秀奖。1999年10月，总装备部四局紧急启动某型飞机微处理器芯片的研制任务，国防科学技术大学计算机学院主要负责芯片的逻辑和版图设计。他们抓住这一机遇，迎难而上，与负责流片工艺的中电58所、用户使用单位航空631所合作，经过日夜奋战，于2000年底芯片一次流片试用成功。这两个项目的研制成功，使国防科学技术大学在国内微电子界声名鹊起，奠定了“十五”“十一五”期间微电子学科大发展的基础。

2000年，国务院开展学科博士点增设评审，当时，国防科学技术大学有“电子科学与技术”一级学科博士点，但尚缺“微电子学与固体电子学”二级学科博士点，而且连硕士点都没有。学校党委一致认为，今后的巨型计算机建立在超大规模集成电路的基础上，“微电子学与固体电子学”二级学科迫切需要发展。时任研究生院院长的张育林，多次组织召开会议研究讨论，着力推进学科博士点增设论证。经国防科学技术大学、计算机学院党委的慎重考虑，由周兴铭作为负责人代表学校参加答辩，领衔申请“微电子学与固体电子学”博士点。

应该说，这是一个非常艰巨的任务。时任周兴铭院士助手的徐明经历了整个申报答辩的全过程，他回忆说：“周院士是计算机学科的院士，大家是普遍认可的，但这次要面对的不是计算机的学科评议组，而是电子科学与技术的学科评议组。周院士是到别的学科地盘上去答辩，去争取在国防科大设置这么一个博士点。”

在北京答辩时，只有周兴铭能够进入会议室，学校、学院的一批领导和专家在外面忐忑不安地等候。对于能不能说服评委，争取到他们的认可，周兴铭当时心里也没有底。他十分忐忑，但还是沉稳镇静地走进了会议室。当时有评委提出：“周院士，您是做计算机系统结构的，怎么到我们这个行当里来争电子科学与技术学科博士点，您是不是走错了门？”这看似玩笑的提问，却暗藏着尖锐的问题。

周兴铭微微一笑对评委解释道：“我是研究计算机系统结构的，我们这个微电子学，就是考虑在微处理器芯片上怎么样来实现计算机系统结构，相当于把一个大型的复杂的逻辑处理的计算机系统，做到超大规模集成电路上，也就叫作微处理器……”简简单单的话语，既让专家们明确了国防科学技术大学在计算机系统结构上的强大优势，也向他们讲明了微处理器未来的发展趋势。其他评委又纷纷提出一些问题。面对学位评审委员会的疑问，周兴铭一一作出了回答，精彩的答辩获得评委的高度认可，一致同意批准国防科学技术大学“微电子学与固体电子学”博士授予权。等到周兴铭面带微笑走出会议室，大家一下子都明白了结果，顿时欢呼起来，个个都感到振奋不已。

正是抓住了这一机遇，国防科学技术大学“微电子学与固体电子学”学科进入超快发展的车道，并成立了微电子学微处理器研究所。计算机学院组织精兵强将，一方面积极承接国家和军队科研课题，滚雪球式地发展；另一方面所开发的微处理器芯片直接应用于武器装备，显著提升了我军战斗力。2002 年，“微电子学与固体电子学”二级学科纳入国家重点培育学科，是当年微电子领域唯一的国家重点培育学科。周兴铭欣慰地说：“这样，我们就从此有了集成电路设计的博士点，有了学科和博士点的支撑，人才培养就很顺利了，培养了一批人，对后来‘银河’计算机的研制和我军装备发展，作出了很大贡献。”

在周兴铭亲力亲为地推动下，国防科学技术大学抓住了一个很好的契机，“微电子学与固体电子学”学科得到不断发展壮大，特别是在高性能微处理器设计方向上，逐渐形成了明显的学科与技术优势，具备了国际竞争力。在课程建设、人才培养体系、科研乃至尖端领域的微处理器芯片设计，特别是在数字信号处理器芯片设计等方面，具有较强的实力。

周兴铭以科学家的战略眼光，敏锐把握技术发展前沿，推动国防科学技术大学和湖南省政府对发展大规模集成电路达成共识。在学校和学院两级党委以及各级领导的关心支持下，“微电子学与固体电子学”迅速发展，培养出一大批攻关夺隘的硕士、博士。国防科学技术大学微电子学的发展为我国巨型计算机事业的腾飞奠定了基础，创造了良好的支撑条件，这其中周兴铭发挥了至关重要的作用。

3. 言传身教指导研究生

1990 年 11 月，周兴铭被国务院学位委员会批准为博士研究生导师，开始培养博士研究生。在这以前，他就以英文原版书为教材，先后为 1981 级至 1984 级研究生讲授“高性能计算机系统结构”课程。

作为研究生指导老师，周兴铭认为，老师对学生的影响首先是品格上的，传道、授业、解惑，传道是第一位的，不光是在做学问上要求学生踏踏实实，而且在做人上也要求他们守住良心做真君子。对于所带的每一个研究生，周兴铭都是手把手地教，从指导学生实验到批改论文，无不亲力亲为，为学生的成长成才付出了大量心血。多年来，先后培养出 60 多名博士和 60 多名硕士。

学高为师，德高为范。周兴铭温和儒雅，但在人才培养上要求却非常严格。在诸多学子心中，他既是学术导师，更是人生良师。据他培养的学生总结，周兴铭指导研究生主要有三个特点：

一是注重为军队服务。周兴铭把为军队服务作为自己的使命责任，贯穿于科研教学工作之中，也作为人才培养的目标，激励学生献身国防和军队现代化建设。每当研究生入学后，周兴铭都会组织他们座谈，了解每个新生的个人情况，介绍从“哈军工”到国防科学技术大学的发展历程，结合自己早年参加计算机系统研发的经历，引导学生树立献身国防的志向。“周老师说他早年在为海军鱼雷快艇研制计算机系统时，课题组联系作战部队实地调研应用需求，设计各项指标参数，多次上船开展现场系统调试，直到满足作战要求、正式定型交付装备。说到动情处，我们能从周老师的眼神中感受到那种神圣和自豪，他的话深深地打动了我们。”尽管过去了很多年，学生对周兴铭当年的教导仍然记忆犹新。

选题是研究生入学后最关键的一步，选题的质量，在很大程度上决定了学生未来的科研成果，决定了为军队服务的水平。周兴铭对每一位学生的选题都亲自把关，将能否为我军装备建设服务作为基本要求，鼓励学生到部队开展调研，获取第一手应用需求，结合学科发展前沿，提炼科学问题，开展技术攻关。王晓东回忆说：“周老师在听取我们阶段性研究工作进展汇报、指导原型系统研发时，总是提醒我们要注意与部队具体应用有机结合，要围绕系统在部队实际应用中用得上、用得好这一目标下功夫。”

刚刚结束本科阶段学习的研究生，还没有掌握科研工作的基本方法，周兴铭总是亲自指导他们，从跟踪外军科技最新动态、把握国际学术前沿，到立足自主创新，紧密结合我军实际应用需求，都会及时给出意见和建议。有时为了帮助学生确定研究方向，周兴铭白天翻阅国外最新期刊，夜间在网上查找资料。他指导的博士生几乎人人都经历了反复修改选题的磨炼。许多硕士毕业的佼佼者，尽管过五关斩六将考取了他的博士生，但是在选题阶段，也必须最大限度地挖掘创新思维潜能，独立自主地瞄准为军队服务的方向，树立在学术上争创一流的目标。在周兴铭的鼓励下，他所带的研究生在毕业走上工作岗位后，都能迅速结合部队单位的技术发展需求开展工作，很快在工作中打开局面。

二是注重严格要求。周兴铭是一位学术严谨的科学家，对学生要求非常严格。他坚持“严格选拔，宁缺毋滥”，始终瞄准一流标准培养人才，从不碍于情面降低标准。周兴铭虽然对学生要求严格，但在指导带教上非常有耐心。只要研究生有事需要找他，他总会把时间安排好，首先解决学生的问题，同时还主动找学生谈心，了解他们的学习和思想情况。在王晓东看来，“周老师对帮助别人很热心，有些是他的学生，有些不是他的学生，不管是谁向他问问题，他都很耐心、热心地解答”。

周兴铭指导学生，不是让学生追随，而是鼓励大胆创新。要求研究生做学位论文，不要都写综合性的评述，而要在掌握本领域全面知识和最新动态的基础上，针对一些别人未曾解决的问题，提出自己的新概念和新见解，研究要有挑战难题的创新精神，必须立足前沿，进行开拓性工作。他教导学生虚心学习前人的成就，踏踏实实地做工作，拿出严谨的证据，提出自己的创新观点，敢于推翻前人的论断，站在前人的肩膀上攀登高峰。他身体力行地给学生树立样板，做好示范，一直教育学生要学会学习、学会思考，不允许有丝毫的马虎和含混。要求研究生的论文数据结论，必须经过认真检验。对研究生撰写的论文，他都会仔细审阅修改，文章中有错误的地方必须重新做实验加以纠正。每名学生的论文初稿都布满了他圈圈点点的修改意见，许多学生一直珍藏着当年毕业论文的初稿。

周兴铭特别强调培养学生良好的学习和工作习惯。他的严格、严谨体现在工作和生活的每一个细节上。有一次，周兴铭的几个学生为他整理办公室，看到角落里摆放的一个资料柜布满了灰尘，他们把柜子擦干净后，好奇地打开看一看，里面整齐地码放着一摞摞泛黄的信纸材料，都是 20 世纪 80 年代周兴铭参加巨型计算机研制任务时留下的工作笔记。当年的白纸已难掩岁月留下的泛黄印记，但那一丝不苟的笔迹、分毫不差的尺规作图，让学生们真切地感受到老师严谨、细致、精益求精的工作态度，为学生们上了一堂生动的教育课。

三是注重实践锻炼。周兴铭十分重视为研究生提供锻炼的机会，尽一切可能给他们创造条件，利用一切机会让他们在各种学术场合登台亮相、扩大交流影响。他坚持到科研、实验现场，结合实际进行指导，观察实践过程中的各种现象，检查学生的研究进度、质量及存在的疑难问题，对研究中出现的学术问题、计算与实验方法等问题，及时帮助解决。周兴铭经常与学生开展学术讨论，对于他们提出的新思想、新方法，总是给予鼓励引导，促使他们能够快速成长进步。“授业问难，教学相长”这种方式，有观摩濡染之效，学生从中受益良多。

周兴铭认为，对于研究生来说，导师只能是指路人，而不能是“保姆”，导师一定要了解自己的学生，引导学生按照自己的兴趣爱好自由发展。周兴铭给研究生的锻炼都是着眼于他们自身的发展，而不是把学生当作劳动力。他特别反对近年来有些指导老师对学生只使用、不培养的做法，他要求导师组对每名研究生负责，为他们考虑好长期的发展方向，给他们创造机会。在撰写学位论文阶段，周兴铭鼓励研究生参与学术活动，开阔视野，或者要求定期报告自己的研究内容、国内外最新文献资料，对有关科研发展进行评述，促进了解本学科前沿动态，不断形成自己的观点。

周兴铭还采取定期或不定期的学术讨论、定期检查答疑和专题指导的方式，对所带的学生进行引导、把关和定向，既不包办代替，又不放任自流。初期指导，开题报告通过后进一步指明研究方向，引导研究生进一步查阅文献资料，准备好课题研究的器材、设备；要求研究生写出文献综述，拟定好实验方案，有意识地培养研究生分析问题、解决问题的能力。中期指导，由于研究生论文课题已做了大量的实验、分析、论证等工作，暴露出较多的问题，除了检查课题进度、阶段性成果外，还做好研究生的思想工作，帮助他们克服畏难情绪，指出容易出现的问题。后期指导，主要是检查性指导，引导研究生，在总结的基础上不断提高理性认识，抓住事物的本质，为实际应用提供新的依据。他认真阅读阶段性小结和论文初稿，对提出的方案、结论进行仔细推敲，及时帮助解决研究生论文中存在的问题。

名师出高徒。周兴铭的严格要求和言传身教带来了丰硕的成果，指导的研究生毕业后，在各自的岗位上开拓创新、建功立业。许多人已成为我国计算机科学研究和教学的重要骨干：

杨利，广东东软学院院长、党委副书记，教授。1991 年 9 月师从周兴铭攻读博士学位，主要从事并行数据库的研究，他是周兴铭指导的第一位博士研究生。毕业后成为国防科学技术大学计算机学院数据库方向的学术带头人，后在东北大学从事博士后研究。2002 年转业到地方，创办了广东东软学院。2014 年被评为全国职业教育先进个人，2015 年起享受国务院政府特殊津贴。

窦勇，国防科学技术大学计算机学院并行与分布处理国防科技重点实验室副主任，研究员，博士生导师，中国计算机学会体系结构专业委员会主任，国家重点学科“计算机体系结构”高性能研究方向学术带头人。跟随周兴铭攻读硕士、博士研究生。主持或参与国家自然科学基金、国家“863 计划”等 10 多个国家级课题研究。重点开展基于 FPGA 的算法加速器异构并行体系结构基础研究工作。先后发表学术论文总计 70 余篇，其中国际期刊论文 18 篇，单篇论文他引次数达到 130 余次，受到国内外学者的广泛关注。多次担任国际学术会议的执行委员会委员或主席。参加“银河”系列高性能计算机研制工作，历任设计师、主任设计师，是自然科学基金“千万亿次高性能计算机”创新群体主要骨干成员。获军队科技进步一等奖1项，军队科技进步二等奖3项，荣立三等功3次。2006年入选教育部“新世纪优秀人才支持计划”，2008年入选湖南省“121”人才工程，2011年4月被总政治部表彰为第12届全军学习成才先进个人，2011年6月获国家杰出青年基金项目资助，2012年9月获军队院校育才奖金奖。

肖立权，国防科学技术大学计算机学院计算机研究所所长，“计算机科学与技术”学科学术带头人之一，博士生导师，计算机存储专业委员会会员，“银河”工程副总设计师。从事“银河”系列巨型计算机系统和“天河一号”高效能计算机系统研制，攻克若干关键技术，为满足国家战略计算能力发展的需求作出了重要贡献。在并行计算机系统体系结构、高性能大规模互连通信网络、深亚微米集成电路芯片设计等方面取得了重要创新和成果。先后获国家技术发明二等奖1项、国家科技进步一等奖1项、军队科技进步一等奖3项、国家发明专利2项。2000年荣立三等功，2003年获霍英东教育基金会第九届青年教师奖，2005年享受军队优秀专业技术人才二类岗位津贴，2007年荣立二等功，2010年12月享受国务院政府特殊津贴，2012年入选军队学科拔尖人才培养对象。

窦强，国防科学技术大学计算机学院微电子与微处理器研究所所长，博士生导师，“银河”“天河”计算机系统工程副总设计师。跟随周兴铭攻读硕士、博士研究生。作为副总设计师负责国家“863计划”“千万亿次高性能计算机系统”中自主CPU与自主计算结点研制工作。作为主要技术骨干主持和参与12项科研项目。出版译著1部，提交国防报告1篇，发表学术论文14篇。获国家科技进步一等奖1项，军队科技进步一等奖2项，申请国家发明专利 3 项。2010 年入选教育部“新世纪优秀人才支持计划”，2012 年入选军队学科拔尖人才培养对象。

王晓东，国防科学技术大学计算机学院并行与分布处理国防科技重点实验室研究员，博士生导师，周兴铭院士的学术助手。师从周兴铭攻读硕士、博士学位，毕业后留校任教。主要从事无线网络与移动计算、智能计算技术等领域的教学和科研工作，主持或参与国家自然科学基金、国家“863 计划”等国家级科研课题 10 余项，在国际学术会议和期刊上发表学术论文 70 余篇，获军队科技进步二等奖 2 项，荣立三等功 1 次，2012 年获军队院校育才奖银奖。

周兴铭立足三尺讲台履责担当，陶育英才，为培养军地创新领军人才和拔尖人才倾注了大量心血、作出了重要贡献。

4. 军事高科技培训班授课

20 世纪 90 年代初，江泽民同志审视海湾战争，敏锐把握未来军事斗争的新情况新特征，作出“两个武装”的指示要求，以适应打赢高技术条件下局部战争的需要。1997 年 12 月 18 日，为落实江泽民同志指示精神，全面提高我军高级干部的科技素质，总参谋部、总政治部联合下发通知，明确在国防科学技术大学开办高科技知识培训班，组织全军军以上领导干部分期分批到这个班接受高科技知识培训。

国防科学技术大学党委高度重视这项高规格、高起点的办班任务。根据中央军委批准的教学方案，从学校有关学科专业遴选了一支教学经验丰富、老中青相结合、院士领衔的教学团队，撰写教材，准备课件，精心备课。1998 年 3 月 18 日，江泽民同志在反映全军高级干部高科技知识培训班的办班准备情况的报告上批示，“开学以后希望把教材给我送一套，我在家里学”。

周兴铭承担了第一课“计算机与信息技术”的教学任务。为了把课讲好，他克服家庭困难，牺牲了大量休息时间，一心一意备课。助手徐明经历了周兴铭备课直至上课的全过程，回忆起周兴铭在备课过程中一丝不苟、兢兢业业的情景，依然由衷敬佩。1998 年春节过后，周兴铭第一个走上讲台试讲，精彩的授课获得参加试听的学校领导和专家、教授的好评，也对其他授课老师起到了重要的示范作用。在自己精心备课的同时，周兴铭还为办好高科技知识培训班积极献计献策，对其他授课老师做好帮带工作，一遍遍听他们试讲，一次次帮助他们修改讲稿。

1998 年 4 月 13 日，全军第一期高级干部高科技知识培训班正式开班。周兴铭系统、直观、形象地讲述了计算机技术的发展趋势和应用前景，深受参训学员好评。6 月 12 日，将军学员们在培训班结业时高度评价周兴铭的讲课：周院士亲自走上讲台授课彰显了培训的高起点，我们在“两个武装”方面补了课，在高科技知识方面扫了盲，特别是在军事高科技原理、计算机技术应用等方面，实现了从一般了解到能讲授的转变，有一种“脱毛换羽”的感觉。

全军第一期高级干部高科技知识培训达到了预期目标，参训的高级干部广泛了解到军事高科技的现状与发展趋势，熟悉了我军作战对手的主要高技术武器特点，探索了高技术条件下局部战争的特点和规律，进一步增强了高科技意识，改善了知识结构，提高了运用高科技知识筹划、指导军队建设和组织指挥部队，打赢现代技术特别是高技术条件下局部战争的能力。

周兴铭的远见卓识、深入思考和学术影响力，使得“计算机与信息技术”课程成为国防科学技术大学高科技知识培训最受欢迎的课程之一，起到了非常好的示范效果。从最初的军职干部培训班，到高新技术培训班，再到后来的大军区职干部培训班，周兴铭连续为10期高科技知识培训班授课。2001年6月，周兴铭的博士研究生王晓东毕业，周兴铭把他留在身边担任学术助手。这时，周兴铭正准备为全军高级干部高科技知识培训班讲授“信息技术与信息化”的相关内容，围绕“信息技术与信息化：微电子与计算机”这一专题，王晓东接替徐明帮助查找资料，协助做好备课工作。每一次，周兴铭都认真备课、精心讲解，力求把深奥的技术通俗化。他生动的语言、高质量的讲授内容得到参训学员的高度肯定。

军队打胜仗，科技是支撑，人才是关键。建设一支与我国国家地位相适应、与安全威胁相对应的武装力量，迫切需要提高军事人员的科技素质。2009年7月，中央军委着眼世界新军事变革挑战和我军转型建设的急需，决定实施高层次科技创新人才工程。总参谋部、总政治部、总后勤部、总装备部联合下发《军队高层次科技创新人才工程实施办法》的通知，正式启动了全军高层次创新型科技人才选拔培养工作。通知明确，每两年选拔50名科技领军人才培养对象、150名学科拔尖人才培养对象，聘请相关专业领域院士或者顶级专家担任带教导师，经过为期4年的重点培养，使培养对象分别在本专业领域达到世界领先水平和国内一流水平。

周兴铭因为在学术领域的重要影响，被总政治部选聘为全军首届带教导师，负责对遴选出的培养对象进行重点指导。根据总政治部下达的带教任务，周兴铭紧盯世界军事技术发展前沿，针对所指导人员从事技术领域的特点，精心制订带教计划，和他们进行面对面的学术交流，点拨军事创新思路，指导破解关键技术难题，先后带教6名在全军科技领域起骨干作用、具有较大发展潜力的中青年帅才。

5. 培育计算机创新团队

在积极投身科研攻关的同时，周兴铭还曾主讲“电子计算机”课程，编写巨型计算机运控方面的教学讲义和技术资料，指导本科生课程设计和毕业设计。他把自己多年总结的宝贵经验传授给年轻人，在培养人才、传授知识方面竭尽所能。

人才是学科建设的主体，也是学科未来发展的希望。有一流的学科带头人，才能汇聚一流的人才；有一流的人才，才能建设一流的学科。周兴铭是国防科学技术大学计算机科学与技术学科带头人之一，他有责任担当，始终致力于培养学科人才梯队和后备骨干。

早年参与研制“银河－Ⅰ”时，周兴铭从慈云桂尊重劳动、尊重知识、尊重创造，打造科研团队，勇攀科学高峰的言传身教中，意识到人才梯队建设的重要性。重大科技创新成果往往是几代人不懈奋斗、接续攻关的结果，只有培养好年轻人，才能使计算机事业后继有人。他深刻认识到，除了上级领导的支持和改革开放的环境，团队的团结协作、奉献精神，以及领导的群众路线和民主作风，是完成重大科研攻关的关键。多年来，周兴铭与其他老一辈“银河人”，甘为人梯、愿做绿叶，举贤荐才、提携后辈，为年轻人成长成才铺路搭桥，培养了一批科技英才。

在“银河－Ⅰ”技术攻关过程中，周兴铭带头给逻辑网络与三控室的年轻人讲述主机逻辑设计问题，指导他们设计双向量阵列结构、全流水线功能部件和复合流水线技术，既研制出成果，又在工作实践中培养科技攻关人才，带出一批年轻的计算机研制优秀人才。

“授人以鱼，不如授之以渔。”周兴铭对待计算机创新团队的年轻人，就像对待自己所带的研究生一样，毫无保留，尽力指导，坚持高标准严要求。在他的带领下，计算机创新团队的年轻同志迅速成长起来。据当年的一些同事回忆：“周兴铭宽厚朴实、宽容大度；在讨论中，有时他的一句话就能激发出很多新的思想、方法和结论。”“周兴铭做事从来对事不对人，对就是对，错就是错，从不隐瞒自己的观点。只要做得不对，不符合规律，不管对方是谁，他都不留情面地指出来。”“周兴铭与大家的关系十分融洽，相互尊重，取长补短。”

担任“银河－Ⅱ”总设计师期间，周兴铭把研讨作为培养学术梯队的一种主要方式，经常组织科研人员就某个问题一起开展研究讨论，民主氛围十分浓厚。在一些技术决策性问题的讨论中，周兴铭总是认真听取各方面的意见，显得有些“慢条斯理”，不急于也不轻易发表自己的意见，但他总会适时地表明自己的观点和意见。对于不同意见的争论，事情一过，他就忘了，既不会影响工作，更不会耿耿于怀。尽管每个人的能力有限，但合作起来就是无坚不摧的，能够实现“1＋1＞2”的效用。如果没有集体的智慧，任何个人都没有能力完成这么巨大的工程。

作为学科带头人，周兴铭有全局思维和国际视野，有识才的眼光和用才的担当，还有严于律己、宽以待人的气量。多年来，周兴铭在研制多个型号的巨型计算机过程中，在许多重大关键技术攻关过程中，逐渐形成了自己的科研风格和治学特点，为后来的科研工作者留下了一笔宝贵的精神财富。他毫无保留地分享自己积累了几十年的工作经验、实验方法、技术资料，也因此成为后一代计算机研制者的榜样和引路人，为培养大批优秀技术骨干和专门人才作出了重要贡献。以杨学军、廖湘科、宋君强、王志英、张民选、刘光明、徐炜遐为代表的第三代计算机精英，从“银河”事业中脱颖而出，迅速成长起来。

经过长期科研实践的艰苦磨砺，国防科学技术大学汇聚了一支胸怀祖国、志在高峰、团结协作、顽强拼搏的计算机科技攻关队伍。周兴铭也欣慰地看到，计算机创新团队步伐铿锵，勇敢选择“别人没有走过的路”，在前辈的基础上不断把计算机事业推向高峰。“天河二号”超级计算机系统连续6次蝉联世界超级计算机系统TOP500排名第一。“银河”团队用一次次追求卓越的经历告诉世界，前进路上最宝贵的财富，在于超越的勇气和信心。

近年来，国防科学技术大学高性能计算创新团队入选教育部“长江学者和创新团队发展计划”，获首届科技创新群体奖，“千万亿次高性能计算关键技术”创新研究群体获国家自然科学基金委创新研究群体科学基金资助。

国防科学技术大学计算机科学与技术创新团队后来的成就和学术地位，是对周兴铭为人才培养所付出心血的最好回报。

6. 兼任同济大学软件学院院长

进入 21 世纪以后，计算机与信息技术发展，开始从硬件驱动逐渐向软件驱动转变，软件变得越来越重要。国家相关部门也认识到软件与微电子同等重要，2001 年，教育部决定试办示范性软件学院，加快软件人才的培养，促进我国软件产业跨越式发展。

2001 年底，教育部和国家发改委批准同济大学成立软件学院。同济大学软件学院，是新成立的 36 所国家示范性软件学院之一，主体位于同济大学嘉定校区，设有企业计算与软件技术、嵌入式系统、主机技术与金融信息化、软件工程与项目管理、图形学与数字媒体等多个专业方向，主要是培养具有扎实理论基础、超强工程实践能力和国际竞争力的高水平、多层次实用型软件人才。

2002 年 9 月，受同济大学邀请，经国防科学技术大学党委批准，周兴铭开始兼任同济大学软件学院院长，一干就是 15 年。兼任院长，对周兴铭来说，是尽到一位科学家对国家急需人才培养的责任。他把同济大学给予的部分院长津贴捐献出来，设立“铭创教育基金”，用于支持软件工程学科建设，奖励作出突出贡献的师生员工。

周兴铭尽管长期从事计算机系统结构的研究和教学，但同时也一直关注软件技术领域的发展，并对此有深入的思考。他认为，产业变革提供了一个非常好的发展机遇，以产业应用带动软件工程学科发展，应该作为发展软件工程学科的导向。通过与产业结合、与应用结合，促进软件工程学科发展。软件工程学科只有顺应产业变革潮流，坚持改革、持续创新，才能实现从大变强的转换。兼任院长，为他提供了实践检验的良好契机。

周兴铭倾注大量精力，把关于发展软件工程学科的思考应用到实践中去，同济大学软件学院是他致力于培养国家软件工程人才的一条重要战线。周兴铭深谙，教育的重点不是简单地将书本上现成的知识灌输给学生，而是培养他们的创新思维和实践能力，激发他们的批判意识和质疑精神，这样培养出的人才才能不满足于现成答案，具备求深求精求新的良好思维素质。

周兴铭根据教育部相关文件要求，组织人员梳理了软件学院前沿化、工程化、国际化，基础理论与实践技能协调发展的“三化一协调”办学指导思想，概括出凝聚人心的院训：基于软件工程学科，面向国家和产业发展需求，培养基础理论扎实深厚，工程型、复合型、国际化的多层次、创新卓越工程人才。

学科建设需要建设层次分明、结构合理、比例协调的人才梯队。周兴铭鼓励教师参加国际合作交流，支持他们赴国外进行交流访问。在周兴铭的指导下，学院在短时间内建立了一支以专职教师为核心，专职与兼职相结合、高校与企业相结合、国内与国外相结合的结构多元化的特色师资队伍。

在周兴铭的领导下，软件学院积极开拓与顶级研发企业和跨国公司的深层次、全方位合作，共同培养实践与创新人才。充分体现因时而变、因需而变的特点，推动教学改革，制订软件学院培养人才方案。彻底改革课程考核方式，大部分专业课以课程实践项目为基本考核方法，规定每名本科生在校期间至少完成 10 个以上有相当规模的课程实践项目，4 万行以上的程序代码量和 1 套符合行业规范的完整软件工程文档。

在同济大学软件学院兼职院长的岗位上，周兴铭默默耕耘、积极探索，付出的是心血，沉淀的是收获。结合工作实践，周兴铭还起草了一份院士建议，详细阐述了我国怎样建设软件学院，如何推动软件工程发展，以院士个人咨询的形式给国家提出了建议。

在2003年教育部组织的中期评估和2006年进行的验收总结中，同济大学软件学院均名列36家国家示范性软件学院的前5名。在验收总结会上，同济大学表彰周兴铭在推动我国软件工程发展上作出了重大贡献。

在周兴铭的领导下，同济大学软件学院在建设开放型、国际化的新型学院方面领跑全国IT类院校，与Microsoft和Apple的合作成果被选入2006年教育部组编的《中国高校与大型企业合作典型案例集》。以面向工程为特色的科研工作快速发展，特别是在航天军工、企业系统、软件度量、虚拟现实等领域已取得一定优势。与上海航天局合作研制的星载软件统一开发平台，被用于包括2009年中俄联合火星探测计划我国火星探测小卫星在内的多颗卫星星载软件的基础平台。

2007年5月21日下午，周兴铭做客同济大学“IT新技术院士论坛”，为全体师生做《高性能计算的发展》学术报告。周兴铭通过大量翔实的资料展示了国内外高性能计算的发展历程和现状，指出高性能计算的发展必将转向高效能计算。认为多核时代的来临，基于并行计算的高效能计算对软件工程人才培养提出了新的挑战。与其他工学学科相比较，软件工程学科具有“颠覆性”地快速发展的特点，同时学科成果具有“高渗透性”，即具备应用到社会生活各领域的特征。当前信息技术正进入新一轮“颠覆性变革”时期，以Wintel为代表的时代正在退去，现正进入“后摩尔时代/后PC

时代”，以“数据科学”“移动计算”和“认知计算”等为代表的信息技术正引领着整个产业变革，产业发展特征从以往的以“技术”为主要引擎正在转移至以“应用”为驱动和引领的特征，阿里巴巴、腾讯在业界的成功证明了这一趋势。

早在2002年，周兴铭就倡议和推动国家新建“软件工程”一级学科，以适应软件产业技术的飞速发展及对国家和社会发展的推动与影响，最终获国家学位办批准。由此，同济大学软件学院获得“软件工程”一级学科授予权，学院开始学科建设以及开展科研工作，开始招收、培养“软件工程”博士、硕士生，学院迈上多层次高规格软件人才培养的新台阶。周兴铭十分注重以国际化的视角培养人才。2007年9月，同济大学软件学院率先开设全部采用纯英文教学的四年制软件工程本科班，将国际化办学推向新的高度。

2011年，国家示范性软件学院成立10周年时，教育部授予周兴铭国家示范性软件学院建设的“杰出贡献奖”。

周兴铭给同济大学软件学院获奖学生颁奖

2014 年 10 月 13 日上午，在“周兴铭院士同济大学兼职教授授证仪式”上，同济大学副校长蒋昌俊致辞，感谢周兴铭担任软件学院院长十余年来为同济大学软件工程学科规划与发展以及人才培养所作出的开创性贡献，对他捐献出院长津贴设立“铭创教育基金”，鼓励和扶持青年师生投身学科教育事业，表示由衷的感谢和钦佩。

周兴铭在同济大学的成功实践，也为国防科学技术大学发展软件工程学科作出了成功探索、提供了有益借鉴。基于对计算机学科发展的深入理解以及国防科学技术大学计算机学院的实际情况，周兴铭倾注大量精力，指导制订软件工程学科发展规划、人才培养计划，开设“软件工程”工程硕士，为国家和军队培养计算机应用人才作出了突出贡献。

7. 关注工程型人才培养

培养大批符合时代需要的高素质工程型人才，既是高等教育的一个重要内容，也是军队人才培养需要关注的一个重要问题，现实意义和战略意义重大。

可以说，推进我国经济发展、科技创新和加快我军新军事变革，迫切需要培养大批高素质工程型人才。周兴铭深感责任重大，2006 年 8 月 3 日，他以院士建议的形式，向中国科学院上报了《改变观念，重视并加强工程型人才培养》的咨询报告，高屋建瓴地提出了关于工程型人才培养的见解。

周兴铭提出，“科技是第一生产力”已是共识，“科技兴国”已是国家的发展战略，“科技要为国家建设与国民经济发展服务”已是科技发展的主导方向。科学技术应分三个层次或三个领域，即科学、技术、工程。科学是对客观世界本质规律的探索与认识，其发展的主要形态是发现，主要手段是研究，其成果主要是论文与专著。技术是科学与工程之间的桥梁，其发展的主要形态是发明，主要手段是研究与开发，其成果主要是论文、专著和专利。工程是科学与技术的应用和归宿，是以创新思想对现实世界发展问题的求解，其主要形态是综合集成，主要手段是设计、制造、应用与服务，其成果是产品、作品、工程实现与产业。

在周兴铭看来，科学发现、技术发明与工程的综合集成求解，在我国统称为科技创新，实际上是三个层次或三个领域的工作，性质、做法、人才需求都不一样，统称科技往往容易忽略工程。科技为国民经济发展与社会进步服务，主战场是工程，工程是兴国强国的根本，设计能力、制造能力是国力的基础、科技创新的支撑，科技进步最终要落实到工程领域，工程也是科学与技术发展的动力源。科技人才的需求，最大量的是工程领域，工程也具有科技发展中最广阔的发展空间，我国需要优秀的科学家、发明家，但更需要大量的工程师和各类工程型实用人才。

周兴铭举例说明，我们需要研究法律的法学专家，但更需要大量善打官司的律师；我们需要研究人类基因和药物的生命科学家，但更需要大量的临床医生；我们需要研究智能计算理论和新型元器件的科学发明家，但更需要大量能解决信息化实际问题、振兴我国软件产业的工程实用型软件人才。

周兴铭深入分析了我国高校办学思想和学位制度存在的问题，指出：我国高等教育发展迅速，已建成一大批国内重点大学，这些大学都在迅速向综合性、研究型发展，纷纷提出创世界一流、国内一流的办学目标，不断扩张硕士点、博士点，扩大硕士生、博士生招生规模。然而学校的办学水平、教授资格的认定都以发表的论文数量和科技成果奖以及专利数、科研经费多少为主要指标，使得工程实用型人才的培养被大大削弱了，“工程师的摇篮”不见了，国家重点高校如此同质化地向学术型研究型发展并不合适。而且，高等教育重理论轻实践、重知识轻实际动手能力的倾向已经到了相当严重的地步，教授们的科研偏重基础型科学研究，评价体系使工程型人才在高校无法立足。学生上课读书啃知识应付考试，实际动手能力及创新性解决问题能力的培养太弱，眼高手低，实验削弱了，工厂实习削弱了。研究生毕业必须发表学术论文是硬指标，而工程型成果、产品是不算的，能工巧匠人才没人培养了。

周兴铭一针见血地指出，硕士生、博士生是我国高端人才培养的基本手段与制度，学位条例是指导性文件，但我国的学位条例，无论理学、工学都强调学术与研究，而工程实用型高端人才的培养被忽视了，尽管后来开了个“专业学位”的口子，但其地位一开始就被矮化了。他恳切地呼吁，我们每年招收的硕士生、博士生都瞄准学术型、研究型，我们国家需要那么多吗？每年发表这么多世界前沿水平的创新的博士论文有价值的到底有多少？振兴经济、振兴产业急需的高端工程型人才也这样培养合适吗？我们高校的办学思想、学位条例、学术评估体系是不是出了偏差？

为此，周兴铭建议：国家要加强宏观指导，规划学术型、研究型人才和工程实用型人才的培养规模和规格，有的需要立法支持，可以明确规定企业有义务接待中小学生的参观和大学生的实习，工科大学生必须有一定量的实验和实习等；修改学位条例和学位制度，补充并强化工程型人才培养，使科学、技术、工程在硕士、博士学位授予上一视同仁；修改高校学术评估体系，修改国家奖励体系，给工程型人才的生存、发展以平等的、优裕的环境与空间；高校办学应多元化、多样化，强化工程型人才培养，多建工程师的摇篮。

2008 年 8 月 22 日，周兴铭在参加国防科学技术大学计算机学院研究生培养方案研讨会时，详细阐述了提高研究生培养质量、加强学术研究型和工程应用型人才培养的思考。他着眼高等教育发展趋势，就研究生课程实践培养、研究生教育教学质量、国内外知名高校研究生课程体系，以及实验室考察等方面进行了全面发言。

周兴铭在研究生培养方案研讨会上发言（2008 年 8 月）

周兴铭虽年逾古稀，但如何培养工程型人才始终是他的重要思考课题。周兴铭认为，要因材施教打造人才链，高等教育不能搞单一化，国家的发展需要多种多样的人才，就像一个完整的人才链条少了任何一个环节，整个人才链都会断裂。我们国家需要科学家、工程师，需要高级专业技术人才，当然也需要将军、专业士兵。军地院校要多元化，要创造条件为不同类型的学生成才服务，使他们都能成为对社会有用的人。高等教育应当重视学生的特长，尊重其兴趣爱好，让他们在一次次挑战中成长。

基于对培养工程型人才紧迫性的深入思考，周兴铭判断，随着理工科的发展，理工科人才应具备三种基本能力：首先是创新能力。创新这个词，实际上也是发明，就是要有发明的能力，要有新的想法、新的探索。科学发展重在创新，原创性的东西非常重要。其次是设计能力。有了新想法，还要能提供一个可行的方案，要把它设计出来，这个设计能力同样也是非常重要的。最后是工程实现能力。光有设计能力还不够，必须有工程实现能力，要把设计的东西做出来，真正解决实际问题，这就需要真正的实践。要实验，光在电脑上仿真是不够的。不解决实际问题，即使文章写得再好，也不能算高水平。

2013 年 8 月，周兴铭接受《实验室研究与探索》主编的专访，结合自己的实践经历，提出科学实验对科学技术的发展是不可替代的，在高校培养人才是第一位的。他带着几分规劝的语气说："不管是什么性质的学校，人才培养始终是第一位的，高等学校和研究院所的区别就在于培养人才，你的科研工作，你的博士生培养，都应当围绕人才培养来进行。"

察人所未察，言人所未能言或未敢言，需要以对事物的总体把握和对未来发展的明晰洞见为前提。周兴铭尽心尽力、不辞辛劳，利用各种可能的机会和场合，对培养工程型人才的必要性、重要性和紧迫性进行阐述，多方呼吁加强工程型人才的培养，希望能让更多的人达成共识。周兴铭在 20 世纪 90 年代个人收入不高时，把国家对他个人的奖励悉数捐出，2001 年在国防科学技术大学计算机学院设立不以个人命名的奖学金，鼓励年轻学子潜心治学，饱含了他对高素质工程型人才培养的殷切期待。

第八章 Chapter 8

老骥伏枥
奉献国防科技事业

志存高远的人，胸中永远激荡着驰骋千里的豪情。周兴铭坚守一个科学家的本色，保持对崇高理想、宏伟事业的追求，紧盯计算机技术发展前沿，耕耘不辍、孜孜不倦，永不停步、永不止歇，以老骥伏枥志在千里的雄心壮志，始终奋战在国防科技战场。

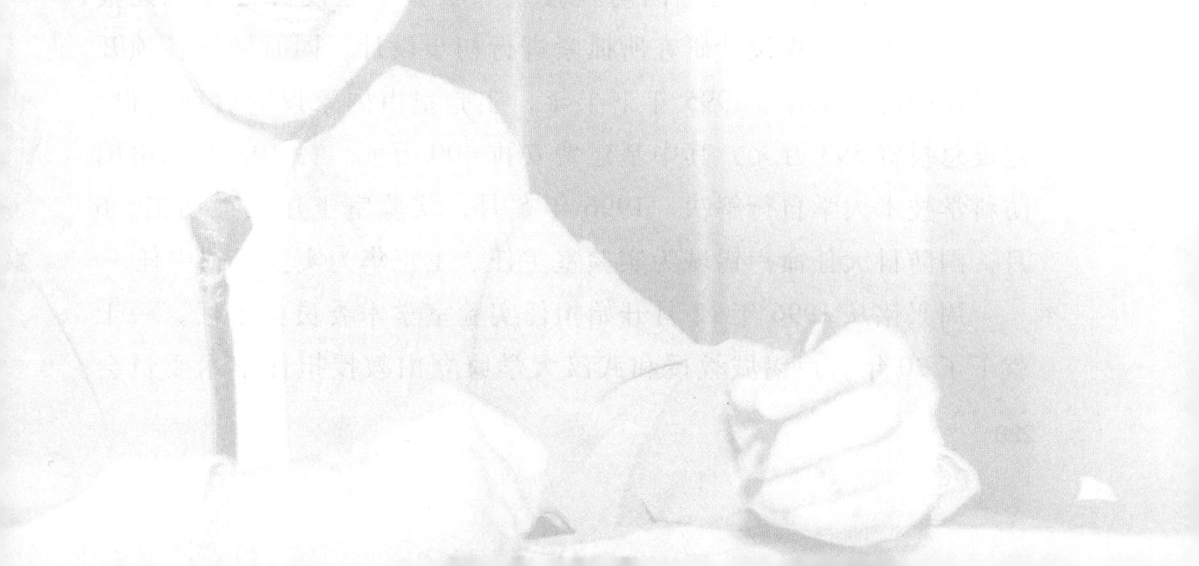

1. 领衔高端计算技术基础研究

当代高科技领域要求计算机的运算能力与时俱进，而要使计算机达到每秒百亿次、千亿次乃至万亿次的运算能力及提供配套的运行环境，离不开并行与分布处理技术。如何利用并行与分布处理技术提高运算能力，成为计算机研究领域迫切关注的重要课题。

1994 年 10 月 20 日，依托国防科学技术大学计算机学院建设的并行与分布处理国防科技重点实验室，通过专家评审，获得批准立项。实验室主要任务是：结合需求，迎接挑战，探索并行与分布处理前沿技术，推动高性能计算技术发展，为“银河”计算机型号研制和应用提供关键技术储备，为构建网络化高性能计算服务环境提供技术支持，同时推动相关技术进步。

1995 年 2 月 9 日，国防科工委批复，原则同意国防科学技术大学所报的并行与分布处理国防科技重点实验室建设可行性研究报告，要求委托工程设计研究所抓紧进行初步设计，同时做好各项开工建设的准备工作。1995 年下半年，实验室由国家投资启动建设。建设总投资 593 万元，其中基建费安排 400 万元，另 193 万元由国防科学技术大学自行解决。1996 年 5 月，实验室土建工程动工。6 月，国防科大任命卢锡城为实验室主任、王正华为实验室副主任。

周兴铭从 1996 年 12 月开始担任实验室学术委员会主任，一干就干了 20 年。卢锡城教授和武汉大学康立山教授担任学术委员会副主任，委员由国内本领域或相关领域的其他13位知名专家出任。学术委员会在学术方向的把握、开放基金指南的制定与项目的评审、重大科研项目的立项论证、学术交流和人才培养等方面发挥重要指导作用。

周兴铭着眼开放、联合、创新的实验室宗旨，在学术委员会主任岗位上开始了新的探索。在周兴铭看来，实验室最本质的东西就是两个：一个是有平台，一个是能够做实验。实验室大概可分两大类，一类是科研型，一类是教学型，教学型与科研型实验室因任务不同，特点也不同。

1997年12月，实验室通过预验收。一栋近3000平方米的实验大楼内，部署了MPP巨型计算机1台、高性能SMP服务器2台、高级硬件仿真器1台、各种类型的高性能工作站40余台、个人计算机120余台。全楼采用实验室综合布线，所有设备通过CSICO中心交换机互联，接入Internet，构成一个能提供超级计算服务的异构网络分布式并行计算环境。

1998年5月28日，实验室通过总装备部组织的正式验收。参加验收和评估的国内计算机专家认为，实验室建成了融先进性、综合性、完整性、实用性于一体的并行与分布处理技术研究实验环境，实验设备种类齐全，整体规模较大，特别是计算机设备覆盖面宽，软件丰富，性能先进，可构成功能不同的研究实验环境，研究实验条件达到了国内先进水平，有的已达到当前国际先进水平。该实验室的建成，能够对我国发展高性能计算技术发挥重要作用。

1998年10月，周兴铭主持召开实验室首届学术委员会会议，讨论通过了《1999年重点实验室对外开放试点基金指南》。周兴铭提出，国家重点实验室，首先必须是开放的。你不开放，只是自己在那里用，这是不行的，这就失去了国家建设的意义。12月4日，经总装备部批准，实验室正式投入运行，并列入对外开放基金试点单位。实验室主要研究方向为并行算法与应用、系统软件、并行与分布系统结构、系统性能测评、网络与分布处理五个方面。

并行与分布处理国防科技重点实验室

周兴铭有的放矢推动实验室开放式运行，着力营造开放交流的学术氛围环境。实验室每年提供100万元人民币的对外开放基金，吸纳国内外的优秀研究人员来实验室从事短期访问研究，支持与国内外其他研究机构共同承担高性能计算技术方面的重大研究项目。邀请国内外著名学者访问讲学，与英国、德国、新加坡等国的大学、研究所建立长期的合作关系。积极承办、协办一系列国际、国内学术会议，包括国际高级并行处理技术会议（APPT）、计算机网络与移动计算国际会议（ICCNMC）、网格与协同计算国际会议（GCC）、国际可靠分布系统会议（SRDS）、全国并行计算学术会议、全国计算机体系结构学术年会（ACA）、全国软件与应用学术年会（NASAC）等。与此同时，实验室研究人员还经常赴国内外讲学、访问，参加重要学术会议交流活动。

学术委员会围绕实验室的研究方向，积极承担国家自然科学基金、国防预研基金和国家高技术研究发展计划（“863 计划”）资助的项目研究，开展高端计算技术的前沿研究，为新一代高性能计算机系统的研制展开前期研究工作，提供技术储备，培养并行与分布处理高层次研究人才，推动实现科研成果转化为现实生产力和战斗力。先后完成了国家自然科学基金、国家 973 项目、国家 863 项目等一批重要研究课题，40 余项科研成果获得国家、部委级科技成果奖，1000 余篇高水平学术论文发表在国际国内重要刊物和学术会议上，部分研究成果已应用于“银河”系列巨型计算机，为“银河”系列巨型计算机的成功研制作出了突出的贡献。

近年来主要承担和完成的研究项目：大规模并行处理技术，千万亿次计算机关键技术研究，分布式计算机系统关键技术，高性能仿真计算机系统关键技术，基于网络的软件支撑平台与集成框架，并行与分布式数据库技术，并行算法技术。

除了面向国防和军队建设需要之外，周兴铭还指导实验室积极探索军民融合式发展的道路，主动与国内外高技术企业合作开展前沿技术的开发和高技术成果转化应用。部分研究成果已经成功地推向市场，并产生了积极的应用效果。

实验室浓厚的学术氛围和重大科研项目，为高层次人才培养提供了优越的条件。多年来，先后为国家现代化建设培养输送了一大批高层次高素质创新型人才。由实验室指导的学生在全国数模竞赛、“挑战杯”竞赛、国际数模竞赛、ACM 大学生程序设计竞赛、Altera 设计大赛等竞赛中屡获佳绩。

在周兴铭的带领下，实验室成为中国计算机学会体系结构专业委员会的挂靠单位，是国内外知名的重要的学术机构，在活跃学术、推动研究中发挥了重要作用。这些学科学术的积累，不仅为国防科学技术大学攻克一个个技术难题奠定了厚实基础，而且有力支持了探索一代、预研一代、在研一代、应用一代的“银河”计算机发展格局；不仅使学校能够始终站在世界技术前沿谋划推进“银河”计算机研制，而且极大提升了在巨型计算机系统、基础软件、高性能微处理器和网络通信等领域的综合创新能力。

从 1984 年起，周兴铭长期担任中国计算机学会理事，其中担任中国计算机学会计算机体系结构专业委员会主任两届 8 年，担任委员 24 年。中国计算机学会成立于 1962 年，是中国计算机科学与技术领域群众性学术团体，旨在团结和组织计算机科技界、应用界、产业界的专业人士，促进计算机科学技术的繁荣和发展，促进学术成果、新技术的交流、普及和应用，促进科技成果向现实生产力的转化，促进产业的发展，发现、培养和扶植年轻的科技人才。

周兴铭团结、联合、组织计算机体系结构领域的专业人士，开展学术交流等相关活动，着力提高我国计算机体系结构领域的科研、教学、应用水平，促进研究成果的应用和向产品的转化，提升在国家科技活动和国际学术方面的影响力，发挥了不可或缺的重要作用。鉴于数十年来积极投身计算机科学与技术的卓著贡献，2016 年 1 月 30 日，中国计算机学会（CCF）给周兴铭颁发“CCF 终身成就奖”。

周兴铭这一时期的工作和贡献，充分彰显了他活到老、学到老、干到老，生命不息、奋斗不止的进取精神。

2. 倾情国防科技和军用计算机发展

1983年起，周兴铭先后担任国防科工委、总装备部科技委下设的军用计算机专业组成员。军用计算机专业组，主要负责规划军队计算机方面的国防预研计划、项目，审批立项，项目中期评估，以及项目完成后的检查验收等。专业组成员每5年一个任期，周兴铭连续工作32年，直到2016年初军委机关调整组建，总装备部科技委被撤销。大力发展国防科技，在周兴铭的脑海里已形成了坚定的信念。他潜心思考军用计算机的论证、评审、立项和研制工作，曾和他一起参与过立项论证、中期评估、项目验收的专家和科技人员，都发自内心地佩服周兴铭的严谨态度和负责精神。

1991年起，周兴铭历任国防科工委、总装备部科技委兼职委员，连续兼职25年。在积极参与每年一次的年会、讨论国防科技的规划、做好关键技术863和973项目咨询、提出合理化建议的同时，他的目光瞄准了未来，深刻认识到只有把握国防科技发展脉搏前瞻布局，才能夺取军事技术竞争优势，为抢占未来军事战略制高点创造先机。20多年来，他广泛调研、深入思考，为促进国防科技的发展献计献策。作为院士的学术助手，徐明、王晓东跟随周兴铭，参与起草了《自主的信息化基础技术是国家发展的基石》《基于“网络计算”的新一代作战指挥系统》《全球信息栅格（GIG）关键技术分析及我军的对策》等技术报告。周兴铭对国防前沿技术的深邃思考，对信息技术发展趋势的敏锐把握，对国防科技提升部队战斗力的关切忧思，让他们深感钦佩，念念不忘。

周兴铭提出，要着眼能打胜仗，强化需求牵引机制。他认为，民口一些部门、地区和科技创新力量对我军作战需求的认识和理解不够深，军方对民口科技创新力量、成果、资源、能力缺乏翔实了解和掌握，导致科技创新与现实需求相脱节，研发项目经常跟着国外跑，外军搞什么我们就搞什么，有些与我军建设实际并不相符，有些用到部队却形成不了战斗力。为此，周兴铭建议，要深入推进科技强军战略，总结推广“载人航天”“北斗”等国家专项中开展军民融合科技创新的成功经验，引导军地科研单位、国防工业部门，瞄准武器装备建设和军事斗争准备的薄弱环节，开展科技创新，打仗需要什么就加紧研究什么，部队最缺什么就组织攻关什么，不断提高科技创新对战斗力提升的贡献率；要加紧核心关键技术攻关，整合军地优势科技资源和工业力量，下大气力改变军用动力、核心元器件、高端芯片、基础软件、关键原材料、先进制造工艺等领域长期受制于人的状态，力争在重要战略性领域占有一席之地，掌握未来军事斗争的制高点和主动权；要优化武器装备科研管理，建立武器装备研发需求信息定向和公开发布渠道，牵引和推动国家科技管理部门和研究力量，围绕我军实际需求开展研究和转化工作，加大自主创新成果在部队推广应用的力度。

周兴铭奔走呐喊破除行业壁垒，形成良性竞争机制。我国国防科研和军工领域的垄断现象还比较普遍，1998 年颁布实施的《中华人民共和国私营企业暂行条例》等法规政策，仍然禁止私营企业从事军工的生产经营；一些军工企业担心民营企业参与进来会抢任务、争经费，致使许多民口科技资源和科研成果难以“为军所用”；军方在选择军品科研生产单位过程中，往往对民口企业在安全保密、产品质量、售后服务等方面存有较大顾虑。“十五”和“十一五”期间，十大军工集团之外的民口配套率仅在10%左右。国防科技缺乏良性竞争机制，造成装备价高质低的问题。对于这些问题，周兴铭建议，要健全完善领导决策机构，在国家层面建立跨部门的决策、指挥和协调机构，实施对军、民两个系统的统一领导，完善军口和民口科技管理部门协调对接机制，消除体制障碍，实现

周兴铭与研究人员讨论学术问题

双向互动、双向准入、竞争发展；要大力推动军民产学研合作，推动区域军民科技园区、协同创新研究院、产业孵化器等产学研合作平台，因地制宜建立符合各方利益诉求的合作模式，共同围绕国家和军队重大战略需求开展工作，真正形成跨单位跨行业、产学研军民紧密结合的创新合力，促进军民科技成果转化应用；要加大知识产权保护力度，健全国防知识产权归属、利益分配和激励制度，进一步明确国防科技工业成果与技术转化方式，规范权属及利益分

享、保密及解密等方面的权利义务，加大执法力度，推动全民重视知识产权保护。

随着中国军队现代化建设的加速发展，大批信息化武器装备陆续列装部队，新型武器装备研发也随之成为周兴铭关注的焦点。他深入思考我军装备建设，呼吁加大国防科研和高新技术武器装备建设力度，发展国防科技工业，加快构建适应履行使命要求的装备体系，为实现强军梦提供强大物质技术支撑。从周兴铭的建议和诚挚话语中，足可见他心系国防科技，关注军用计算机，企盼国防科技获得持续、健康发展的赤子之心。

3. 做好中国科学院学部工作

1996年，周兴铭当选为中国科学院技术科学部常委。后来，计算机等电子信息类专业从技术科学部分离出来，成立信息技术科学部，周兴铭又被选为信息技术科学部常委。先后历任5届常委，当时每一届任期2年，一共工作10年；其中还担任了一届信息技术科学部副主任，协助主持学部工作。

中国科学院有下属的学校和研究所等实体单位，学部主要负责院士群体的管理，做好日常工作运转，组织院士活动、新增院士遴选、开展科技方面的咨询等工作，没有报酬，纯属义务服务。其实，这项任务并不好干，既有技术上的难度，又有组织协调上的困难。“选上我让我干，我几乎是从来不请假，实实在在地出力。”周兴铭刚从科研一线退下来，充分发挥余热，把最主要的精力投入到做好学部工作中去。

周兴铭主动举贤荐能，多次联系协调，通过“学科发展方向”咨询课题，积极搭建平台，通过学术报告会、专家座谈会的形式，加强了与中国科学院和中国工程院各位学术大家的交流沟通，既学习交流了科技前沿最新动态，又扩大了两院院士对科技界新人的了解。

周兴铭认为，让真正符合条件、德才兼备的人当选院士，是自己应尽的职责。后来，院士增选取消部门推荐，以院士推荐为主，周兴铭不管是什么单位的学者，凡是欲申报院士找到他，只要符合条件，确有学问，贡献突出，他都予以热情推荐，并根据自己多年来参加评选工作的体会，对申报材料的填写及答辩等方面，给予具体而细致的指导。

周兴铭阅读外文资料（2004 年）

2004 年 6 月，周兴铭当选中国科学院咨询评议工作委员会成员，一直干到 2012 年，历时 8 年。中国科学院咨询评议工作委员会，是中国科学院学部主席团下设的 4 个专门委员会之一，负责组织和领导中国科学院学部的重大咨询评议工作，由主任、副主任和各学部若干位院士组成。咨询评议工作委员会组织科学院院士对国家科技发展重大问题进行咨询，审查咨询报告，提出修改的建议意见，然后上报给国务院相关部门。周兴铭以超越自我的使命意识，没有丝毫懈怠，一如既往地履行职责。

2008—2012 年，周兴铭当选第六届中国科学院学部主席团成员，任期 4 年。中国科学院学部主席团是院士大会闭会期间的常设领导机构，由中国科学院院长、负责学部工作的副院长、6 个学部主任、4 个专门委员会主任和由院士大会选举产生的 12 名院士组成，定期开会讨论、决定学部的重大问题。

家庭中的困难，生活中的不适，没有阻挡周兴铭工作的热情，他为中国科学院学部的工作倾注了心血和汗水，为中国科技事业的兴旺发达作出了不可或缺的贡献，也从中收获了人生难得的精神上的充盈和踏实。

4. 永葆科技创新思想活力

周兴铭在科研上恪守独立自主、自力更生的原则，面对改革开放的新形势，他主张充分利用改革开放的有利条件，积极开展国内外学术交流与合作。独辟蹊径、开拓创新，成为他科技创新的基调。

早在 1978 年 6 月，周兴铭第一次前往美国进行学术交流和考察。在参观一所学校时，看到他们的学生在做的博士课题是太阳能发电，学生爬到楼顶上，跪在地上做实验。这让周兴铭深刻认识到，改变观念，加强实际动手能力培养的重要性。我们有人把工程师的称号看得很低，这是非常不恰当的，工程师在全世界都是非常有地位的。此后，周兴铭又先后5次前往美国开展学术交流研讨。

后来，在国际学术交流活动中，周兴铭深刻感悟到，世界上没有任何一个国家会将自己有价值的，别人还没掌握的新技术、新成果拱手相让，自己的技术实力与水平是开展交流合作的前提和基础。1994年以来，周兴铭围绕高性能计算机体系结构、计算机光互连技术、高性能微处理机体系结构与设计技术、二进制代码翻译技术、并行与分布数据库、移动计算技术、智能交通等方面进行研究，取得了一系列研究成果。先后任国际学术会议主席5次，在国际国内学术期刊和学术会议上发表有影响的学术论文、技术报告100余篇，著书2部。

随着并行处理技术持续发展，高性能计算技术迅速普及，并行软件种类日益增加，功能日益增强，应用领域日益广泛，系统成本不断走低，性能不断增强。以互联网为代表的网络技术与并行处理技术的结合，使高性能计算获得更加迅猛的发展，硅基半导体工艺日益接近极限，使传统并行处理技术遇到了前所未有的挑战，光计算、量子存储等新概念计算逐步走上历史舞台。1995年，中国计算机学会获得中国国家自然科学基金委员会、德国德意志研究联合会（DAAD）等组织大力支持，经中国国家科委批准，主办高级并行处理技术（APPT）国际会议，周兴铭担任大会主席。APPT系列会议每两年举办一次，在中国和德国轮流举行。此后，周兴铭又主持和担任大会主席多届。

多年来，周兴铭充分释放科技创新的思想活力，先后多次主持和担任国际、国内学术会议主席。特有的逻辑性思维、宽广的学术视野、独特的学术风格和科学的思维方式，显示了他在计算机科学与技术领域的深厚底蕴。

周兴铭对技术发展前沿的生长点十分敏感，总是能及时捕捉国

周兴铭在南京举办的计算机学术会议上做报告（1997 年）

际学术发展的新动向。1996 年离开领导岗位后，周兴铭先后承担并完成国家自然科学基金委、国防科工委、总装备部、国家“863”、湖南省、国防科学技术大学、并行与分布处理重点实验室等许多重点与基础研究课题。他着眼基础研究为国家、军队战略目标服务，结合科学研究的实际特点以及自身优势，发掘学术研究方向，针对问题，探寻知识的新的生长点。

作为学术助手，徐明、王晓东先后协助周兴铭开展了多项国防预研项目、武器装备预研基金项目、国家自然科学基金项目的研究工作。周兴铭总能在基础研究的基础上看到技术应用的前景，准确把握前沿研究方向。如果没有独特的视角、对前沿问题的宏观把握，以及顽强的开拓进取精神，是无法做到的。

纵观周兴铭的学术研究活动，他的治学范围很广，形成了博通而专精、创新又朴实的学术特色。

早在1984年10月，国防科学技术大学改选成立第二届学位委员会时，周兴铭当选为委员，任期3年。此后，周兴铭又先后当选为国防科学技术大学学术委员会、科技委员会委员多届，直到2016年才离任。他兢兢业业、认真履责，为国防科学技术大学的学位工作和学术性工作作出了许多贡献。

1995年7月，周兴铭当选为湖南省学位委员会委员；1999年8月在第二届学位委员会选举时当选为副主任委员，一直担任到2003年8月。省级学位委员会是省、自治区、直辖市主管本地区学位工作的非常设机构，受省级人民政府领导，业务上接受国务院学位委员会的指导，主要是结合本地区实际情况开展学位与研究生教育的指导、审核、监督、研究和咨询等工作。作为计算机组织与系统结构著名专家，周兴铭参与了湖南省学位与研究生教育工作的统筹规划，主持了湖南省对新增硕士学位授予学科、专业的审批，协助开展了对湖南省各学位授予单位的学士学位授予、硕士学位授予、博士学位授予等进行管理。

2002年，周兴铭受聘担任中国国家信息化专家咨询委员会委员，任期3年。国家信息化专家咨询委员会于2001年8月由中共中央、国务院批准成立，是国家信息化领导小组的决策咨询机构，宗旨是增进国家信息化战略决策的科学化和民主化，积极有效地推动国家信息化发展进程。周兴铭带着学生开展咨询课题研究，学术助手王晓东协助周兴铭开展调研、起草分析报告。2003年，形成了关于三网融合的咨询报告和建议，周兴铭展望信息学科的发展，提出我国网络方面存在的重大挑战是网络基础建设和网络空间战略两大问题，建议要重视研究下一代网络基础设施建设，要前瞻研究移动互联网的发展和趋势。参加各类会议和重要活动，周兴铭畅所欲言、充分发表自己意见，希望自己的建言能让人们及早转变观念，明确当务之急是什么。前瞻的专业视角、较高的理论水平、丰富的实践经验，受到专家咨询委员会的好评。

2002 年 6 月，受湖南省政府的聘请，周兴铭还担任湖南省信息化咨询委员会副主任委员 1 届；2005—2008 年，担任湖南省信息化咨询委员会委员。他组织协调有关专家，着眼加快湖南省信息化发展，进行跟踪和超前研究，就湖南省信息化发展战略、政策和规划提出意见和建议，围绕信息科技发展、产业布局优化开展咨询评议，积极想办法、出主意，在推进数字湖南的建设中书写了浓墨重彩的一笔。

周兴铭认为，科学技术正在以超乎想象的速度向前发展，作为一名科技工作者，应该把传播科技文化、普及科技知识、弘扬科学精神作为己任。多年来，他先后从事过许多学术社团工作，用浅显易懂的语言，介绍计算机的工作原理和应用，激发广大青年学生了解计算机知识、学习和研究科学技术的兴趣。2006 年 12 月 19 日，在湖南省科学技术协会第八次代表大会上，周兴铭当选为湖南省科协副主席。在这一岗位上，周兴铭发挥主观能动作用，积极谋划抓好青少年科技创新，围绕湖南省建立技术创新体系、提升企业的自主创新能力建言献策，为促进科学技术的普及和推广，促进科学技术的繁荣和发展，促进科学技术人才的成长和提高，创造了良好的条件。2010 年 8 月，周兴铭先后担任湖南省自然科学基金委员会副主任，湖南省国家超级计算长沙中心专家委员会召集人。

学以致用，以知识报国，这是周兴铭的学术信仰，也是他不断探索科学真理的动力。正是这种胸怀祖国的立足点，使得他始终有着前瞻的战略思维，既能立足于基础研究，又面向国家目标，在诸多研究领域取得创新突破。

5. 思考高性能计算机发展

进入21世纪，世界科技发展突飞猛进，创新创造日新月异，世界科技孕育着新的重大突破，科技竞争在综合国力竞争中的地位日益突出，科技成为支撑和引领经济发展和人类文明进步的主要动力，谁掌握了先进科学技术，谁就掌握了发展的主动权。周兴铭在开展科学研究的同时，进一步思考高性能计算机的发展。

针对社会上对超级计算机似乎只和科学研究联系在一起的认识误区，周兴铭提出，高性能计算机可以称作一个国家的基础设施，代表着一个国家的高技术能力，同时也为其他领域高新技术的发展开创了一个更广阔的空间。事实上，在和大众生活息息相关的各个领域，我们都可以看到高性能计算机的身影。各种尖端的科学技术问题，都需要高性能计算机的支撑，国民经济中很多重要的产业都离不开高性能计算机。高性能计算机普遍使用，动力来源于科技发展和社会进步需求。

怎么把地下的石油尽可能多地采出来，需要靠超级计算机；汽车安全性的碰撞实验，基本上都要用超级计算机进行先期模拟；集成电路设计，如何在一平方厘米大小的芯片上把几亿个、几十亿个晶体管连接成需要的电路、运算部件、控制部件，也要靠超级计算机辅助设计。流体力学计算、天气预报、影视制作、汽车设计、生命科学信息处理、新药研究等重大应用，都需要高性能计算。随着网络快速扩张发展及惠及民众的广泛应用，更多的计算中心、更多的网站需要更多服务器支持，也需要更多的高性能计算机。

“凡事预则立，不预则废”。对于中国高性能计算机的发展情况，以及产业化、高精尖发展的两条道路，周兴铭认为，应该向世界前沿水平挺进，以缩小同世界先进水平的差距，并超过世界先进水平。2014 年 7 月 14 日，在接受《瞭望东方周刊》记者采访时，周兴铭首次系统阐述了自己的深入思考，指出，经过“银河－Ⅰ”问世至今的 30 多年发展历程，我国呈现出国防科学技术大学、曙光计算机公司、无锡计算技术研究所三箭齐发的超级计算机研发格局。2009 年 10 月，我国首台千万亿次超级计算机系统——“天河一号”在国防科学技术大学横空出世，使我国成为世界上继美国之后，第二个能研制千万亿次超级计算机系统的国家。

周兴铭认为，我们的一个重要变化是实现了产业化。国内产业化的标志性事件是成立曙光公司，通过 OEM 贴牌生产降低了机器的价格，切入市场。另外，华为通过通信系统的销售应用，实际上也成为服务器生产大户。浪潮集团服务器产业化做得也很好。不过，我们要认识到我国的服务器产品在国际上占有量很少，国内市场占有率也不高。

对于“普及型高性能计算机”的产业化，周兴铭的目光瞄准了未来，提出应该由公司主导，由市场竞争去发展，但是“高端高性能计算机”应由政府主导，因为从世界范围看，包括美国在内的发达国家，高端机器研制、运行都是政府出资。

周兴铭对记者说，高端计算机必须高投入地支持研究，但也不能说高端计算机就不能产业化。比如我们的“银河”“天河”系列产品，已卖出 50 多套，最近两三年就卖出了近 20 套，主要用户是科研部门、企业、军队。从国外的情况来看，CRAY 公司、IBM 公司的产业化程度也非常高。我国高性能计算机的发展，近年来非常重要的事情就是“863 计划”中的“天河”系列产品的问世，是我国攀上世界高峰的标志性成果。

当《瞭望东方周刊》记者提出，2015 年度的国家“863 计划”首要提出发展超级计算机，着力发展高效能计算机三期的问题时，周兴铭畅谈了自己的思考。他说，三期的指标是做到“天河二号”的三倍，做好、用好的难度都很大。目前，国内像“天河”这种“跨越式”的创新发展不是很多。尽管“天河”系列计算机性能做到世界第一，但仍有三个没变：第一，西方国家在信息技术领域的巨大优势地位没有变；第二，美国在超级计算机的研制和应用上的主导地位没有变；第三，世界各国在超级计算机领域加大竞争的态势没有变。

周兴铭对中国高性能计算机领域的发展，提出了总体性的意见和建议。他指出，我国高性能计算机的装备和使用水平，大体上与我国的经济实力及国际地位相当，已经排到世界第二。高性能计算发展如何从大到强，迎接新挑战，攀登新高度，正面临一个重要的转折。所以，国家在高性能计算技术和产业的发展方面，长远规划和可行的长远务实目标，是持续发展的关键。不管是普及型的还是高端的，我国占世界市场的比例都很小。

要想把整体水平提上去，周兴铭提出：

首先，要注意关键技术的全面协调发展，不要片面追求某些方面、某些指标的提高。

其次，要学会处理好市场调节与政府指导的关系。只靠市场，发展难度很大；太强调政府的指导作用，就会影响市场良性发展及与国外的开放合作。

再次，要大力发展应用。要作为一种产业，要大力加强应用技术的研究和发展。我国在研制、装备机器方面投入很多钱，但面向各个领域的正在运行的应用程序大多购自美国，应把相当部分的投入花在应用上，做这种应用软件，必须是既懂得领域计算又懂得高性能机的复合型人才。“银河－Ⅱ”就是一个很好的例子。国家气象中心从欧洲合作获得气象预报软件，但直接运行不尽如人意。国防科大专门组织一个团队研究改造这个软件，使其计算性能提高了许多倍，比美国机器上的软件还要快很多。

最后，要慎重研究微电子的发展战略。国内现在投入很大，期盼很高，但没有找到成功的路子，原因在于工艺线和许多知识产权都是国外的，市场与软件是由国外产品统治。我国自主开发高性能CPU做了许多年，没有满意的成绩。Intel公司在2012年初推出22纳米的先进工艺线，到现在已经两年多了，没有新的工艺线跟进。这已经打破了微电子每18个月性能提高一倍、成本下降一半的摩尔定律。对于是不是已经进入了“后摩尔时代”这个问题，周兴铭认为，以微电子为主推动信息技术发展的时代眼看就要到头了，而信息技术的发展和应用的强劲势头没有减退，国家的发展战略需要非常认真地考虑这些变化。

6. 履行全国人大代表职责

2013年1月16日上午，国防科学技术大学召开军人（职工）代表大会，选举第十二届全国人民代表大会代表。大会由学校选举委员会主任、政治委员王建伟主持，选举委员会副主任、校长杨学军，选举委员会委员等82名代表出席大会。大会严格按照选举工作的有关程序和规定，采取无记名投票、差额选举的办法进行。周兴铭顺利当选第十二届全国人民代表大会代表。

2013年全国“两会”召开时，年过七旬的周兴铭第一次参加全国人大会议，心情很激动。会议期间，他认真履行代表人民行使权力的职责，审议工作报告，参加小组讨论，与其他代表讨论交流，修改提案，每天的工作量都是饱满的。为了不遗漏会议的内容，他总会根据当天会议各项议程的时间长短，控制饮水量，保证在参加大会和分组讨论时不上厕所，每天中午一定是在浏览完下发的会议简报、做好摘记后，才简单休息一下。

出席十二届全国人大一次会议的解放军代表团，包括周兴铭在内一共有5名院士。国防部网、中国军网陆续邀请这5位院士做客“两会会客厅”，举办院士系列访谈，专业解读创新驱动、信息化建设等热点话题。

2013年3月9日晚，周兴铭做客“两会会客厅”，以“科技腾飞的‘中国心’”为题，畅谈科技人才培养的机制创新。在回答主持人“关于教育改革的出路在哪里”的问题时，周兴铭提出，教育制度改革正当其时，教育投入已经很多了，但是从目前的效果来看，从教育的长远发展来看，光有大投入、不深化改革，培养不出优秀的创新型人才。就拿中小学教育来说，应试教育仍然占据相当突出的地位。这种教育模式培养出来的孩子，即便分数很高，但创新意识弱，动手能力差，不适应现代社会的岗位需求。教育制度的改革，要从基础教育做起。

周兴铭结合多年来从事军队高校教育工作的感受，认为高等教育不能搞单一化。国家的发展需要多种多样的人才，就像一个完整的人才链条，少了任何一个环节，整个人才链都会断裂。国家需要科学家、工程师，需要高级专业技术人才，当然也需要将军、专业士兵。院校要多元化，要创造条件为不同类型的学生成才服务，使他们都能成为对社会有用的人。教育应当重视学生的特长，尊重其兴趣爱好，让他们在一次次挑战中成长。

对于“在国家发展的战略机遇期，科技界应该做什么？”的问题，周兴铭回答说：“这对我们两院院士以及科技界提出了很高的要求。目前，科技成果真正转化为生产力、对社会经济发展起作用的比率偏低。我国的很多电子产品产量世界第一，但整个信息科技行业的利润不到10%，我们是靠干苦力挣钱。我们要将发展的目标向高端转移，就要提高科技创新对经济发展的贡献率。”他认为，应该建设产学研一体化的科技创新体系，使科技成果真正转化为生产力，以企业为主体，直接将研究应用目标与市场结合起来，结合得越紧，转化效益越高。

周兴铭提出，国防科学技术大学计算机学院多年来致力于信息科研，曾创造过世界计算机界的多项“第一”，也为国家高性能计算机研制作出了贡献。他希望能为创造国家经济发展的“第一”再做些实实在在的事情，为民族复兴、科技腾飞提供一颗强劲的“中国心”。

2013 年 3 月 17 日，周兴铭出席全国人民代表大会后返回学校，立即就投入到紧张的工作之中，第一时间把会议概况和主要特点、大会主要精神、军队贯彻大会精神的要求，向全校官兵、职工和离退休人员进行了传达。

当时，新一代“天河”超级计算机正处于攻坚的关键时期，周兴铭来到实验室，与正在进行调试工作的科研人员就会议召开期间的热点问题进行热烈讨论和交流。实现强军梦，是当代军人的历史担当，能打胜仗是军队建设的核心，现代化的武器装备是能打胜仗的重要保障。这就要求我们突出科技创新对于提高战斗力的“倍增器”作用。他说：“要圆中国梦，军队建设一定要搞好，这是保本保底的，作为军队的科技人员，就是要有紧迫的使命感，我们科技创新的终点就是使研究成果真正提高军队的战斗力。”

2013 年 11 月，中共中央总书记、国家主席、中央军委主席习近平视察国防科学技术大学，强调“要加大先进成熟的自主创新成果推广应用力度，推动军队现代化建设转入创新驱动发展轨道”，“要搞好科研力量和资源整合，健全同高校、科研院所、企业、政府的协同创新机制，最大限度发挥各方面优势，形成推进科技创新整体合力”。围绕贯彻落实习主席的指示要求，周兴铭深入教学、科研一线调研，广泛听取学校官兵的意见建议，围绕解决好国防科技军民融合协同创新机制中的矛盾问题，认真准备向大会提交的提案。2014 年 3 月，周兴铭在广泛调研的基础上，经过反复研究讨论，几易其稿，最终向大会提交了《关于完善国防科技军民融合协同创新机制的建议》。

2015 年 3 月 8 日，周兴铭在十二届全国人大三次会议分组讨论时提出，要依靠科技创新转换发展动力。他认为社会经济发展与国防和军队建设的联系将更加紧密，“互联网+”行动计划从顶层设计层面促进互联网与各个产业的融合，将为我军后勤、装备保障和部队信息化建设带来新的发展机遇。对政府工作报告中提到的“推动移动互联网、云计算、大数据等与现代制造业结合”的热点话题，周兴铭还从技术的角度进行了解读。

周兴铭认为，云计算是信息领域里通过网络服务端提供的一种服务机制，信息服务提供商采用云技术是未来信息行业里一个增长点，是服务行业的增长点，更是技术的增长点、经济的增长点。中国的云计算技术正在逐步建立，有很大的发展空间。他铿锵有力地说：“大数据技术是国家十分需要的一项技术，不是传统的数学问题的求解，而是从关联中去找知识，是一种全新的模式。”大数据把信息作为一种资源去进行分析，从中可以得到很多有用的知识，这些知识可以用来解决国家安全、反恐等各种各样的问题。各国军事竞争的事例一直警醒世人，谁能抢占创新驱动发展的制高点，谁就能赢得战略主动权。云计算、大数据都是应用技术，应用技术有广阔的应用前景，因此也是新兴产业里的热点、国家发展的重点。适应和引领我国经济发展新常态，关键就是要依靠科技创新转换发展动力。

装备是打赢的基础，技术是战术的支撑。随着一大批新型武器装备陆续配发部队，对于“怎样才能使这些武器装备尽快形成战斗力”这个问题，周兴铭也进行了深入思考。2015 年 3 月 11 日，周兴铭在“两会”军队代表委员小组讨论时开门见山地陈述了自己的意见和建议，提出要加快构建适应履行使命要求的装备体系，为实现强军梦提供强大物质技术支撑。“要想尽快形成战斗力，就要把新装备练熟、摸熟、用熟。一定要防止出现不舍得用、不敢用，用旧装备顺手了就冷落新装备的现象。”只有发掘武器装备的最大潜能，实现人与武器装备的最佳结合，才能最大限度提高部队战斗力。

2016年3月13日下午，中共中央总书记、国家主席、中央军委主席习近平出席十二届全国人大四次会议解放军代表团全体会议时强调，全面实施创新驱动发展战略，推动国防和军队建设实现新跨越。

周兴铭认真学习领悟习主席的重要讲话精神，在参加解放军代表团讨论时提出，有高水平的科技人才，才可能实现高水平的科技创新。人才队伍建设主要有两个途径：一靠引进，二靠培养。军队科技人才的引进要广开门路，把有志于为国防和军队事业奋斗的优秀人才吸引到我们的队伍中来。培养科技人才关键是在实践中成长，要创造条件给任务、压担子，通过创新实践来发现人才、磨炼人才。一定要把科研实践和人才培养有机融合在一起，为我军科技创新发展作出新的贡献。

人大代表的义务就是代表人民行使政治权利，对“一府两院”进行监督。在周兴铭眼里，人大代表要讲真话，不拐弯子、不绕圈子，真正履职，才是真正行使了人民赋予的权力，才是真正体现了政治民主，才是对党、对军队、对人民负责。周兴铭来自军队院校，长期从事科技工作，他更加深入地思考我国自主创新的科研道路，为国家科技事业发展、民族振兴，提出了许多好的意见建议。

7. 坚守价值追求矢志不移

回忆自己走过的人生道路，周兴铭深知取得的每一项成就都来之不易，都浸透着大家辛勤的汗水和心血，传承着一种为国防事业艰苦奋斗、无私奉献的优良传统和团结拼搏、勇攀高峰的精神品格。正是对这种传统和精神的自觉践行，素心问学、诚朴做人，两袖清风、唯有奉献成为周兴铭的准则，也是他作为一名学者的本色。

当问起周兴铭最喜欢的歌是什么，他不假思索地说是《歌唱祖国》。“每当唱起这首歌，我都会感到热血沸腾，无比激动。新中国成立以来的最大成就，就是从一个贫困落后的国家，发展成为一个逐渐繁荣富强的大国。我由衷地赞美祖国，自豪地歌唱祖国！”

周兴铭为事业长期艰苦奋斗，不追求生活的奢华，不攀比物质的享受，吃、穿、用都非常朴素。收入提高后，他不忘回报社会，2001 年捐出 17 万余元，2007 年又捐款 40 万元，设立不命名的基金，资助学生以及青年教师开展学习和科学研究。当选院士后，他从不利用头衔谋取私利，从不搞什么题词，参加什么“应景活动”，更不会发表一些与学术无关的言论，因为“唯器与名，不可假人”。周兴铭指导的第一个博士研究生杨利回忆说：“周院士一生俭朴，照理来说，每年的教师节、老师的生日，都是我这个大弟子大显身手的机会。但是，从我入学到老师现在接近 80 岁高龄，我从没有机会组织起老师的祝寿会。他除了学术上给我们无私的帮助和教诲，工作中从不搞拉帮结派的‘师生情谊’，与学生之交也如君子，淡如水。他的高风亮节，影响了我的一生。”周兴铭的言行，正是我国知识分子淡泊名利、忠心报国的具体体现。

路虽远，行者必至。无论在什么时期、什么岗位，周兴铭的足迹清晰而坚定，他用可供后人鉴析和评说的行动书写了爱国敬业、勤奋朴实、甘于奉献、光明磊落的人生，成为孕育、铸就和践行伟大“银河精神”的杰出代表之一。他严谨治学，取得许多荣誉和成就，但每一项我们所看见到的荣耀，背后都有他不为人知的艰辛。

1978 年以来，周兴铭先后获得全国科学大会奖 2 项，湖南省科学大会荣誉奖 1 项，国家科技进步一等奖 2 项（第一完成人），中央军委特等国防科技成果奖个人一等奖 1 项，军队科技进步一等奖 2 项、二等奖 1 项，国防科工委科技进步一等奖 2 项、三等奖 5 项，国家教学成果二等奖 1 项、国防科工委教学成果二等奖 1 项。

20 世纪 90 年代以来，还获得了诸多奖项：

1990 年，被人事部和解放军总政治部授予“国家有突出贡献中青年专家”称号；

1990 年 12 月，被国家教委和国家科委授予“全国高等学校科技工作先进个人”称号；

1991 年 9 月，获批享受国务院政府特殊津贴；

1993 年，获 1992 年度国防科工委“重大科研试验特等奖金”；

1995 年，获何梁何利基金“科学与技术进步奖”；

1996 年 12 月，获湖南省科协首届“湖南科技之星”称号；

2009 年 7 月，当选为“新中国成立后为国防和军队建设作出重大贡献、具有重大影响的先进人物”；

2011 年 10 月，获国家示范性软件学院建设“杰出贡献奖”；

2016年1月，获中国计算机学会（CCF）颁发的“CCF终身成就奖”。

…………

看一个人对什么事情重视、投入，可以知道这个人的信念和价值观。风雨沧桑几十年，周兴铭为我国科技事业竭尽全力，持续奔波、奋斗，用渊博学识和人格魅力筑起了一座道德丰碑。

周兴铭在办公室工作（2014年）

党员使命在，冲锋永不止。周兴铭到了退休年龄后，本应放下工作，享受安乐的老年生活，但由于担任博士生导师继续培养研究生，开展科研本职工作，从事国防预研任务，担任“银河”巨型计算机研制、咨询专家，履行并行与分布处理国家级重点实验室学术委员会主任职责，担任人大代表和兼任的学术职务等相关活动，承担院士应尽的服务社会的各项工作，等等，他的工作责任与日俱增。周兴铭以壮心不已的情怀和岁月易逝的紧迫感，或殚精竭虑地参与顶层设计，“运筹于帷幄之中”，或步履匆匆地奔赴于科研实验一线，每天的行程排得满满当当。“原来说‘银河－Ⅱ’搞完后放我回上海，后来选上院士后，学校不太愿意让我回去了，我也觉得我完全是学校培养的，是学校给了我这么好的机会，当上院士就走了，我也觉得对不起学校。”经总政治部批准，周兴铭多次延长退休年龄，继续在职工作了20余年。

在常人颐养天年的岁月里，周兴铭延期退休坚持工作，竭诚奉献无止境。可是，他的家庭方面，爱人李遐正好50多岁，处于临近60岁退休的阶段，需要他的慰藉；两个孩子正经历从大学到毕业参加工作，再到结婚的许多大事，需要他的张罗；还有周兴铭和李遐双方的母亲年事已高，需要他的照顾，特别是周兴铭的母亲患了癌症后，总是希望能看到儿子。周兴铭每次回上海都要花很多精力去陪伴母亲，精心照顾她，直到母亲病逝。他经受着家庭与事业两难的苦楚，面临着一般人难以克服的困难，付出了无法衡量的代价。这就是周兴铭院士默默耕耘、无私奉献的感人风采。周兴铭在事业上不辞劳苦、不懈探索、呕心沥血的经历，堪称老一辈“银河人”这个群体的缩影。这种价值坚守和人生追求，照见着光风霁月的洒落胸怀，标注着令人景仰的精神高度。

少年伤痛，心怀救国壮志；青年发奋，澎湃强国雄心；中年耕耘，沥血“银河”伟业。青骥奋蹄攀高峰，老马信步小众山。周兴铭以赤子忠诚，不忘初心、蕴持伟力，与我国计算机事业发展紧紧连在一起，尽管岁月流逝了他的青春，然而他的影响却润物无声，永远焕发着科学的青春。

附录一　周兴铭年表

1938 年

12 月 4 日，出生于上海市茂名南路一间借来的老房子里。父亲周午生，在上海一家钱庄做会计。母亲陶连英，家庭主妇。

1941 年

弟弟周兴宝在上海出生。

1943 年

9 月，入读上海民智小学接受启蒙教育，开始求学生涯。

大妹周幼宝在上海出生。

1944 年

11 月，母亲陶连英带着周兴铭、周兴宝、周幼宝三个孩子，暂时回浙江老家余姚临山镇躲避战乱。

1945 年

2 月，在浙江余姚临山镇小学读二年级课程。

9 月，随母亲和弟弟、大妹回到上海。

1946 年

2 月，转到正修小学读小学二年级，在这里一直读到小学四年级上学期。

1947 年

秋，父亲周午生在上海一家棉业公司找到做会计的工作，工资收入有所提高，家里生活条件有所好转。

父亲周午生在上海南市董家渡 102 号买了一间竹房屋。

1948 年

2 月，转学到公办学校南昌小学。从小学四年级下学期课程开始读起。

9 月，转学回到正修小学读五年级上学期课程。

1950 年

1 月，父亲公司的老板全家搬往香港，在走之前腾了一间房给他们全家居住。为躲避轰炸，全家暂时搬家到复兴中路。

2 月，转学到上海青华中小学读六年级。

6 月，不幸患上伤寒，病情十分严重，因此耽误了小学毕业考试。

9 月，鉴于周兴铭平时学习成绩优秀，青华中小学同意他不经考试直接转入初中学习。

1951 年

上半年，在青华中小学加入少先队，开始接受革命启蒙教育。

8 月，参加上海徐汇中学插班考试，以优秀成绩考取初二插班生。

9 月，入读上海徐汇中学，在学校住宿，吃集体伙食，接受独立生活的锻炼。

1952 年

1 月 18 日，上海徐汇中学初中部二年级乙组团支部对周兴铭进行品德鉴定。

小妹周幼清在上海出生。后来，周兴铭认为要“又红又专”，建议她改名为“周红”。

1953 年

8 月，全家搬回董家渡 102 号，周兴铭面临着择校读高中的问题。徐汇中学准许周兴铭不用参加考试直接入读高中。

9 月，进入上海徐汇中学读高一。

12 月 9 日，由班上团员骨干吴关轩介绍，在上海徐汇中学高一乙分支加入新民主主义青年团。

1955 年

12 月，军事工程学院到上海徐汇中学招生，遴选出周兴铭等 4 名学生，要求他们高考第一志愿填报军事工程学院，周兴铭毫不犹豫地答应了。

1956 年

4 月 16 日，被“哈军工”招生工作组送到上海第二军医大学附属医院进行体检，体检结果合格。

7 月 25 日，上海徐汇中学副校长、党支部书记姚民定为周兴铭出具鉴定意见。

8 月，接到军事工程学院入学通知书。在母亲陪同下，到上海老火车北站附近的一所学校报到。

8 月，与全体新学员进入军事工程学院野营训练营地，接受严格的军事训练和政治教育。

8 月 25 日，与全体新学员一起，聆听军事工程学院政治部主任张衍做《国际形势问题》报告。

8 月 27 日，与全体新学员一起，聆听军事工程学院预科主任张文峰做《预科教育任务》报告。

9 月 1 日，与全体新学员一起参加军事工程学院举行的开学典礼。

10 月 9 日，上午，参加在军事工程学院野营训练场举行的新学员入伍宣誓。下午，与全体新学员徒步行军回到学院营区，正式转入预科学习。

1957 年

2 月 13 日，由于学习成绩优秀，综合表现突出，获得军事工程学院预科“提名奖品奖励”。

8 月，作为学员代表，参加副总参谋长张宗逊在军事工程学院组织的座谈会，第一次向上将提意见并发言讨论。

夏，与学院官兵一起参加松花江哈尔滨段抗洪抢险，被表彰为哈尔滨市1957年防汛模范，获一枚“防汛模范”奖章。

9月，结束1年预科学习，分配到海军工程系指挥仪专业学习。

1958年

6月上旬，随海军工程系学员赴北海舰队实习，到登陆艇部队当实习水手，在登陆艇上与战士同吃同住同训练。

1959年

6月上旬，随海军工程系学员赴东海舰队实习，熟悉舰艇上的工作环境和将来工作的战位。8月9日，实习结束。

10月1日，正式向所在党支部递交入党申请书。

1960年

8月，作为海军工程系优秀学员被“拔青苗”提前毕业，参加慈云桂举办的57323班学习计算机知识。

8月23日，正式填写入党志愿书。

9月4日，海军工程系二科党总支部批准为中共预备党员，预备期从1960年8月26日算起。

1961年

春，结束在57323班的学习培训，进入海军工程系课题组，参与研制901晶体管计算机，由柳克俊直接指挥，组长裘式纲。

10月1日，被定为正排级。

11月8日，被授予技术少尉军衔。

1962 年

8 月，结合研制 901 计算机的心得，撰写完成毕业论文，顺利拿到军事工程学院毕业证书。

1963 年

年初，参与研制的 901 晶体管计算机实验样机研制成功，运算速度每秒 2000 次。负责系统设计和调试，解决了锗晶体管电路计算机恶劣环境下稳定可靠性的难题，是研制骨干和主要完成者。

6 月 14 日，军衔由技术少尉晋升为技术中尉。

1965 年

5 月 25 日，确定行政级为 21 级。

1966 年

4 月 1 日，军事工程学院改制退出军队编制序列，改称哈尔滨工程学院。随学院集体转业。

当年，被任命为 030 潜艇数字指挥仪计算机课题组副组长，在组长陈亚希领导下研制海军小型潜艇上的鱼雷射击指挥仪。

1968 年

春，由裘式纲的爱人陈雅媛介绍，与哈尔滨电机厂技术员李遐在裘式纲家中第一次见面。两人一见钟情，都很中意对方。

初夏，在“文化革命”派系斗争中受到迫害，被隔离审查。

夏，父亲因患肺癌，医治无效，在上海病逝。处在隔离审查期间，没有能够回上海送父亲一程。

12 月 28 日，被任命为哈尔滨工程学院讲师。

1969 年

4 月 24 日，在黑龙江柳河“五七”干校接受劳动教育期间，参加庆祝“九大”闭幕大会后通宵锯木头，因疲劳过度锯掉半节手指。

12 月 11 日，与李遐登记结婚。

当年，参加由慈云桂教授领导的百万次级 151 通用大型计算机研制工作，后来成为运控分系统负责人。

1970 年

春节后，进驻北京 109 厂，与厂方一起研制生产 151 计算机所需的高速可靠的集成电路。

7 月初，离开 109 厂返回哈尔滨。

9 月，大女儿周晔在上海出生。

当年，随学院南迁长沙，在长沙工学院计算机研究所任助教。

1972 年

3 月，二女儿周昉在上海出生。

1973 年

8 月 2 日，151 通用大型计算机设计阶段基本结束，进入生产阶段，随研制人员带着图纸到四机部北京有线电厂进行试生产。

1976 年

8 月，编写的《151 电子数字计算机运算器与运算控制器技术说明书》，在长沙工学院结集印刷。

12 月，我国第一台百万次集成电路计算机 151 – Ⅲ研制成功，通过国防科委组织的稳定性考核。

1977 年

3 月，与彭心炯、杨超群合作撰写的《高速 TTL 电路如何可靠地构成高速计算机》文章，在《微电子与计算机》上发表。

1978 年

年初，被任命为亿次巨型计算机主机系统（除主存外）的研制负责人。

1 月 26 日，行政级调整为 20 级。

2 月 20 日，因工作表现突出，受到长沙工学院计算机研究所通报表彰。

6 月，前往美国进行学术交流和考察。

10 月 1 日，长沙工学院改建为国防科学技术大学，再次参军入伍。后任国防科学技术大学计算机系兼研究所逻辑网络与三控室副主任（主持工作）。

11 月，带领研制人员完成亿次机的主机逻辑设计。

12 月 28 日，任国防科学技术大学计算机系兼研究所讲师。

12 月，参与研制的 030 潜艇数字指挥仪计算机，获湖南省科学大会奖。主要完成人有金士尧、孟庆余、吴泉源、陈有刚、凌令海等。

1979 年

4 月 17 日，因在研制 151 通用大型计算机的突出表现，荣立三等功。

5 月，任国防科学技术大学计算机系兼研究所逻辑网络与三控室党支部副书记。

11 月 1 日，由行政 20 级调整为 19 级。

1980 年

2 月 1 日，被评为国防科学技术大学 1979 年度先进工作者。

4 月，确定专业技术级为 8 级。

1982 年

6 月 12 日，任国防科学技术大学计算机系兼研究所副教授。

10 月 1 日，由行政 19 级调整为 18 级。

12 月，主持完成亿次巨型计算机主机系统研制任务。

当年，151 中心处理计算机双机系统获军队科技进步一等奖。主要完成人：慈云桂、胡守仁、金士尧、孟庆余、王振青、陈福接、周兴铭、耿惠民、史庆余、杨凤翅、周堤基、钟士熙。

1983 年

1 月，参加我国首台数字仿真计算机总体设计，被任命为任务组组长。

4 月 4 日，任国防科学技术大学计算机系兼研究所逻辑网络与三控研究室（604）主任。

7 月 20 日，前往美国进行学术考察活动。9 月 27 日回国。

12 月 1 日，由专业技术 8 级调整为专业技术 6 级。

12 月 4 日，参与研制的“银河”巨型计算机由国家鉴定委员会在长沙进行国家鉴定。6 日，鉴定委员会决定批准《“银河”计算机国家技术鉴定报告》。

1984 年

4 月 3 日，因在研制“银河”巨型计算机中的突出表现，荣立二等功。

4 月 24 日，国防科学技术大学党委批复，增补为国防科学技术大学计算机系兼研究所党委委员。

4 月，担任“银河 – 仿 Ⅰ”（YH – F1）计算机研制工程总负责人。

6 月 7 日，中央军委命令，给国防科学技术大学计算机系兼研究所记集体一等功。

6 月 28 日，经中央军委批准，授予“银河”巨型计算机特等国防科技成果奖，颁发奖状及奖金 10 万元。获个人一等奖，奖金 400 元。

7 月，为《中国大百科全书 · 计算机卷》撰写“计算机系统”条目。

10 月，担任国防科学技术大学第二届学位委员会委员，任期为 1984 年 10 月至 1987 年 1 月。

10 月，带领研制人员完成 YH – F1 计算机硬件系统工程设计。

12 月，组织研制人员完成 YH – F1 计算机诊断调试系统设计和高级仿真语言设计。

1985 年

上半年，与陈福接、陈立杰联名给党中央、国务院写报告，建议尽快启动研制我国新一代巨型计算机，请缨承担研制任务。

7 月 2 日，国防科工委批复，同意国防科学技术大学集中力量开展“银河 - Ⅱ”的研制工作，列入“七五”预研项目。

8 月，主持研制的 YH - F1 计算机开始进行试用。

9 月 9 日，获国防科学技术大学 1984—1985 学年度教学优秀奖三等奖。

10 月 13—15 日，国家鉴定委员会在长沙举行鉴定会，主持研制的 YH - F1 计算机通过国家鉴定。YH - F1 计算机填补了我国全数字仿真计算机的空白。

1986 年

5 月 16 日，任国防科学技术大学计算机系兼研究所教授。

6 月 27 日，获评国防科学技术大学优秀共产党员。

6 月 28 日，赴香港学术考察。

6 月，主持研制的 YH - F1 计算机在北京展出，数十位党、国家和军队领导前往参观，给予高度评价。

7 月 29 日，支部大会一致同意符合党员标准，予以党员登记。

9 月，被国防科学技术大学评为优秀教师，获通令嘉奖。

12 月，到香港晓峰公司就计算机应用等问题进行学术调研。

1987 年

2 月 17 日，任国防科学技术大学计算机系兼研究所副师职副总工程师。任计算机系兼研究所党委委员、常委。

3月9日，国防科学技术大学召开“银河－Ⅱ”工程誓师动员大会，作为工程总设计师在大会上发言，表示和全体工程设计人员一起排除万难，不怕牺牲，一定完成任务。

3月10日，主持召开副主任设计师以上人员会议，布置“银河－Ⅱ”设计任务，提出方案论证工作的做法和计划，就如何搞好方案论证展开讨论。

3月11日，召集副总设计师、主任设计师研究制订“银河－Ⅱ”方案论证工作的安排。

4月1日，由行政18级调整为17级。

4月17日，参加国防科学技术大学召开的“银河－Ⅱ”工程决策方案讨论会，与副总设计师陈立杰、彭心炯，总师办主任及兰盛，向与会人员介绍了“银河－Ⅱ”工程总体方案的设想、软件工程、工程设计及研制进度计划。

6月1—12日，与总指挥陈福接、副总设计师彭心炯等一行5人，分别到石油部物探局研究院、石油勘探开发研究院、国家气象局北京气象中心、核工业部九所等单位，介绍“银河－Ⅱ”计算机总体方案，征求用户单位对方案的意见。

6月14—21日，与彭心炯等人就国家“七五”计划高速ECL门阵列电路攻关情况，到航天部七七一所、电子部二十四所分所、上海冶金所进行调研，对该项目与“银河－Ⅱ”研制结合的可能性进行了探讨。

7月，参加国防科工委在北京召开的“银河－Ⅱ”方案论证会，会议邀请了全国巨型计算机主要用户单位和一些同行专家，会议确定了“银河－Ⅱ”面向用户实现的技术要点。

1987年，主持完成的“YH－F1”计算机，获国防科工委科技进步一等奖。

1988 年

3 月，被正式任命为“银河－Ⅱ”通用并行巨型计算机总设计师，副总设计师为陈立杰、彭心炯。与工程总指挥陈福接率领研制团队正式开始研制“银河－Ⅱ”计算机，向着巨型计算机新的技术高峰全面出击。

3 月 26 日，参加国防科学技术大学召开的“银河－Ⅱ”研制工作全面展开动员大会。以总设计师的身份，分析了完成这一任务的有利和不利条件。

4 月，经国防科学技术大学计算机系兼研究所第三届党代会选举，国防科学技术大学党委批复，担任国防科学技术大学计算机系党委委员、常委。

6 月 9 日，由专业技术 6 级调整为专业技术 5 级。

7 月 16 日，由现役军官改为文职干部。

夏，赴法国参加并行算法国际学术会议。

7 月，面对照顾生病的母亲和投身研制巨型计算机的矛盾，动员爱人李遐转业。李遐带着两个孩子回到上海。

8 月 29 日，由于在研制“银河－仿Ⅰ”中的突出表现，荣立三等功。

12 月，主持完成的“银河－仿Ⅰ”获国家科技进步一等奖。主要完成人：周兴铭、崔承贵、宫德荣、黄柯棣、周歧鸿、郎德山、戴金海、张俊科、胡守仁、华祖耀、史庆余、方伟荣、胡世平、陈力、高如意。

12 月，被同济大学计算机系聘为兼职教授。

1989 年

1 月 18 日，任国防科学技术大学计算机系兼研究所总工程师。

1 月，任国防科学技术大学计算机系兼研究所党委常委。

9 月 9 日，获评国防科学技术大学教学优秀奖三等奖。

11 月 2 日，在河北涿州参加第二届全国并行算法会议开幕式，作为特邀嘉宾在大会做报告。

1990 年

11 月，任国防科学技术大学博士生导师，当年开始招收博士研究生。

12 月 17—21 日，在北京参加国家教委和国家科委联合召开的全国高等学校科技工作会议，被授予“全国高等学校科技工作先进个人”称号。

1991 年

1 月，与陈福接、杨晓东共同承担“八五”国防预研项目“超高速同构型多机系统结构技术”；与陈福接承担“八五”国防预研项目“高密度组装技术”；与陈福接、彭心炯承担“八五”国防预研项目“高速信号传输和互连技术”。

2 月，赴美国考察，进行学术交流。

3 月 17 日，中共中央总书记、中央军委主席江泽民视察国防科学技术大学。在计算机机房向江泽民介绍“银河－Ⅰ”和“银河－Ⅱ”的研制情况，回答了江泽民提出的问题。

7 月 1 日，享受国务院特殊津贴，每月 100 元。

10 月 1 日，确定文职级别为 4 级。

12 月，赴美国考察交流。

12 月，被总政治部、国家人事部授予 1990 年度“有突出贡献的中青年专家”称号。

1992 年

8 月，组织完成“银河－Ⅱ”通用并行巨型计算机的全系统软件、硬件调试。

9 月，由文职 4 级晋升为文职 2 级。

11 月 18 日，参加“银河－Ⅱ”通用并行巨型计算机鉴定会，在开幕式上向与会专家做技术汇报。

11 月 19 日，负责完成的“银河－Ⅱ”通用并行巨型计算机在长沙通过国家鉴定。

11 月 20 日，《人民日报》《光明日报》《解放军报》《科技日报》等全国数十家报纸，大篇幅报道“银河－Ⅱ”研制成功的消息。

1993 年

2 月 18 日，获 1992 年度国防科工委重大科研试验特等奖金。

5 月，赴美国进行考察交流。

6 月 28 日，因在“银河－Ⅱ”并行巨型计算机研制中表现突出，荣立一等功。

8 月 27 日，国防科工委下达“银河－Ⅲ”并行巨型计算机研制任务。作为项目负责人，提出了“银河－Ⅲ”总体技术方案与研制方案。

11 月，不再担任国防科学技术大学计算机系兼研究所党委常委。

12 月 1 日，由专业技术 4 级调整为 3 级。

12 月 11 日，当选为中国科学院学部委员。

12 月，“周兴铭当选为学部委员”被《国防科大报》评为 1993 年校内十大新闻之一。

12 月 31 日，国防科学技术大学召开座谈会，祝贺周兴铭当选学部委员。

1994 年

1 月 5 日，接受《国防科大报》记者采访，强调所取得的成就是与党和学校多年的培养教育分不开的，自己只是科研战线上的普通一兵，做了应该做的事。

1 月 6 日，参与完成的“提高‘银河’巨型机系统性能指标的特殊技术措施”研究项目，获国防科工委三等奖。主要完成人：杨晓东、张民选、周兴铭、梁佑荣、王久林、李仲民、顾忠杰。

2 月 6 日，任国防科学技术大学研究生院副院长（文职正局级），主持研究生院日常工作。

3 月 23 日，国防科工委政治部批复，增补为国防科学技术大学党委委员。

10 月 31 日，被国防科学技术大学推荐为国防科工委优秀教学成果奖评审委员会委员。

12 月 1 日，由专业技术 3 级调整为 2 级。

12 月，与窦文华、李晓梅等人完成的《加强计算机学科建设，提高研究生教育水平》，获国防科工委教学成果二等奖。

1995 年

4 月 11 日，参加国防科学技术大学研究生教育改革与发展研讨会，与全体博士研究生一起庆贺研究生院建院 10 周年。12 日，主持研讨会闭幕式。

5 月，为计算机系兼研究所全体教职员工做“银河精神”教育报告，激励大家为“银河”事业创造新辉煌。

7 月，当选为国防科工委第一届党代表大会代表。

9 月 1 日，由文职 2 级晋升为文职 1 级。

10 月，获“何梁何利科学与技术进步奖”。

12 月 21 日，在北京参加“银河－Ⅱ”交付中国工程院物理研究院验收使用大会。

12 月，“银河－Ⅱ”并行巨型计算机获国家科技进步一等奖。主要完成者：周兴铭、陈福接、彭心炯、杨晓东、李晓梅、谈正信、苏长青、李思昆、陈立杰、王久林、杨桃栏、卢锡城、方伟荣、窦文华。

1996 年

4 月 19 日，辞去国防科学技术大学研究生院副院长职务，任计算机学院教授。

6 月 24 日，任国防科学技术大学计算机学院顾问。

12 月 30 日，由湖南省科协主持评选为首届“湖南科技之星”。

12 月，担任并行与分布处理国防科技重点实验室学术委员会主任。

当年，担任“九五”国防预研基金项目“超大规模数据库并行处理和管理技术研究”负责人。

当年，当选为中国科学院技术科学部常委。

1997 年

1 月，承担国家自然科学基金项目“免索引数据库存储与并行处理技术的研究”。

8 月 2 日，担任国防科学技术大学“量子计算和量子计算机”预先研究课题组顾问，指导研究组开展量子计算机的预先研究。

8 月，主持“并行与分布处理”国际学术会议（APDC′97）。

12 月 1 日，由专业技术 2 级调整为 1 级。

1998 年

2 月，赴美国进行学术交流和考察。

1999 年

10 月 19—21 日，主持第三届“高级并行处理技术”国际会议（APPT′99），与来自美、澳、日等国家及国内的 100 余名专家学者进行研讨交流。

2000 年

3 月 24 日，被批准延期退休 3 年，从 1998 年 12 月至 2001 年 12 月。

2001 年

11 月 6 日，被批准延期退休 3 年，从 2001 年 12 月至 2004 年 12 月。

2002 年

5 月 16 日，在上海为同济大学软件学院正式成立揭牌。

9 月，受上海同济大学邀请，经国防科学技术大学党委审批同意，任上海同济大学软件学院院长（兼职）。

2003 年

12 月 4 日，参加国防科学技术大学纪念“银河 - Ⅰ”研制成功 20 周年座谈会。

2004 年

6 月，当选中国科学院咨询评议工作委员会第三届委员会成员。

2005 年

5 月 12 日，参加国防科学技术大学庆祝设立研究生院 20 周年大会。

9 月 8 日，获 2004—2005 学年国防科学技术大学继续教育教学优秀个人奖二等奖。

10 月 27—28 日，在香港担任 The 6th International Workshop on Advanced Parallel Processing Technologies 大会主席，会议围绕计算机系统结构、并行/分布式计算方向进行了广泛讨论。

2006 年

5 月 19 日，在山东农业大学为师生做《信息技术与国家发展》专题讲座。

8 月 17 日，在成都参加“中国计算机体系结构”学术年会，与 100 余位专家学者围绕计算机体系结构的前沿发展趋势进行讨论。

9 月 9 日，参加国防科学技术大学计算机学院召开的教书育人总结表彰大会。

12 月 13 日，参加国防科学技术大学计算机学院庆祝建院 40 周年庆祝大会。

12 月 19 日，在湖南省科协第八次代表大会上当选为湖南省科协副主席。

12 月 29 日，担任评审委员会委员，参加国防科学技术大学在高科技知识培训班举行的 2006 年度高级专业技术资格评审会。

2007 年

3 月 14—15 日，担任科技部、国家自然科学基金委评估小组组长，对武汉大学软件工程国家重点实验室进行现场评估。

5 月 21 日，做客同济大学“IT 新技术院士论坛”，做《高性能计算的发展》学术报告。

9 月 17 日，参加国防科学技术大学计算机学院在三号院学术厅举行的本科新生见面会，受到 110 余名本科新学员的热烈欢迎。

8 月 1 日，作为英模单位代表，上午在北京人民大会堂参加中共中央、国务院、中央军委举行的“庆祝中国人民解放军建军 80 周年暨全军英雄模范代表大会”，下午出席英模代表全体会议，并参加中央军委举行的纪念建军80周年其他活动。

11月22—23日，在广州担任“第七届高级并行处理技术大会”主席。

2008年

1月12日，主持并行与分布处理国防科技重点实验室2007年度学术委员会会议。

5月19日，因出差不能出席向四川“5·12”地震灾区捐款仪式，托人将2000元交给国防科学技术大学计算机学院政治委员代为捐献。

6月，当选中国科学院咨询评议工作委员会第四届委员会成员。

8月22日，参加国防科学技术大学计算机学院召开的研究生培养方案研讨会。

9月12日，参加国防科学技术大学计算机学院本科新学员师生见面会暨“银河精神”教育专题讲座，勉励新学员牢记使命、刻苦学习，努力成为合格的“银河”传人。

10月30日，应邀出席国防科学技术大学计算机学院“银河故事·银河人生”访谈会，与青年学员面对面交谈。

11月22日，参加上海航天局承办的纪念“哈军工”创建55周年暨国防科学技术大学组建30周年座谈会。

12月30日，从教30年，受到国防科学技术大学通报表彰。这次从教时间是指1978年组建国防科学技术大学起算。

当年，担任中国科学院第六届学部主席团成员。

2009年

7月10日，当选“新中国成立后为国防和军队建设作出重大贡献、具有重大影响的先进人物”。

8月19日，参加国防科学技术大学计算机学院发展战略研讨会，对计算机学院今后一个时期的发展提出富有建设性的意见和建议。

10月12日，参加国防科学技术大学计算机学院2009级本科新学员见面会，寄语新学员肩负起历史赋予的重大使命，在校学习期间打好基础，练好本领，将来为国家和军队作贡献。

12月18日，作为全军首届带教导师，参加在北京举行的军队高层次科技创新人才工程动员部署会，获颁带教导师聘书。

12月29日，作为评审委员会委员，参加国防科学技术大学2009年度高级专业技术资格评审会。

2010年

8月20日，参加国家超级计算长沙中心共建协议签约暨专家委员会委员聘任仪式，被湖南省政府聘为长沙超级计算中心专家委员会委员。

12月28日，参加国防科学技术大学2010年度高级专业技术资格评审会。

2011年

5月29日，参加“科学与中国”院士专家巡讲团，在南京大学为师生做题为《高性能计算和“天河”计算机》的学术报告。

6月28日，参加国防科学技术大学第九届学位评定委员会第十次会议，听取新增博士生导师答辩并审议增任博士生导师人员名单。

10 月 30 日，参加国防科学技术大学计算机学院网络工程系举办的系列学术月活动，做题为《互联网发展的重大挑战问题》的学术报告。

12 月 1 日，参加湖南省第四届研究生创新论坛计算机科学与工程新理论和新技术分论坛，做题为《高性能计算技术》的主题报告，阐述高性能计算的有关问题，并同与会人员交流互动。

12 月 7 日，参加在北京召开的军队高层次科技创新人才工程学术交流会。

12 月 15 日，担任评审委员会委员，参加在国防科学技术大学 2011 年度高级专业技术资格评审会。

2012 年

6 月 20 日上午，在学术成果馆参加国防科学技术大学第九届学位评定委员会第十四次会议，参与审议博士学位授予名单，对进一步完善学位论文评阅制度，加强学位论文质量监控提出意见。

12 月 15 日，参加国防科学技术大学高性能计算国家重点实验室揭牌仪式暨第一届学术委员会第一次会议。

12 月 7 日，参加在北京召开的军队高层次科技创新人才工程学术交流会。

12 月 17 日，参加国防科学技术大学 2012 年度高级专业技术资格评审会。

2013 年

1 月 16 日，参加国防科学技术大学军人（职工）代表大会，当选第十二届全国人民代表大会代表。

3 月 5—17 日，在北京参加十二届全国人大一次会议。

3 月 9 日，做客国防部网、中国军网“两会会客厅”，畅谈科技人才培养的机制创新。

3 月 19 日，向国防科学技术大学全体教职员工传达十二届全国人大一次会议的概况和主要特点、大会主要精神、军队贯彻大会精神的主要任务。

6 月 6 日，在北京参加军队高层次科技创新人才工程学术交流会，围绕“军事科技创新与战斗力提升”这一主题，同与会人员交流创新体会。

8 月 28 日，接受《实验室研究与探索》主编夏有为教授的专访，阐述对科学实验和实验室建设的看法，提出科学实验对科学技术的发展不可替代，在高校培养人才是第一位的。

9 月 10 日，参加国防科学技术大学表彰慰问从教 30 年专业技术三级以上教员代表和军队院校育才奖金奖获得者代表大会。因从教超过 50 年，受到通报表彰。从教时间从 1962 年起算。

11 月 22 日，参加上海院士风采馆、上海市同济中学主办的“走近院士”活动，为同济中学高一师生做题为《信息技术发展趣谈》的学术讲座。

10 月 23 日，在长沙参加“计算机系统（硬件）学科发展战略”研讨会。

2014 年

3 月 5—13 日，在北京参加十二届全国人大二次会议。

3 月 14 日，向国防科学技术大学官兵、职工和离退休人员传达十二届全国人大二次会议精神。

8 月 28 日，作为全军带教导师，参加在西安举行的第四届军队高层次科技创新人才工程学术交流会议。

10 月 13 日，出席同济大学软件学院举办的“周兴铭院士同济大学兼职教授授证仪式”。

11 月 4 日，出席在长沙举办的第 44 次中国科学院科学与技术前沿论坛开幕式，在大会上致辞。

7 月 14 日，接受《瞭望东方周刊》记者专访，阐述中国高性能计算机发展情况，以及产业化、高精尖发展的两条道路。

2015 年

3 月 5 日，赴北京参加十二届全国人大三次会议。

3 月 11 日，参加“两会”军队代表委员小组讨论，提出要加快构建适应履行使命要求的装备体系，为实现强军梦提供强大物质技术支撑。

5 月 10 日，参加在黄山举行的第六届中国传感器网络学术会议，担任会议主席。

7 月 17—19 日，在上海担任第十六届全国容错计算学术会议大会主席，在开幕式上致辞，并做学术报告。

10 月 20 日，在上海主持召开“第六届 CSTQB 国际软件测试高峰论坛”。

2016 年

1 月 30 日，获中国计算机学会（CCF）颁发的“CCF 终身成就奖”。

3 月 5 日，赴北京参加十二届全国人大四次会议。

3 月 13 日，参加“两会”解放军代表团讨论，畅谈学习贯彻习近平主席讲话精神体会。

5 月 1 日，被批准退休，退休生活费标准按本人原工资的 100% 计发。

5 月 30 日，在北京出席全国科技创新大会、两院院士大会、中国科协第九次全国代表大会。

附录二　周兴铭主要论著目录

[1] 周兴铭，吴泉源．一个简易高速除法方案［J］．电子计算机技术，1974．

[2] 周兴铭，等．电子计算机运算器与运算控制器［Z］．长沙：长沙工学院，1975．

[3] 周兴铭，等．151 电子数字计算机运算器与运算控制器技术说明书［Z］．长沙：长沙工学院，1976．

[4] 周兴铭，彭心炯，杨超群．高速 TTL 电路如何可靠地构成高速计算机［J］．微电子与计算机，1977（3）．

[5] 周兴铭，等．巨型机三控设计（方案）［Z］．长沙：长沙工学院计算机研究所，1978．

[6] 周兴铭．785 机程序设计指南［Z］．长沙：国防科学技术大学计算机研究所，1980．

[7] 周兴铭，张民选．倒数迭代算法的理论分析与方案讨论［J］．计算机学报，1981（5）．

[8] 胡守仁，周兴铭，张德芳．巨型机系统结构［Z］．长沙：国防科学技术大学，1981．

[9] 周兴铭．SSP 研制方案［C］//8212 会议文件，1982．

[10] 周兴铭. CRAY－1 机技术鉴定分析 [R] //"银河"计算机鉴定会报告，1983.

[11] 周兴铭. YH－1 主机高效调试与诊断技术 [G] //国防科学技术大学校庆三十周年论文选编（计算机卷），1983.

[12] 周兴铭. "银河"数字仿真计算机系统 [C] //全国第五届系统仿真学术会议特邀报告，1985.

[13] 慈云桂，周兴铭. 中国大百科全书·电子学与计算机 [M]. 北京：中国大百科全书出版社，1986.

[14] 梁志保，周兴铭. AD100 浮点全数字仿真计算机分析 [C] //全国第六届系统仿真学术会议论文集，1987.

[15] 周兴铭. YH－2 "银河"巨型计算机（多 CPU）总体结构方案 [R]. 长沙：国防科学技术大学计算机研究所，1988.

[16] 周兴铭. 并行巨型机发展策略探讨 [G] //国防科工委科技委 1992 年报，1992.

[17] 周兴铭，周歧鸿. YH－F1 大型高速全数字仿真计算机 [C] //中国计算机学会第八届年会论文集，1992.

[18] 周兴铭，郭桂蓉. 论巨型计算机的发展 [C] //中国电子学会第五届学术年会论文集，1992.

[19] 周兴铭. YH－2 "银河－Ⅱ"巨型计算机技术报告 [R]. 长沙：国防科学技术大学计算机研究所资料，1992.

[20] 周兴铭. 巨型机发展趋势探讨 [J]. 计算机世界，1992(11).

[21] 周兴铭. "银河－Ⅲ"超并行巨型机技术方案 [C] //国防科工委"银河－Ⅲ"方案评审会资料，1993.

[22] 周兴铭. 军用通用计算机发展战略探讨 [C] //国防科工委科技委第三届年会论文集，1994.

[23] 杨利，周兴铭，郑若忠. 并行数据库系统的体系结构 [J]. 计算机科学，1994，21 (4).
[24] 周兴铭. 谈信用卡电脑网络化 [J]. 国际金融，1995 (4).
[25] 周兴铭，陈书明，罗金平. 采用自由空间光互连的并行计算机系统的研究 [R] //国家科委软课题研究报告，1995.
[26] 窦勇，周兴铭. Super-Object 模型：在分布存储器多计算机上实现共享存储器程序设计模型 [J]. 计算机学报，1995，18 (7).
[27] 罗金平，陈书明，周兴铭. 光总线技术的现状与发展 [C] //中国计算机学会第五届计算机工程与工艺学术年会论文集，1995.
[28] 周兴铭. MPP 向何处去 [J]. 计算机用户，1996.
[29] 邓劲生，罗金平，周兴铭. SAN Fabric 自动设计的模拟 [C] //全国信息存储学术会议论文集，1996.
[30] 周兴铭. 计算机的第五代与高性能计算机的新发展 [C] //中国计算机学会第九届学术年会论文集，1996.
[31] 李霖，周兴铭. 移动数据库研究技术：机遇和挑战 [J]. 计算机科学，1997，24 (3).
[32] 吴婷婷，周兴铭. 移动数据库客户缓存的研究 [C] //第十八届全国数据库学术会议，2001.
[33] 李霖，周兴铭. 基于广播的移动数据库系统体系结构 [C] //第十四届全国数据库学术会议论文集，1997.
[34] 周兴铭. 再论 MPP 向何处去 [J]. 计算机学报 (增刊)，1997 (10).
[35] 王东霞，吕蔚，周兴铭. 支持高速多媒体网络生存性的 QOS 体系 [C] //第十届中国计算机学会网络与数据通信学术会议论文集，1998.

[36] 王东霞，窦文华，周兴铭. 保证关键服务生存性的 ATM 网络 [C] //CFTC-8 论文集，1998.

[37] 周兴铭. 高性能计算（HPC）发展趋势与对策 [R] //总装备部军用计算机专业组报告，1998.

[38] 李霖，周兴铭. 非对称网络环境中数据广播的启发式多盘调度算法 [J]. 计算机学报，1999，20（1）.

[39] 李霖，周兴铭. 非对称网络环境中数据广播的带索引多盘调度算法 [J]. 计算机研究与发展，1999，36（2）.

[40] WANG Xiaodong, XU Ming, ZHOU Xingming. Fast Multicast on Multistage Interconnection Networks Using Multi-Head Worms [J]. Journal of Computer Science and Technology, 1999，14（3）.

[41] 肖刚，周兴铭. 前瞻性执行超标量处理器的性能分析模型 [J]. 计算机研究与发展，1999，36（4）.

[42] 周兴铭. 高性能计算与网络/移动计算 [C] //总装备部科技委年会论文集，1999.

[43] 周兴铭. 网络计算与信息化革命 [R] //湖南省科委特邀报告，1999.

[44] 罗金平，杜贵然，周兴铭，陈书明. 一种基于自由空间光互连的微粒度并行计算机体系结构模型 [J]. 电子学报，1999（5）.

[45] 肖刚，周兴铭，徐明，邓鹍. SMA：一个多线程体系结构 [J]. 计算机学报，1999，20（6）.

[46] 李子木，孙利民，周兴铭. 数据仓库联机维护中一致性问题的研究 [J]. 软件学报，1999，10（8）.

[47] 罗金平，杜贵然，周兴铭，等. 从 Raw 计算机结构看计算机体系结构发展的一种新趋势 [J]. 计算机工程，1999（2）.

[48] LI Zimu, LI Lei, ZHOU Xingming, et al. A Set Refreshing Algorithm for Data Warehouse On-line Maintenance [J]. Journal of Software, 2000 (12).
[49] 罗金平，杜贵然，周兴铭. 计算机体系结构的新发展：通用重构计算 [J]. 计算机工程，1999 (9).
[50] 周兴铭. 面向21世纪计算机体系结构的发展 [R] //全国科协首届学术报告会，1999.
[51] 周兴铭. 发展湖南省信息产业的思考 [R] //湖南省科协学术报告会，1999.
[52] 莫倩，周兴铭. 柔性协同事务模型 [J]. 计算机学报，1999，22 (12).
[53] 周兴铭. 迎接新世纪的计算机体系结构 [C] //中国科学技术协会首届学术年会论文集，1999.
[54] 周兴铭. 自主的信息化基础技术是国家发展的基石 [C] //总装备部科技委年会论文集，2000.
[55] 罗金平，周兴铭，陈书明. 光互连指令级并行计算机结构模型 [J]. 电子学报，2000，28 (11).
[56] 杜贵然，徐明，周兴铭. Trace 技术研究进展 [J]. 高技术通信（增刊），2000 (8).
[57] 周兴铭. 基于"网络计算"的新一代作战指挥系统 [C] //总装备部科技委年会论文集，2001.
[58] 黄光奇，李子木，周兴铭，等. 共享多端口数据 Cache 结构：SMPDCA [J]. 计算机学报，2001 (12).
[59] 周兴铭，王晓东. 协同作战能力系统与网络中心战 [J]. 现代军事，2001 (2).
[60] DOU Yong, DU Guiran, ZHOU Xingming. Trace Preconstruction

Based on Branch Target Profiling [C]. APPT'01 论文集，2001.
[61] LI Chunhua, ZHOU Xingming. GIAS: A Global Information Acquiring System in Cluster Environment [C]. APPT'01 论文集，2001.
[62] 杜贵然，徐明，窦勇，周兴铭. 支持 Trace 预构的分支目标提取 [J]. 电子学报，2002，30 (2).
[63] 窦强，周兴铭. 多重缓冲条件下消息最大响应时间算法的研究 [J]. 电子学报，2002 (5).
[64] 吴婷婷，周兴铭. 基于语义缓存的移动查询导出 [J]. 计算机学报，2002 (10).
[65] 李春华，周兴铭. MGO：一种针对异构集群的全局通讯优化算法 [J]. 电子学报，2002，25 (10).
[66] 王晓东，周兴铭，徐明. 一种复杂的动态实时强协同系统的研究 [J]. 电子学报，2002，30 (2).
[67] 方兴，罗金平，周兴铭. SAN 中 Server-free 备份与恢复的研究与设计 [C] //全国信息存储技术学术会议论文集，2002.
[68] 刘仲，周兴铭. 基于 OSD 的可伸缩网络存储系统研究 [C] //全国信息存储技术学术会议论文集，2002.
[69] 肖勇，周兴铭. 微处理器体系结构发展探讨 [C] //全国计算机体系结构学术会议论文集，2002.
[70] 唐遇星，邓鹍，周兴铭. 高性能动态二进制翻译处理器结构研究 [C] //全国计算机体系结构学术会议论文集，2002.
[71] 罗金平，邓鹍，周兴铭. OIILP 结构的集成光波导互连实现途径 [C] //全国计算机体系结构学术会议论文集，2002.
[72] 曹宏嘉，邓鹍，周兴铭. 动态二进制翻译技术综述 [C] //全国计算机体系结构学术会议论文集，2002.

[73] 苏武运，王晓东，周兴铭. 移动代理通信技术的研究 [C] //全国计算机体系结构学术会议论文集，2002.
[74] 周兴铭，王晓东. 全球信息栅格（GIG）关键技术分析及我军的对策 [C] //总装备部科技委年会论文集，2003.
[75] 周兴铭，罗金平. 光计算：未来计算技术发展的重要方向 [C] //总装备部科技委年会论文集，2004.
[76] 刘仲，章文嵩，周兴铭. DDIMg：基于分组的高可用数据对象布局算法 [C] //全国信息存储技术学术会议论文集，2004.
[77] 邓劲生，罗金平，周兴铭. IP SAN 上媒体服务的数据放置及调度策略研究 [C] //全国信息存储技术学术会议论文集，2004.
[78] 曹宏嘉，唐遇星，周兴铭. 并行动态二进制翻译及其缓存维护 [C] //全国信息存储技术学术会议论文集，2004.
[79] 刘仲，王晓东，周兴铭. 可伸缩的元数据集群系统设计 [C] //全国计算机体系结构学术会议论文集，2004.
[80] 周兴铭，王晓东. 信息化条件下的网络中心战及我军的对策 [C] //总装备部科技委年会论文集，2005.
[81] 刘仲，周兴铭. 基于动态区间映射的数据对象布局算法 [J]. 软件学报，2005（11）.
[82] 虞万荣，王晓东，周兴铭. 一种用于无线自组织网络的并发传输 MAC 协议 [J]. 电子学报，2006，34（8）.
[83] 刘仲，任浩，周兴铭. 基于镜像的高可用数据对象布局算法 [J]. 国防科技大学学报，2006（5）.
[84] 虞万荣，王晓东，周兴铭. 高吞吐量 CTMAC 协议性能分析和比较 [C] //中国计算机学会体系结构专委会学术年会论

文集，2006.
[85] YU Wangrong, CAO Jiannong, ZHOU Xingming, et al. A High-throughput MAC Protocol for Wireless Ad Hoc Networks [C] //PerCom'06 Workshop on Pervasive Wireless Networking, 2006.
[86] YU Wangrong, CAO Jiannong, ZHOU Xingming, et al. VWMAC: An Efficient MAC Protocol for Resolving Intra-flow Contention in Wireless Ad Hoc Networks [C] //First International Conference on Grid and Pervasive Computing, 2006.
[87] YU Wangrong, WANG Xiaodong, ZHOU Xingming. Alleviating MAC Layer Contentions through Dynamic Waiting in Wireless Ad Hoc Networks [C] //IEEE International Conference on Computer and Information Technology (CIT), 2006.
[88] LV Shaohe, ZHOU Xingming, WANG Xiaodong. An On-demand Routing Protocol in Ad Hoc Network Using Label Switching [C] //Second International Conference on Mobile Ad Hoc and Sensor Networks, 2006.
[89] 周兴铭. 改变观念，重视并加强工程型人才培养 [G] //中国科学院院士建议，2006.
[90] LV Shaohe, WANG Xiaodong, ZHOU Xingming. Efficient Rate Adaptation in Multi-Rate 802.11 Networks [C] //International Symposium on Computer and Communication, 2007.
[91] JIAO Xianlong, WANG Xiaodong, ZHOU Xingming. Neighbor-Aware Optimizing Routing for Wireless Ad Hoc Networks [C] //The 4th International Conference on Ubiquitous Intelligence and Computing, 2007.
[92] LV Shaohe, WANG Xiaodong, ZHOU Xingming. Self-learning

Rate Adaptation in Multi-Rate 802.11 Networks [C] // International Conference on Wireless Communications, Networking and Mobile Computing, 2007.
[93] JIAO Xianlong, WANG Xiaodong, ZHOU Xingming. A Comprehensive Efficient Flooding Algorithm Using Directional Antennas for Mobile Ad Hoc Networks [C] //International Workshop on Advanced Parallel Processing Technologies, 2007.
[94] LV Shaohe, WANG Xiaodong, ZHOU Xingming. Towards A New Methodology for Estimating Available Bandwidth On Network Paths [C] //International Workshop on Advanced Parallel Processing Technologies, 2007.
[95] YU Wangrong, CAO Jiannong, ZHOU Xingming. A High-throught MAC Protocol for Wireless Ad Hoc Networks [J]. IEEE Transactions on Wireless Communications, 2008, 7 (1).
[96] 赵鑫，王晓东，周兴铭. 无线传感器网络中的广播认证协议 [J]. 计算机科学与探索，2008，2 (2).
[97] ZHAO Xin, WANG Xiaodong, YU Wanrong, ZHOU Xingming. An Efficient Broadcast Authentication Protocol in Wireless Sensor Networks [J]. Chinese Journal of Electronics, 2009, 18 (2).
[98] LV Shaohe, WANG Xiaodong, ZHOU Xingming. Link Scheduling in Wireless Networks with Successive Interference Cancellation [C] // International Conference on Mobile Ad - hoc and Sensor Networks (MSN), 2010.
[99] 孙言强，王晓东，周兴铭. 无线传感器网络中一种基于几何覆盖的 Jamming 攻击定位算法 [J]. 通信学报，2010，31 (11).

[100] SHEN Hu, WANG Xiaodong, DING Yanrong, ZHOU Xingming. LALO: A Link-aware Lightweight Routing Protocol for Data Delivery in Vechicular Ad-Hoc Networks [C] //The 7th International Conference on Ubiquitous Intelligence and Computing (UIC), 2010.

[101] LV Shaohe, WANG Xiaodong, ZHOU Xingming. Scheduling in Wireless Ad Hoc Networks with Successive Interference Cancellation [C] //International Conference on InfoCOM, 2011.

[102] 孟祥旭，王晓东，周兴铭. 基于物理轨迹数据和社会网络的泛化行程推荐 [C] //中国传感器网络学术会议论文集，2012.

[103] LIU Quan, WANG Xiaodong, ZHOU Xingming. CH-CSMA/CA: A MAC Protocol for Asynchronous Channel Hopping Rendezvous based 802. 11 DCF Cognitive Radio Networks [J]. International Journal of Autonomous and Adaptive Communication System, 2013.

[104] XIA Xiao, WANG Xiaodong, ZHOU Xingming. Multi-objective Mobile App Recommendation: A System-level Collaboration Approach [J]. Computers & Electrical Engineering, 2014, 40 (1).

[105] XIA Xiao, LIN Xinye, WANG Xiaodong, ZHOU Xingming. Apps at Hand: Personalized Live Homescreen Based on Mobile App Usage Prediction [J]. IEICE Transactions on Information and Systems, 2013.

[106] XIA Xiao, WANG Xiaodong, ZHOU Xingming. Discovering More Mobile Apps with Fewer Jumps [J]. Journal of Software

Engineering, 2011, 7 (4).

[107] XIA Xiao, WANG Xiaodong, ZHOU Xingming. Collaborative Recommendation of Mobile Apps: A Swarm Intelligence Method [M]. Mobile, Ubiquitous, and Intelligent Computing. Berlin: Springer, 2014.

[108] XIA Xiao, WANG Xiaodong, ZHOU Xingming. Evolving Recommender System for Mobile Apps: A Diversity Measurement Approach [J]. Smart Computing Review, 2013 (3).

[109] JIAO Xianlong, WANG Xiaodong, ZHOU Xingming. On Minimizing Interference-Free Broadcast Latency in Duty-Cycled Wireless Sensor Networks [J]. Ad Hoc & Sensor Wireless Networks, 2013, 18 (3).

[110] JIAO Xianlong, WANG Xiaodong, ZHOU Xingming. On Interference-aware Gossiping in Uncoordinated Duty-cycled Multi-hop Wireless Networks [J]. Ad Hoc Networks, 2013, 11 (4).

[111] 孟祥旭，王晓东，周兴铭. ATTI：负载关注的查询自适应轨迹索引 [J]. 电子学报，2013，41 (4).

[112] 周兴铭. 关于完善国防科技军民融合协同创新机制的建议 [C] //十二届全国人大二次会议解放军代表团全体会议发言，2014.

附录三　主要参考文献

［1］中共中央党史研究室. 中国共产党历史：第二卷（1949—1978）［M］. 北京：中共党史出版社，2011.

［2］中国人民解放军军史编写组. 中国人民解放军军史［M］. 北京：军事科学出版社，2011.

［3］国防科学技术大学校史编写组. 国防科学技术大学校史（1953—1993）［M］. 长沙：国防科技大学出版社，1993.

［4］国防科学技术大学校史编审委员会. 国防科学技术大学研究生院史（1984—1994）［Z］. 内部资料，1994.

［5］国防科学技术大学校史编写组. 国防科学技术大学科学研究史（1953—1993）［Z］. 内部资料，1993.

［6］国防科学技术大学计算机系史编写组. 国防科学技术大学计算机系兼研究所史（1956—1993）［Z］. 内部资料，1993.

［7］国防科学技术大学计算机系史编写组. 国防科学技术大学计算机系兼研究所史（1994—1999）［Z］. 内部资料，1999.

［8］国防科学技术大学校史编审委员会. 国防科学技术大学回忆史料（1953—1988）［Z］. 内部资料，1996.

［9］国防科学技术大学校史编审委员会. 国防科学技术大学建校五

十周年文集 [M]. 长沙：国防科技大学出版社，2003.

[10] 国防科大报评论员. 我校研制成功“银河－Ⅱ”巨型计算机 [N]. 国防科大报，1992－11－21.

[11] 陈启智. 在“银河－Ⅱ”计算机鉴定会上的讲话 [N]. 国防科大报，1992－11－21.

[12] 国防科大报评论员. 群体优势的范例　奉献精神的硕果：计算机研究所研制“银河－Ⅱ”计算机经验初探 [N]. 国防科大报，1992－11－21.

[13] 国防科大报评论员. 智慧实力的决战：“银河－Ⅱ”十亿次巨型计算机诞生记 [N]. 国防科大报，1993－03－05.

[14] 国防科大报评论员. 以事业为重：小记“银河－Ⅱ”工程总设计师周教授的事迹 [N]. 国防科大报，1993－03－05.

[15] 绵夫. 三十年攀峰苦攻关：一位计算机专家的追求 [N]. 国防科大报，1993－07－07.

[16] 国防科大报评论员. 学习楷模风范　实践银河精神 [N]. 国防科大报，1994－01－10.

[17] 国防科大报评论员. 学校“祝贺周兴铭教授当选学部委员座谈会”侧记 [N]. 国防科大报，1994－01－10.

[18] 王晓军. 学部委员周兴铭教授访谈录 [N]. 国防科大报，1994－01－10.

[19] 谭克扬. 银河闪耀中国星：记计算机专家周兴铭 [J]. 湘潮，2001 (2).

[20] 纪念军事工程学院创建五十周年丛书编写组. 难忘的哈军工 [M]. 哈尔滨：哈尔滨工程大学出版社，2003.

[21] 周兴铭，赵阳辉. 慈云桂与中国银河研究群体的发展历程 [J]. 中国科技史杂志，2005，26 (1).

[22] 刘世恩．“银河”里一颗明亮的星［N］．国防科大报，2006－04－12．

[23] 关义霞，杨蓉．“银河－Ⅱ”总设计师周兴铭：我就是个绣花工磨刀匠［N］．天府早报，2006－08－24．

[24] 邹鹏，周建设．坚持自主创新　勇攀巨型计算机技术世界高峰：写在“银河”事业发展30年之际［N］．国防科大报，2008－12－10．

[25] 上海市档案馆．日军占领时期的上海［M］．上海：上海人民出版社，2007．

[26] 奚启新．钱学森传［M］．北京：人民出版社，2011．

[27] 哈军工北京校友会．哈军工精神践行［Z］．内部资料，2013．

[28] 王建伟．与你同行：国防科技大学专业技术三级以上教授忆往［M］．长沙：国防科技大学出版社，2014．

[29] 吴铭．专访周兴铭院士：回顾中国超级计算机的研发历程［J］．瞭望东方周刊，2014．

[30] 徐祖哲．溯源中国计算机［M］．上海：三联书店，2015．

[31] 龚盛辉，曾凡解．决战崛起：中国超算强国之路［M］．长沙：国防科技大学出版社，2015．

附录四　鸣谢的主要单位和个人

中国人民解放军档案馆

原总政治部干部部信息中心

原总装备部档案馆

国防科技大学档案馆

国防科技大学原政治部干部档案室

国防科技大学计算机学院档案室

同济大学软件学院

上海市徐汇中学

徐家福　南京大学计算机软件研究所原所长，教授、博士生导师

施伯乐　复旦大学数学系教授、博士生导师

何克清　武汉大学软件工程国家重点实验室原主任，教授、博士生导师

石振东　原“哈军工”海军工程系 304 教研室助教

胡守仁　国防科技大学原计算机系兼研究所副主任，专业技术二级

教授、博士生导师

齐治昌　国防科技大学原副校长，专业技术一级教授、博士生导师

金士尧　国防科技大学原计算机系兼研究所副总工程师，专业技术一级教授、博士生导师

李思昆　国防科技大学计算机学院专业技术一级教授、博士生导师

吴泉源　国防科技大学计算机学院专业技术一级教授、博士生导师

杨晓东　国防科技大学计算机学院专业技术二级教授、博士生导师

彭心炯　国防科技大学原计算机器件与设备专业硕士点学术带头人，专业技术三级教授

卢锡城　国防科技大学原副校长、原总装备部科技委副主任，中国工程院院士

华祖耀　国防科技大学原机电工程与自动化学院专业技术三级教授、“银河－仿Ⅰ”计算机软件研制组成员

吴显奎　国防科技大学计算机学院计算机系统教研室原副主任、高级工程师

王久林　国防科技大学计算机学院研究员

高如意　国防科技大学计算机学院高级工程师

张云龙　国防科技大学计算机学院高级工程师、三控室协理员

李国宽　国防科技大学计算机学院原副总工程师，专业技术三级教授、博士生导师

张民选　国防科技大学计算机学院专业技术三级教授、博士生导师

徐　明　国防科技大学计算机学院原网络工程系主任，教授、博士生导师

杨　利　广东东软学院院长、教授

窦　勇　国防科技大学并行与分布处理国防科技重点实验室副主任、研究员、博士生导师

肖立权　国防科技大学计算机学院计算机研究所所长、研究员、博士生导师

窦　强　国防科技大学计算机学院微电子与微处理器研究所所长、研究员、博士生导师

王晓东　国防科技大学并行与分布处理国防科技重点实验室研究员、博士生导师

后 记

国防科技大学院士传记丛书，是学校“十二五”重点建设项目，周兴铭院士传是丛书中的一部。从 2011 年 12 月下达任务，经历深入采访、资料收集、撰稿、修改、审稿等工作，到 2017 年 7 月交付出版社，历时近 6 年时间。

本部传记得到了学校首长、原政治部领导和计算机学院的大力支持，国防科技大学院士传记丛书编审委员会对书稿进行了最后审定。

在编撰过程中，编撰小组实地走访了周兴铭的家乡，曾经就读过的小学、中学和大学，采访了当年的一些老师、同学、朋友和同事，采访了周兴铭的亲属和家人，从不同侧面对周兴铭进行了深入了解。周兴铭院士十分支持、配合我们开展工作，百忙之中安排时间多次接受采访，许多历史记忆被清晰地复述出来。周兴铭对祖国无比热爱，对党和军队、对事业无比忠诚，儒雅谦逊、无私奉献、严谨务实、勇于创新的形象逐渐清晰。国防科技大学并行与分布处理国防科技重点实验室王晓东研究员协调安排采访，提供周兴铭论著目录，对传记提纲和初稿作出修改。中国人民解放军档案馆、原总政治部干部部信息中心、原总装备部档案馆、国防科技大学档案馆、国防科技大学原政治部干部部档案室、国防科技大学计算机学院档案室给予大力帮助，使我们能够查阅周兴铭的个人档案，收集到周兴铭参与和主持完成的重大科研成果原始资料。在此，一并表示衷心感谢。

周兴铭在学术上有很深的造诣，1993 年当选中国科学院学部委员。走访中，与周兴铭院士工作或接触过的同事、朋友、学生，对他厚实的专业知识和工作上攻坚克难的诸多事迹，无不透露着敬佩和景仰之情。在与周院士一起回顾他的人生历程时，他谈及计算机研制经历时热情高涨，说到自己在事业上的成就和对国家、军队的贡献时，却常常吝于词汇。在这不愿多谈自己的背后，是他对事业的执着，对名利的淡泊。周院士反复嘱咐编撰人员，要坚持实事求是，绝对不能夸大史实，一定不要突出他个人，切实把团队的作用体现出来，主要研制人员要有名单，多写他们所作出的贡献。在本传记的写作、编辑、出版过程中，我们一次次受到启迪与洗礼，受益匪浅。

本书坚持实事求是的原则，以时为经、以事为纬，详细记述了周兴铭奉献国防科技研究与教育、献身中国计算机事业的生动事迹，凝聚了众多人的心血，是集体劳动成果的结晶，2016 年 3 月形成初稿。国防科技大学原政治部政研室主任孔诤对书稿进行了统稿，计算机学院一些熟悉周兴铭的老同志和周兴铭的学生对书稿提出宝贵意见，周兴铭院士不厌其烦审阅修改，国防科技大学保密委员会进行了保密审查，国防科技大学出版社副总编仲辉、编辑周蓉，字斟句酌，精心编辑校对，保证了书稿的质量。张自立、王莹莹、刘江围等同志，参与了采访和资料查阅、收集、整理工作。对他们的艰辛劳动，致以诚挚谢意！

由于我们水平有限、能力欠缺，书中难免疏漏和不妥之处，特别是周院士的科学精神、学术成就和思想品格仍有进一步挖掘和提升的空间，期待得到大家的批评指正。

作 者

2017 年 12 月于长沙